Auxiliando a humanidade a encontrar a Verdade

O CAMINHO DOS ESSÊNIOS

Volume 2

Anne e Daniel Meurois — Givaudan

O CAMINHO DOS ESSÊNIOS

Volume 2

As revelações da Terra de Kal

Título do original:
De mémoire d'Essenien — l'autre visage de Jésus
Copyright © 1984 Éditions - Arista, France,
© 2000 Éditions Le Perséa, Québec — Canada.

O Caminho dos Essênios — Volume 2
As revelações da Terra de Kal
Anne e Daniel Meurois — Givaudan

Todos os direitos desta edição reservados à
CONHECIMENTO EDITORIAL LTDA.
Caixa Postal 404 — CEP 13480-970 — Limeira / SP
Fone/Fax: 19 3451-5440
www.edconhecimento.com.br
conhecimento@edconhecimento.com.br

Nos termos da lei que resguarda os direitos autorais, é proibida a reprodução total ou parcial, de qualquer forma ou por qualquer meio — eletrônico ou mecânico, inclusive por processos xerográficos, de fotocópia e de gravação —, sem permissão, por escrito, do Editor.

Revisão: Florine Nazaré Pinto
Colaboraram nesta edição: Antonio Rolando Lopes Júnior e Paulo Gontijo de Almeida
Projeto gráfico: Sérgio F. Carvalho

ISBN 85-7618-080-4 — 2ª EDIÇÃO — 2005

• Impresso no Brasil • Printed in Brazil
• Presita en Brazilo

Produzido no Departamento Gráfico de
CONHECIMENTO EDITORIAL LTDA
Rua Prof. Paulo Chaves, 276 — CEP 13485-150
Fone/Fax: 19 3451-5440 — Limeira — SP
grafica@edconhecimento.com.br

Dados Internacionais de Catalogação na Publicação (CIP)
(Câmara Brasileira do Livro, SP, Brasil)

> Meurois-Givaudan, Anne
> O Caminho dos Essênios: as revelações da Terra de Kal / Anne e Daniel Meurois-Givaudan. — 2ª ed. — Limeira, SP : Editora do Conhecimento, 2005.
>
> Título original: Chemins de ce temps-là
> Conteúdo: v. 1. A vida oculta de Jesus revelada — V. 2. Revelações da Terra de Kal.
> ISBN 85-7618-080-4
> 1. Espiritismo 2. Essênio 3. Jesus Cristo - Biografia - vida oculta
> I. Merois-Givaudan, Daniel II. Título.

04-4364	CDD — 133.93

Índice para catálogo sistemático:
1. Essênios e a vida oculta de Jesus : Mensagens psiquicas: 133.93

Anne e Daniel Meurois — Givaudan

O CAMINHO DOS ESSÊNIOS
Volume 2

As revelações da Terra de Kal

Tradução
Julieta Leite

2ª Edição — 2005

EDITORA DO
CONHECIMENTO

A Hildrec, Belsat e Lérina, a todos os que,
percorrendo de novo o mesmo caminho,
deixaram de chamar-se essênios, porque
"agora" é o que os sustenta.

Este livro continua o relato de *O Caminho
dos Essênios* (Capítulo II da terceira parte).
Entre os vinte e dois discípulos do Cristo
que chegaram às margens da Gália, a Terra
de Kal, Simão e Míriam preparam-se para
propagar a Palavra do Mestre entre os
povos celtas. Todos passam juntos a última
noite antes de dispersar-se...

Sumário

9   Algumas palavras de orientação

Parte I

12	1	Na magia de uma noite
24	2	Os homens de Benjamim
41	3	Pelos caminhos interiores
56	4	O povo de Kur
80	5	Nas prisões romanas
105	6	Os terapeutas da Terra
126	7	A montanha de Zaqueu
145	8	Ei A Wallach
162	9	Ao redor da taça
176	10	Espadas vermelhas sobre vestes brancas
194	11	Os jardins da esperança

Parte II

204	1	Andanças
219	2	A gruta dos óleos
235	3	História de Míriam
248	4	Uma retirada forçada
262	5	Flávio
277	6	Luzes sob a neve
295	7	A Lua em vez do Sol
310	8	O sol do Kristos
321	9	À sombra do lagar
333	10	A transmissão
346	11	Haverá outras gotas

Algumas palavras de orientação

CINCO ANOS APÓS A PUBLICAÇÃO DE "O CAMINHO DOS ESSÊNIOS", muitas flores desabrocharam. Assim, é com emoção que lhe apresentamos, amigo leitor, o segundo volume de um trabalho oriundo de inúmeras "leituras" nos Anais de Akasha — grande Livro do Tempo a que temos acesso por meio da "desincorporação". Mais do que uma continuação do primeiro, ele é seu desenvolvimento. O aprofundamento que constitui levou-nos novamente a penetrar na Gália de alguns anos após a crucificação de Jesus, seguindo a trilha de José de Arimatéia e Maria Madalena.

As personalidades de Míriam e Simão não devem transformar-se, mais do que antes, no ponto central desta narrativa. Ontem, como hoje, são testemunhas de realidades desconhecidas — ou totalmente ignoradas — a quem é confiada a tarefa de manifestar-se por meio de palavras. Assim sendo, nada do que se segue foi romanceado ou deformado em qualquer aspecto. Trata-se, pois, de uma reportagem tão exata quanto possível, uma espécie de "diário de viagem" de dois seres que atravessaram a Gália do primeiro século. Os Anais de Akasha, que só pudemos folhear com o maior respeito, nos falam de um tempo em que o conceito de espiritualidade não existia realmente, porque então o sagrado fazia parte do cotidiano. Acima de tudo, não se tratava, segundo a expressão consagrada, de "escurecer o papel", mas de clareá-lo.

Semelhante tarefa pressupõe uma grande responsabilidade, de que continuamos convictos, com relação aos acontecimentos e aos seres evocados nas páginas que se seguem. O objetivo de uma obra como esta, deixamos bem claro, não é alimentar um pouco mais a nostalgia estéril de uma época tão bela e forte quanto rude para se viver. Ao contrário, seu propósito é atualizar um assunto que muitos de nossos contemporâneos, erradamente, consideram arcaico.

Após este mergulho de dois mil anos no "passado", parece-nos que o que chamamos de "os tempos evangélicos" não pertence à História antiga, conveniente apenas para a fabricação de imagens. Ao contrário, achamos que a energia que os anima e lhes imprime sua marca — queiramos ou não — está hoje, mais do que nunca, presente até em nossas células. Não falamos de acontecimentos marcantes ou aparentemente de segunda ordem citados neste livro e que possam ter influenciado a história de nossas civilizações. (Alguns deles, entretanto, serão de tal natureza que farão com que historiadores e teólogos fiquem irritados.) Falamos, sim, de energia, tanto no que concerne aos seres novamente presentes em nosso mundo como no que diz respeito a uma "atmosfera" portadora de um Sopro idêntico.

Portanto, os capítulos que nos aplicamos em transcrever não têm, voltamos a frisar, vocação "passadista". Eles apresentam situações de ontem que, em vários aspectos, sobrevivem hoje e podem melhor orientar-nos e preparar-nos para a iminência de uma gigantesca tomada de consciência.

Em poucas palavras, sua única intenção é privilegiar e

servir à prodigiosa energia de Amor que hoje nos estende sua mão com insistência.

Os essênios, nazaritas, nazarenos e chefes celtas que a seu modo mostraram-se os artesãos daquela época, como tal estão bem mortos, não duvidamos disso. Aliás, importa-nos muito pouco saber exatamente o que eles foram. Todos deveríamos estar fartos de querelas intelectuais e doutrinárias. Suas forças, suas almas, estão presentes hoje e através delas devemos reconciliar-nos com as faces múltiplas da Vida Una.

Se deste livro surgir, não apenas um leve despertar, mas também um pouco mais de ação e de vontade no Eterno Presente, não terá sido em vão.

Livro I

Capítulo I
Na magia de uma noite

NAQUELA MANHÃ, ENQUANTO TATEÁVAMOS ESQUADRINHANDO o fundo de nossa cabana para juntar nossos poucos pertences, o Sol mal avermelhava no horizonte. Pelo vão da porta daquela que tinha sido nossa primeira morada na Terra de Kal, viam-se claramente línguas de bruma brancas e longas desfiando-se entre os tufos de juncos. Pareciam mantos alvos estendendo-se languidamente na superfície da água. Ao seu úmido frescor vinha juntar-se ainda, de quando em quando, o odor da enorme fogueira que vários de nós tinham se esforçado por alimentar durante toda a noite. Quando Simão e eu nos perfilamos sobre a precária passarela de madeira que levava à terra firme, um leito de brasas, ardente como o rubi, continuava a viver... Algumas silhuetas humanas moviam-se ao redor, lentamente, com gestos meditativos. Eram as silhuetas de nossos companheiros. Provavelmente alguns deles quiseram passar o fim da noite lá, enrolados em seus mantos, para melhor manter a força que as recentes palavras de José [1] tinham tentado insuflar em nossos corações.

---

1 — José de Arimatéia.

O Caminho dos Essênios

Com o saco de tecido rústico e lã no ombro, caminhamos na sua direção com passos apressados, como para sacudir-nos do torpor de um sono muito leve e muito frio. As palavras trocadas tarde da noite ao redor das chamas, parecendo arremessar-se até os céus, ainda vibravam naquele legar. Era preciso partir, assumir o risco de despedaçar a corrente mágica que nos unia a todos e provocava quase uma sensação de invulnerabilidade. Naquela noite, em meio ao crepitar da fogueira, uma voz nos havia dito, repetido, insistido. Era a voz de José, e, pela firmeza de sua entonação, por um momento, acreditamos reconhecer a linguagem do Mestre.

Hoje, portanto, devíamos nos espalhar, e a espera desse momento pesava-nos tanto que Simão e eu não desejávamos que demorasse muito. Iríamos na direção do poente sem tardar, tal como nos fora pedido na véspera. Simplesmente, antes de nos pormos a caminho, gostaríamos que, todos juntos, recebêssemos, uma última vez um sopro de silêncio e de paz.

Assim que nos aproximamos do pequeno grupo, descobrimos Míriam de Magdala no lugar onde a tínhamos deixado algumas horas antes. Apoiada no tronco de uma árvore, parecia não ter-se mexido, vasculhando com um bastão a espessura escarlate das últimas brasas. Ela sorriu docemente, inclinando de leve a cabeça. Sem dúvida, essa foi sua maneira de saudar nossa repentina pressa de querer partir.

Então, com um gesto decidido, mergulhou a mão num saco de tecido rústico que estava no chão atrás dela; tirou dele uma boa pitada de grãos resinosos, que jogou imediatamente nos restos do braseiro. Simão me puxou contra ele e nos sentamos lá perto. Do outro lado das brasas, um irmão, de quem só distinguíamos a silhueta, pôs-se a tocar flauta.

Era o som penetrante das flautas das colinas da Galiléia que cantavam a luz das amendoeiras e os campos de linho azuis. Como por reflexo, diante das palavras que ainda ecoavam em minha alma, não admiti a nostalgia que aquilo me provocava e surpreendi-me repetindo duas ou três vezes em voz baixa: "não... não".

O que permanecia vivo em mim, em nós dois, naquela manhã, era o rosto grave e forte de José quando tinha se levantado entre nós, no meio da noite, interrompendo o curso das discussões. Vejo-o novamente com seus olhos de sobrancelhas espessas, quase tão brancas como a neve, com sua barba imponente esvoaçando ao vento, à beira-mar. Embora fosse bem mais velho do que a maioria de nós, parecia manifestar em si mais ardor do que todo nosso grupo reunido.

— Ora vamos, meus amigos! — gritou ele, como para cercear o crescimento das interrogações que circulavam. — Acho que esta Terra de Kal agora espera alguma coisa de nós. Todas estas noites escutei meu coração e está claro que nosso tempo aqui já se cumpriu. Sem dúvida, já estais preparados para este momento e para estas palavras há algumas semanas... Desejaria que elas viessem de vós... mas está claro que o Mestre me confiou uma tarefa a que não posso me subtrair. Eis porque vos digo: É agora... é agora que devemos espalhar-nos pela superfície deste mundo. Os homens deste lugar nos acolheram; atualmente vivemos entre eles, quase como eles; a cada dia que passa sua língua torna-se um pouco mais nossa. Que podemos esperar além disso? Um sinal do Sem Nome? Eu vos digo que a serenidade de nossos dias, desde que chegamos nesta região, não nos torna surdos e cegos, não aferrolha as portas do depósito que está sob nossa responsabilidade. Ela é adequada para adquirir e depois manter a boa consciência dos que sabem, ou que dizem saber. Assim, amanhã eu mesmo partirei. Irei para onde Ele me envia... não como um conquistador, mas como o sacerdote que sou em meu coração... quero dizer, compreendei-me bem, como o testemunho de uma força...

José baixou os olhos por um momento e nós vimos que

O Caminho dos Essênios

estava tomado por uma extraordinária emoção, por uma perturbação que não estávamos acostumados a ver nele.

— ... o testemunho da Força de que todo homem é herdeiro — recomeçou ele, recompondo-se. — Não vos escondo que a tarefa que nos espera é difícil. Entretanto, sabei que a dificuldade será sempre proporcional à clareza com que soubermos manter a visão do objetivo em nossos espíritos. Se o que desejamos continuar límpido, irmãos e irmãs, se esta vontade não se deixar suplantar por nossa vontade individual, então seremos fiéis às palavras do Mestre, não enraizaremos uma outra religião no coração dos homens e das mulheres de Kal... porque eu vos asseguro, tal como me foi dito, aí está a cilada!

Até agora, pude fornecer-vos bem poucas indicações a respeito do nosso trabalho. Enchestes-me de perguntas quando, depois do Mestre, vos pedi que me seguísseis para além dos mares. Não soube responder algumas e talvez tenha respondido mal as outras, então vós me seguistes sem procurar saber mais, mas procurando compreender melhor. Por isso, eu vos agradeço, mas também vos digo... escutai. Escutai o que agora, finalmente, consigo dizer-vos e que levei meses para pôr em ordem no meu espírito e na minha língua.

Nós temos de abrir os corações, temos de semear as consciências, temos por fim, de fazer desta terra que nos acolhe o trampolim para um mundo cuja finalidade nossos irmãos de Heliópolis conhecem. Esse mundo, sabei, será também um mundo que atenderá os homens de carne...

Neste exato momento, lembro-me de que nos entreolhamos. José tornara-se enigmático; em vez de clarear nossos espíritos, ele os perturbava.

— Lembrai-vos — continuou ele, voltando os olhos para o peito —, lembrai-vos do objeto que, por alguns instantes, pus diante de vossos olhos quando vogávamos juntos rumo a estas praias. Pois bem, irmãos, eu vos digo, não é um objeto...

15

É simplesmente a sombra trazida por uma luz capaz de alimentar muitos corações. É uma sombra do Sol, uma sombra que é minha missão fazer com que caminhe até um ponto preciso.

Não vos admireis com esta linguagem e compreendei, a partir de agora, que nós navegamos até esta terra para levar a bom termo uma dupla tarefa: uma, segundo a palavra do Mestre, a outra, segundo a palavra dos nossos grandes Irmãos de Heliópolis. A primeira delas consiste, vós o sabeis, em fazer germinar sobre os enormes campos que nos aguardam os grandes princípios de que fomos alimentados até aqui. Podeis dizer que se trata de um trabalho de lavrador e não de ceifeiro. A segunda diz respeito a uma outra elaboração, também muito lenta, mas de natureza diferente. Chama-se dinamização e é dirigida ao corpo desta Terra de Kal... dinamização do seu corpo de carne, pois, não duvideis, vós todos que me ouvis, esta região é igual a um ser, com suas vísceras e seu coração. A partir de hoje, ela se prepara para brilhar de forma diferente, porque este objeto não é mais um objeto, esta sombra do Sol que levo todos os dias às minhas costas tem por função deixar uma longa trilha sobre os caminhos deste país; não sobre os caminhos que nossos pés palmilharão, mas sobre os verdadeiros caminhos de seu corpo, aqueles caminhos onde ondula o fogo de uma certa serpente. Por que isso? Para que, no correr dos tempos, os homens possam lembrar-se e alimentar-se continuamente de um mel que os ajudará a retirar as crostas da terra.

Assim, as marcas que tentaremos deixar nestas terras devem servir também de alicerce para uma força concreta, por meio da qual os homens verão seu caminho iluminado.

O reino que o Mestre despertou em nosso peito ainda está fora do alcance da nossa visão, mas tende certeza de que este outro reino que nossos pés percorrem dia após dia, se lhe compreendermos o sentido, não é oposto ao outro. Cabe a nós fazer a ponte para o que ele está destinado a ser.

O Caminho dos Essênios

Não posso falar mais sobre isso claramente, meus amigos. Não sinto que tenha esse direito. Vossa vida é igual a um mosaico; tivestes a sorte de descobrir a peça principal, deixai agora ao vosso amor e aos seixos dos caminhos a tarefa de reunir os outros elementos.

Após essas palavras, José por um momento tentara sentar-se de novo. Uma nova luz, entretanto, começou a iluminar-lhe o olhar quando sua voz tornou-se mais doce, mais quente. Ele, então, acrescentou:

— Não vos esqueçais que a força de Kristos não rejeitou a matéria, não vos esqueçais que ela quis pedir um corpo emprestado para exprimir-se.

Se nos deslocarmos, seguindo as veias do país de Kal, saberemos então prolongar os braços desse corpo.

Diante das palavras de José, ficamos mudos por muito tempo; elas nos remetiam a vários anos atrás, às portas de Genezaré, enquanto recebíamos conselhos do Mestre em pessoa:

"Quando os reinos aqui de baixo refletirem a imagem do Reino de Meu Pai, os homens saberão que alguma coisa em seu coração está madura. Meu corpo é como Minha alma e Minha alma permanece semelhante a Meu espírito. Se um detestasse o outro, como poderia Eu viver? Assim, vos afirmo, que vossa mão direita não ignore vossa mão esquerda e que o sopro que anima vosso peito aprenda a abençoar a planta empoeirada de vossos pés. Não existe uma só pedra cujo objetivo último não seja arrojar-se na direção de Meu Pai..."

Fui afastada de minhas recordações pelo roçar de tecidos. Simão e os outros tinham-se levantado. No outro lado do braseiro, mesclando-se à dança crepitante das chamas, a silhueta de José tinha esboçado leves gestos comedidos, como para convidar-nos a nos aproximar dele. Quando nos reagrupamos ao seu lado, ele baixara sobre o rosto, conforme o costume de nosso povo, o largo véu de linho branco que lhe recobria o topo do crânio. Era sinal de que o que iria confiar-nos tomava a aparência do sagrado ou fazia parte de um segredo a ser preservado. Só Míriam de Magdala tinha ficado afastada do nosso grupo. No entanto, tinha-se levantado, mas sua única preocupação parecia ser atiçar o fogo, jogando nele, com determinação, alguns galhos bem grossos.

— É hora de saberdes — disse José, com voz neutra.

— Não há mais motivos para esconder de vós o que por várias razões foi preciso manter em segredo. Esta que estais vendo aqui, e que se chama Míriam, da aldeia de Migdal, é minha filha segundo o espírito, mas também segundo a carne. Tenho sempre medo de que minha tarefa um dia me exponha à represália do poder romano e que meus filhos sejam os primeiros a ser perturbados. Raros são os que até esta noite partilharam comigo este segredo, mais raros ainda os que tiveram a obrigação de ser depositários dele. Tomei essa iniciativa com o Mestre, há muito tempo, de maneira que tudo se cumprisse. Se eu vos confio isto, é porque a tarefa de Míriam não é menos pesada do que a minha e porque tereis de animar seu avanço com pleno conhecimento de causa.

Mesmo devendo confiar, um murmúrio crescente levantou-se entre nosso pequeno grupo. Apenas três ou quatro de nós, entre eles o velho Zaqueu, como se já estivessem informados de tudo, mostraram no rosto só as rugas de um leve sorriso. Autodomínio ou simples cumplicidade... pouco nos importava, ocupados como estávamos em perguntar-nos se havíamos compreendido bem. Passou-se um momento, depois algumas risadas explodiram, às quais finalmente todos se juntaram. Tínhamos a sensação de que uma sementinha de felicidade, totalmente nova, de repente circulava entre nós. Míriam, sempre de pé junto ao fogo, pôs-se também a rir, feliz como uma garota que acabasse de pregar uma peça.

— Mas, José, José — gritou Simão que, segurando minha

O Caminho dos Essênios

mão, tentava abafar o ruído causado pelas nossas brincadeiras —, não falaste em teus filhos? Então, há entre nós alguém mais de quem és pai?

— Não, Simão... não entre nós, mas tenho também um filho e vós todos o conheceis.

Novamente o olhar de todos voltou-se para José e, numa fração de segundo, como se o riso desse lugar à gravidade, como se cada um compreendesse que suas palavras pudessem ter conseqüências sérias, todos prestaram atenção.

— Trata-se de Eliazar, meus amigos.

Desta vez, nenhuma manifestação ruidosa brotou em nosso pequeno grupo. A consciência de uma trama cuidadosamente planejada por seres de cuja existência mal suspeitávamos voltou à superfície de nossa alma, tal como alguns anos antes.

Eliazar..., pensei... por isso interpretáramos mal certas atitudes dele com relação a Míriam quando nos hospedamos na casa de Marta, em Betânia! Eliazar, a quem o Mestre logo quis chamar de João.

Ninguém se atreveu a perguntar mais nada. Não que não tivéssemos mil perguntas a fazer, nossos olhos traduziam isso muito bem, mas porque a emoção tomara conta de nós. Era um sentimento intimamente fundido entre o respeito e a admiração com relação a José. Quantas coisas não guardaria fechadas no fundo de si e que podiam modificar o curso de nosso destino, abrir-nos algumas portas ou aferrolhar outras? É certo que não tínhamos compreendido grande coisa sobre o motivo de sua revelação e suas futuras implicações. Confusamente, tínhamos simplesmente pressentido.

O vento do mar, carregado de névoa, levantou-se progressivamente. Pôs-se a brincar com as ervas altas e os juncos, sussurrando-nos de tempos em tempos o canto irregular de um pássaro noturno.

— Se esta noite é a última que devemos viver reunidos, fala-nos mais, José — disse por fim o velho Zaqueu —, ensina-nos...

Enquanto pronunciava essas palavras, as rugas do seu rosto, esculpidas durante muito tempo pelos sopros do deserto, encheram-se extraordinariamente de vida. Quando as revejo hoje em minha alma, parece-me que elas, por si só, conseguiam traduzir todas as nossas sedes, nossos medos, nossa vontade.

— São os homens de Kal que vos ensinarão a partir de amanhã — respondeu José. — Não penseis que eles nunca beberam da fonte que flui em vosso espírito. O Sol só aquece nossas montanhas da Judéia? Existe uma sabedoria gravada desde tempos imemoriais até sobre o menor dos terrenos desta região, uma sabedoria cujo estudo nem o próprio Mestre desprezou. Quando era jovem ainda e antes de partir para os reinos do Oriente, Ele me pediu que O ajudasse a descobrir os horizontes que a partir de amanhã serão vossos. Conservai sempre presente em vós esta verdade: sois os eternos discípulos do Uno. Sois alunos Dele por toda a eternidade!

— Mas o Mestre não disse inúmeras vezes que todos os homens da Terra eram destinados a tornar-se semelhantes a Ele, agir como Ele? — gritou um de nós.

— Irmão, irmão, aprende a escutar... Quantas vezes o próprio Mestre nos disse também que seria para sempre eterno discípulo de Seu Pai, infatigável peregrino da Grande Consciência? Nenhuma forma de vida sob este Sol pára um dia seu crescimento. Toda manifestação de vida, quero dizer com isso toda germinação de amor, consciente dela ou não, desempenha a dupla função de um vaso que recebe e de um copo que mata a sede. Meus irmãos e irmãs a quem falo, nada foge à regra; se somos os iniciados de uns, continuaremos a ser, sem cessar, discípulos de outros.

Quem será vosso mestre de hoje em diante? Não tanto o Mestre, ao lado de quem todos caminhamos e cujas refeições partilhamos, quanto o pássaro que capturareis amanhã, talvez,

O Caminho dos Essênios

à beira do caminho ou a gente simples de quem tomareis um pouco da substância de vida.

Estas palavras vos chocam, eu sei. Cuidai que vossa língua não erre o alvo! Não petrifiqueis vosso avanço atrás da efígie rígida do Mestre que se ofereceu a nós. Ele próprio nos afirmou isso dias e dias. Só o Seu nome é muito pouco. O que precisa desenvolver-se é, sim, o princípio por Ele invocado, a inalterável força de Amor que Ele veicula. Esta jóia é o verdadeiro mestre de cada um, o messias de todos os corações e de todos os reinos. Não compreendestes que o Mestre Jesus, cujos pés abraçamos, não apontava o dedo para si mas para o que dorme em vós?

Eu vos repito, não vos enganeis de alvo. É a essência de Kristos que deve ser estimulada até dentro da matéria desta terra.

Aproximai-vos agora, porque nossos passos não se separarão antes de termos partilhado juntos a luz uma última vez.

José levantara uma ponta do seu véu e cuidadosamente tirou do saco de lã às suas costas o objeto que já nos tinha mostrado em pleno mar. Entretanto, não o descobriu totalmente. Deixou-nos apenas vislumbrar seus sóbrios contornos pelas dobras de um pano de linho branco.

Como nos havíamos aproximado um pouco mais, ele se levantou sem dizer uma palavra e tentou abrir caminho entre nós, ritualmente sentado sobre os calcanhares, com os joelhos no chão. Diante de cada um de nós parou um instante e, com um gesto humilde, pousou o pequeno embrulho de linho branco no alto das cabeças que se inclinavam para ele. O vento soprava de mansinho, e, quando chegou minha vez, eu imaginava que minha alma se encheria de uma onda de paz pelas eternidades futuras. Não aconteceu nada, simplesmente senti uma leve pressão no alto do crânio e uma brisa fresca percorrer meu corpo. Quis levantar-me imediatamente, e meus olhos encontraram os de José.

"Míriam", pareciam murmurar-me, "pára a dança dos teus pensamentos; tu, que já recebeste tanto, pára de esperar mais, porque agora se aproxima a hora de dar".

A mensagem tinha sido clara, tão clara que, desde aquela manhã, as palavras verteram sua luz em meu coração. Sentamo-nos de novo ao redor do braseiro. O som da flauta afastou-me finalmente dos meus sonhos com a mesma facilidade com que os fizera desabrochar. O dia nascera e, no céu todo vestido de rosa, bandos de pássaros voavam espalhando um canto triste.

Míriam de Magdala levantou-se logo depois e, como nos tinha visto com nossos sacos ao lado, dirigiu-se a um grande cesto de caniços trançados. Tirou dele um pão achatado e um pequeno bloco cinzento, um bloco de sal. Caminhando em nossa direção, ela parou perto de um cântaro, de onde, com um copo de barro, tirou um pouco de água.

— Eis aqui — disse simplesmente quando ficou a dois passos de nós —, eis aqui um pouco de pão, sal e água; conforme o costume do povo de Essânia, partilhai-os conosco. Será esta a forma de abençoar este dia e de nos alegrarmos com todo alvorecer que a partir de hoje nos aguarda.

Míriam pronunciara a palavra, a única que faltava a nossos corações e a nossos corpos: alegrar. Mesmo durante o mutismo que mantivera boa parte da noite, ela sempre guardara consigo esta alegria, como uma presença que a tornava mais leve e mais forte.

Ela que, com algumas outras mulheres do nosso povo, preparava desde sempre os óleos e os bálsamos segundo nossos costumes ancestrais, jamais havia merecido tanto o nome de "filha da alegria", atribuído pelos anciãos de nossa raça àquelas encarregadas de insuflar o fogo sutil das plantas até na matéria espessa do mundo. Esse nome era também o que alguns rituais secretos davam às que consagravam sua vida à energia da Lua-Sol.

Ninguém poderia deixar de reconhecer que isso se revelava em todo o seu ser. Assim, foi com alegria no coração que partimos o pão, fizemos circular o sal e partilhamos finalmente a água do mesmo copo de argila.

Alguns irmãos do país de Kal, vestidos de branco e sem dúvida atraídos pelos gracejos que nos começavam a brotar do peito, vieram engrossar nossas fileiras. Rapidamente éramos uns trinta a ter a mesma sensação de festejar.

O vento não cessara de varrer a praia. Ele havia afastado a bruma, fazia curvar-se mais ainda a imensidão de juncos e se enredava em nossos cabelos. Talvez tenha sido um pouco ele também que nos impeliu a apanhar mais rapidamente nossos sacos de tecido grosso e a tomar a pequena trilha, cujo traçado adivinhávamos por entre as altas urzes. Os braços cruzaram-se sobre o peito num arrebatamento comum... e as despedidas foram breves.

Há momentos em que a natureza participa das ações dos homens. Há dias em que tudo o que seu sopro deseja é atiçar o fogo das vontades mais ardentes na direção daquele que sabe receber seu apelo secreto. As palavras que pronuncia são imagens que tecem os pensamentos dos homens a fim de que estes se lembrem de suas promessas.

Simão segurara minha mão com força. Quando nos embrenhamos o suficiente nas altas ervas e a trilha estreita se apagou, só então ousamos olhar para trás. Acima das pontas dos juncos batidos pela tempestade, as débeis silhuetas das cabanas já tinham desaparecido. Nada mais havia para se ver, a não ser o azul do céu, livre das incertezas da noite. Estranho momento aquele em que uma repentina sensação de vazio e de imensa plenitude tomava conta de nosso ser.

Foi assim que começamos a caminhar pela terra, indo num passo decidido rumo às planícies do oeste.

Capítulo 2
Os homens de Benjamim

MUITO DEPOIS, AS LÍNGUAS DE TERRA SOBRE AS QUAIS CAMI-nhávamos ficaram pantanosas, tornando nosso avanço difícil e realmente lento. As urzes e os juncos ora davam lugar a altas árvores esguias ora a densos espinheiros através dos quais nos esgueirávamos. Havia miríades de pássaros, tão inesperados, tão diferentes que nos retardávamos com freqüência para admirá-los. Na segunda noite após nossa partida, finalmente atingimos um solo firme. Era areia misturada com terra, e, principalmente, um novo calor sob a planta de nossos pés. A vegetação pobre que tentava crescer lá nos fez sonhar com a das colinas da nossa infância: os mesmos tufos pequenos de erva rasteira, os mesmos silvados de folhagem verde claro e dos quais a toda hora tínhamos que desprender nossas roupas, finalmente, os mesmos buquês de flores azuis e amarelas murchando ao sol.

O que nos atraíra fora uma fumaça, uma longa serpentina que durante horas tínhamos visto estirar-se no céu. Devia existir uma cidade lá, ou um acampamento talvez... e se fosse dos nossos, dos que nos haviam deixado antecipando-se alguns dias ao apelo de José? Esperança vã, sem dúvida, esperança que devíamos combater. Atrás de um pequeno bosque só conseguimos

O Caminho dos Essênios

enfim descobrir três ou quatro cabanas malfeitas, construídas às pressas com galhos, e um círculo de cinzas ainda mornas.

A idéia de abandonar um acampamento na hora em que se sonha encontrar uma pousada nos pareceu estranha. As marcas deixadas no chão testemunhavam a atividade de uma dezena de homens e de alguns cavalos. Quase instintivamente as imagens sugestivas de silhuetas armadas acordaram em nós recordações dos pequenos destacamentos romanos que, durante anos, tínhamos procurado evitar. O lugar não nos agradava nem um pouco, mas nossas roupas molhadas e nossos músculos doloridos obrigaram-nos a passar a noite lá. Claro, o acampamento era melhor que as urzes da véspera, mas os pensamentos daqueles que o tinham ocupado pouco tempo antes ainda viviam ao redor, tornando a atmosfera pesada.

Pela primeira vez nos sentíamos realmente em terra estranha no país de Kal. Esta nova sensação, contudo, tinha algo de estimulante. Era como se, finalmente, nos encontrássemos diante de nosso próprio destino, sós, tendo nas mãos e no coração todo o ouro do mundo para partilhar. Sob um telhado precário de galhos e folhas secas misturados, a noite nos abriu seus braços. Odores penetrantes e desconhecidos começaram a elevar-se do chão e os raios da lua brincavam nas mil teias que as aranhas haviam estendido aqui e ali. Dormimos pouco, inflamados demais pelo ardor que José havia revelado em nós e pela proximidade do desconhecido, quando o Mestre, estávamos certos disso, caminharia sem cessar ao nosso lado. Longas horas passaram-se em discussões em voz baixa.

— Que tarefa maluca — disse Simão — em que nos incumbem de falar de um Mestre que não pretendia ser mestre, e no entanto é preciso imprimir Sua palavra com letras de ouro em todos os corações...

Que empreitada singular — acrescentou —, esta de criticar as raízes do coração humano, de querer livrá-las, uma a uma,

25

das escórias do hábito. Achas, Míriam, que poderemos falar do Mestre sem dizer "o Mestre", que seremos capazes de falar em Seu nome sem petrificar Suas palavras? Achas que conseguiremos espalhar o sol de Seu amor sem ditar uma nova lei? Devemos esquecer a Escrita, custe o que custar. Mesmo precisando mudar de abrigo algumas noites, a força que nos habita deve repelir a imobilidade... Portanto, sejamos semelhantes ao regato que não quer se deixar prender pelo gelo. Ignoro aonde isto deve levar-nos nesta vida, vês, mas agora sei aonde não devemos ir.

Passaram-se dois ou três dias sem que encontrássemos mais do que algumas famílias cultivando um trato de terra, ou pastores levando seu rebanho. Cruzamos, também, com um grupo de homens armados. Estes, empoleirados sobre cavalos baixinhos e rechonchudos, detiveram-se por um momento perto de nós, provavelmente para melhor observar-nos. Usavam armaduras de tiras de couro e cobriam-se com suntuosas peles de reflexos avermelhados. Na cintura brilhavam as lâminas de enormes facões. Seriam caçadores ou guerreiros? Provavelmente ambas as coisas. Impressionei-me com a nobreza de seu porte e com suas fartas cabeleiras, que lembravam as do nosso povo. Finalmente, afastaram-se de nós tal como tinham se aproximado, com passos lentos, sem dirigir-nos a mínima palavra.

Certa manhã, muros de terra, de tijolos e de pedras apoiados no fundo de um grande valão atraíram nosso olhar. Aproximando-nos, descobrimos que havia vários, a ponto de formar uma verdadeira cidade, uma cidade em parte fortificada. A trilha incerta que tínhamos encontrado juntava-se a uma estrada larga, evidentemente bem conservada e recoberta, aqui e ali, por belas lajes de pedra. Era, sem dúvida, obra dos romanos, o tipo exato de construção que entre nós suscitava inevitavelmente um sentimento meio ambíguo, de admira-

O Caminho dos Essênios

ção mas também de desconfiança. Estradas como esta, já as tínhamos visto na entrada de Cafarnaum, de Tiberíades ou de Jerusalém, e sempre evitávamos ao máximo servir-nos delas, receando algum tipo de controle. Se os romanos achavam que elas facilitavam os deslocamentos, as pessoas de nosso povo não podiam deixar de ver nisso uma forma de rigidez, o símbolo da vontade de ditar regras para a vida. Todos dizíamos que elas não batiam no ritmo de nossos corações, eram muito diferentes dos caminhos tão caros à nossa alma.

Assim que, à entrada da enorme aldeia, colocamos os pés sobre as grandes lajes, foi quase um velho gosto de medo esquecido o que descobrimos. A cidade era importante. Logo à entrada, pesados carros puxados por bois começaram a cruzar conosco. Isso nos deu um pouco de alegria, guardávamos ainda na memória as silhuetas de trote curto e nervoso dos jumentos da Judéia... Logo a algazarra de um mercado chegou aos nossos ouvidos. Simão e eu esperávamos ser abordados pela multidão cada vez mais numerosa de camponeses que se acotovelavam à entrada da aldeia, mas nada aconteceu. Todos se azafamavam sem se preocupar com o vizinho, para ver quem conseguiria expor melhor seu carregamento de grãos ou quem chegaria primeiro com seus cavalos cheios de fardos! Ao contrário da maioria das construções, a porta pela qual entramos era flanqueada por duas torres maciças e o recinto era todo em madeira com altas paliçadas. O conjunto criava uma singular união entre a visão romana do mundo e a que nós já pressentíamos como característica dos homens de Kal.

Desde nossos primeiros passos na aldeia, ficamos surpreendidos com a riqueza das construções. As ruas eram mais largas que todas as que já víramos e a maioria das casas era feita de lindas pedras ou tijolos cuidadosamente talhados. Homens armados, cobertos de metais e tecidos espessos, circulavam em todas as direções, quase tão numerosos quanto os mercadores.

Rapidamente compreendemos porque nossa presença não intrigava ninguém: a mistura de raças e povos era tão evidente, que não poderia ser de outra forma.

Antes de deixá-lo, José nos pedira expressamente que procurássemos a primeira grande aldeia na direção do Sol poente, porque dentro de seus muros residia, segundo ele, uma antiga comunidade de homens fiéis à lei de Moisés. Haviam se estabelecido lá há várias gerações e talvez pudessem facilitar nossa tarefa; era preciso, igualmente, remeter-lhes uma extensa compilação em pergaminho que poderia apressar nossa aproximação. Restava-nos encontrar aqueles homens e deixar nosso coração expressar-se, para que sentissem o olhar do Mestre voltado para o deles. Tudo deveria ser natural e se poderia apostar que eles ficariam felizes ao ver chegar dois de seus irmãos distantes.

Na verdade, éramos bem simples com nossas vestes longas e sujas pelo lodo dos pântanos e os cabelos trazendo em si todos os odores selvagens da natureza. Sem dúvida, devíamos ter mais o aspecto de mendigos desgrenhados que de verdadeiros embaixadores.

De tanto fazer perguntas à multidão, ao longo de ruelas e praças, acabamos chegando a um grande pátio. Era propriedade, nos haviam garantido, de um importante colégio de rabinos. Ao nosso redor, erguiam-se altos muros cor de terra. Deram-nos a impressão de grandes muralhas, erguidas para proteger algum tesouro secreto. As paredes estavam inundadas daquele Sol esbranquiçado que faz franzir os olhos. O conjunto da construção mostrava raras janelas, todas minúsculas, que pareciam veladas no lado interno por pesadas cortinas. Não nos atrevendo a chamar, com a mão sobre o rosto para proteger os olhos da claridade do dia, examinamos um após outro todos os lugares onde poderia haver uma manifestação de vida. Finalmente, um ruído de gonzos fez-se ouvir. Olhamos

O Caminho dos Essênios

para trás e, na soleira de uma porta baixa, recortaram-se as silhuetas de três homens. Imediatamente, com uma alegria não dissimulada, pousamos a mão sobre o coração. Nada nos três homens se moveu, nem uma sobrancelha, nem uma borda de sua roupa de um azul intenso.

— Irmãos — arriscou Simão, meio embaraçado —, viemos de muito longe para encontrá-los. Consentis em nos receber?

Longas barbas escuras agitaram-se e as silhuetas dignaram-se a esboçar alguns passos em nossa direção. Eram homens de idade madura, de pele estranhamente lisa, como se sempre tivesse sido protegida dos ardores do sol.

— O que desejais exatamente? — disse um deles impassível, avaliando-nos dos pés à cabeça com olhar metálico.

— Viemos da terra da Judéia, além dos mares, fomos enviados por José, da família de Arimatéia, para anunciar-vos grandes coisas.

Simão pronunciara estas palavras de um só fôlego, novamente tomado por um entusiasmo que dissipara a primeira hesitação. Quanto a mim, contentava-me em observar o maior silêncio. Os homens que seguiam a lei de Moisés, mas não pertenciam ao povo de Essânia, não gostavam nem um pouco que uma mulher tomasse a iniciativa numa conversa. O momento não me parecia oportuno para infringir a regra.

— Não conheço esse homem de quem falais — respondeu secamente aquele que já nos dirigira a palavra. — A julgar por vossas vestes, no entanto, percorrestes um longo caminho. Tirai as sandálias e entrai.

A bem da verdade, tudo foi feito com rapidez, pois tínhamos o hábito de andar com os pés nus, na certeza de assim melhor sentirmos a profunda respiração da terra.

Passamos diante das três silhuetas eretas e, ao nos curvarmos para franquear a soleira da pequena porta indicada, observamos atentamente as dobras de suas roupas magnificamente arranjadas. A seguir, nosso olhar foi atraído por inúmeros ornamentos cuja forma lembrava, com exatidão, as bolotas do carvalho.

O aposento era escuro e quase nu. Apenas dois baús de madeira bem esculpidos mobiliavam um dos ângulos. Rapidamente fizeram-nos passar para outra sala, também pouco mobiliada, depois para uma terceira, onde uma escadinha de pedra cinzenta dava acesso a um nível superior. Alguma coisa, talvez uma espécie de luz, talvez um discreto perfume lembrou-nos certas casas dos saduceus, das vielas de Genezaré ou de Betânia.

No outro andar, a decoração mostrou-se bem diferente. Boa parte das paredes estava coberta com pesados tecidos de um azul profundo, às vezes quase índigo. Cadeiras esculpidas, banquinhos de madeira cuidadosamente polidos, uma longa e esplêndida mesa baixa coberta com motivos estranhos estavam dispostos lá, numa ordem manifestamente calculada. A isto juntavam-se inúmeras almofadas, esteiras, cada uma mais rica do que a outra. Em meio a tantos bens, só uma coisa nos era familiar: na penumbra, estranhamente, havia na parede um quadrado de tecido pintado, no qual destacavam-se os contornos de uma grande árvore da Criação de todos os povos da nossa raça. Lá estava ela, como um discreto emblema, mas repleta de implicações, prova decisiva de que havíamos batido na porta certa e que talvez pudéssemos falar a nossa linguagem.

Os três homens, cuja rigidez pouco a pouco deu lugar a uma grande cortesia, levaram-nos por fim a uma sala próxima, onde estavam dispostas no chão algumas bacias de metal e uma enorme ânfora. Deixaram-nos para que fizéssemos nossas abluções e vestíssemos a roupa mais fresca que possuíamos, enrolada meticulosamente no fundo de nossos sacos. Tudo concluído, nos apresentamos de novo na sala ricamente ornada com panos de parede.

Não eram mais três homens a nos esperar, mas uma dezena

O Caminho dos Essênios

deles, todos entregues a discussões aparentemente muito animadas, embora em voz baixa. Surpreendentemente, todos os olhares, curiosos e contundentes ao mesmo tempo, voltaram-se logo para mim. Achei que minha presença naquele lugar não era agradável a todos. Entretanto, não houve qualquer comentário e nos sentamos em espessas almofadas dispostas intencionalmente. Dedos alisaram longas barbas escuras e brancas e alguns véus voltaram a cobrir os rostos. O homem que nos recebera pouco antes iniciou o diálogo.

— Sede bem-vindos — disse com voz sonora e num tom que sugeria certa censura. — Não vos escondo que só estais aqui porque a língua que falais é, na verdade, muito próxima da que usamos. Não temos absolutamente o costume de receber estranhos à nossa ciência e ao nosso saber. Este lugar tem como propósito ser um local de estudo e de oração para os que desejam continuar fiéis à lei do Eterno. Então, qual é vosso objetivo ao entrar aqui? Qual é vossa palavra, se viajastes muitas luas como dissestes?

— A Palavra do Eterno — replicou Simão, audaciosamente.

— A Palavra do Eterno está aqui — disse, secamente, um homem ainda jovem, pondo a mão sobre uma coleção de rolos embrulhados num tecido. — Pretendeis ter a capacidade de acrescentar alguma coisa a esta palavra?

— Não, mas o Mestre que dirige nossos passos, a própria luz do Sol por si mesma...

— É esse José de quem nos falaste há pouco... não o conhecemos. Quem é teu mestre para atrever-se a comentar nossos textos sagrados?

Baixei os olhos, pressentindo a dificuldade da tarefa e a agressividade que ela poderia provocar. Ouvi Simão prender a respiração por muito tempo, como se fosse extrair dela todas as suas forças.

— Irmãos — disse ele —, não temos um mestre no sentido em que acreditais. O que queremos falar-vos não comenta as escrituras antigas; Sua palavra as vivifica, vem enxertar-se nelas como um novo ramo.

Houve algumas explosões de riso, contidas a custo, e o jovem que tinha se dirigido a Simão jogou a cabeça para trás, com um largo sorriso malicioso.

— Como podes nos chamar de irmãos, tu, que pareces ter uma compreensão tão estranha da palavra dos profetas? A lei do Eterno está escrita para todo o sempre; ninguém pode resumi-la ou acrescentar-lhe uma letra. Certamente, não esse José, cuja fama não chegou até nós.

O jovem rabino tinha dito "acrescentar-lhe" com tal ironia, que por um momento pensei que só nos restava levantar-nos e partir.

— Yacub! — disse então secamente aquele que nos tinha autorizado a entrar naquele lugar. — Deixa-os falar. Se houver sacrilégio ou heresia, devem manifestar-se com toda clareza.

— Irmãos — recomeçou Simão, aproveitando a calma momentânea —, se me atrevo a chamar-vos de irmãos, é porque nossos pais o são; se queremos contar-vos a história do Mestre que não pretende ser chamado de Mestre, não é para combater-vos e lançar a dúvida em vosso coração. Eis o que nos move: as Escrituras se consumaram e isto impeliu nossos passos até vós. Permiti, pois, que falemos livremente, porque Aquele que nos habita chama-se Jeshua, na linhagem de Davi. Ele cedeu Seu corpo e Sua alma para a consumação desses rolos de pergaminho que vejo junto a vós. Escutai!

Simão começou então a narrar a longa história de nossa existência ao lado do Mestre. E na penumbra da sala, sob o brilho de cem pares de olhos inquiridores, todos puseram-se a reviver os caminhos da Samaria, da Galiléia e da Judéia, as vigílias com o Grande Rabi Branco, os prodígios que realizava, os maiores ainda que anunciava, a incompreensão dos homens e,

O Caminho dos Essênios

por fim, os mistérios do Kristos. No silêncio de nossas noites, mil vezes tínhamos repetido esta história. Havíamos avaliado toda a magia simplesmente dizendo: eis o que vi, eis o que ouvi e de que meu coração está pleno. E o Mestre falará com cada um deles... Assim que Simão terminou, um dos homens levantou-se e saiu da sala. Os sorrisos tinham desaparecido dos rostos, as sobrancelhas estavam franzidas e as feições tinham endurecido.

Repentinamente, uma voz saiu debaixo de um véu branco, que desde o início velava um rosto inclinado. Era a voz de um velho, mas ainda firme. Ela caiu como um cutelo afiado.

— Viestes dizer-nos que o messias de todos os povos de Israel se chama Jeshua e é vosso Mestre? Foi por isto que fizestes esta viagem? Preferiria ter compreendido mal, estranhos, vossa fala nada tem em comum com a palavra de Moisés e dos profetas. O rei que nos reunirá a todos soará sua trombeta por todos os ventos da terra, desencadeará tempestades sobre nossos inimigos e ditará as vontades do Eterno a todos os homens puros. Percebestes que pisais neste lugar pronunciando palavras infames? A lei é formal, e vós a ridicurizais.

— Mas de que lei falais — arrisquei-me, enfim, resignada a lutar —; da lei dos homens ou da lei do Eterno, da vossa lei ou da lei do Sem Nome?

Eu havia desencadeado a tormenta. Uma trovoada de risos e gritos de reprovação encheu a sala e veio na minha direção. Agora fora demais para eles. Como uma mulher ousava tomar a palavra num debate que tinha conteúdo doutrinal? Persuadida de que não tínhamos mais nada a perder, continuei, sob o olhar preocupado de Simão.

— Irmãos, por que todos nesta terra temos que viver para sempre a palavra do Uno nos tempos do passado e do futuro? Por que aqueles que veiculam as palavras de verdade seriam eternamente o apanágio dos tempos antigos e das épocas futuras?

Por que estagnar a Escrita, quando o espírito do Pai nos inunda sem cessar?

Dizei-me, afinal, quem é o vosso Mestre? Qual é o seu nome? Algumas tábuas de pedra, um rolo de pergaminho ou o amor com que o Sol cotidianamente deseja inundar vosso coração? Quanto a nós, já escolhemos. Existe uma sabedoria na qual decidimos beber cada manhã de nossa vida. Ela em nada contradiz nossos antigos conhecimentos; ao contrário, é seu fogo, a origem e o futuro!

O Mestre cuja força viemos anunciar está à frente de qualquer rei em nosso coração. Ali, confunde-se com a força da vida. A essência que O anima é a beleza que dorme no fundo de cada um de nós. Acreditai, Ele não pretende cavalgar à frente dos exércitos humanos. É atrás de um soberano assim que correis? Não me conteis que vossa sabedoria caiu numa cilada como esta! Abrindo esta porta estão os netos de Jacó, os filhos de Benjamim que nós queremos encontrar, homens que mantiveram contato direto com a luz do Sem Nome, e eis que vós petrificais a chama.

— De onde vem o que dizes? Quem te deu este ensinamento?

O homem jovem, com estupefação no olhar, levantara-se bruscamente.

— Sim, dize-nos quem te falou dos filhos de Benjamim — murmurou com mais calma um velho, que até então não tinha se manifestado.

Pela sua entonação, percebia o primeiro sinal de boa vontade encontrado entre aquelas paredes. Por impulso, na esperança de encontrar um aliado, busquei seu olhar... mas era um olhar fugidio, que se dissimulava a todo instante, meio perdido sob o emaranhado de espessas sobrancelhas brancas. Tive, sem dúvida, a sensação de ter-me expressado com demasiada franqueza. Adivinhando minha hesitação, Simão respondeu:

O Caminho dos Essênios

— Nosso irmão José, com quem atravessamos o mar, falou-nos longamente de vós, de vossa origem e do motivo que tendes para viver aqui na Terra de Kal. Há muito tempo, o povo de Essânia, de onde viemos, selou uma aliança com os filhos de Davi. Ele e Benjamim eram irmãos do mesmo sangue; não vos admireis, pois, que um conhecimento a vosso respeito nos tenha sido transmitido.

— Pare com essas tolices! — recomeçou o homem jovem, levantando os ombros e com uma ponta de acidez no tom.

— Como pretendeis conhecer nossos pais e o motivo de nossa presença aqui quando nós mesmos procuramos desvendar os desígnios do Eterno a respeito disso? Acreditamos que estudar a Palavra sagrada é nosso destino. Não existe lugar privilegiado para desenvolver este estudo.

Sabei, pois, todos os que venerais os textos dos profetas, que os homens de nossa Tradição, desde tempos imemoriais, registraram por escrito a história de vossos pais e de vossas longas andanças até estas praias.

Mandai-os embora, não perderemos mais tempo ouvindo essas histórias!

Três homens se levantaram com os punhos crispados. As longas abas de sua veste azul, cuidadosamente dobradas, agitavam-se freneticamente. Agora víamos zombaria e raiva em todos os olhares. Simão também se levantou imediatamente. Quando se abaixou para apanhar seu saco de pano, o homem de fartas barbas negras que nos deixara entrar agarrou-o pelos ombros empurrando-o na direção da porta.

Tive a impressão de que um enorme fardo gelado oprimia minha cabeça. Por que tínhamos falhado em nossa aproximação? Numa fração de segundo revi a silhueta branca do Mestre falando impetuosamente aos sacerdotes do grande templo de Jerusalém. Estaria firme em nossos corações a energia que Ele tanto queria nos transmitir? Viéramos falar de aproximação,

35

de amor e luz e começávamos colhendo ódio!

Levantei-me também e apressei-me em alcançar Simão que, em meio ao crescente tumulto, tentava falar de novo.

— Por piedade, irmãos — disse ele —, dignai-vos a nos escutar mais um pouco, viemos sem nada nas mãos para falar-vos do que existe de mais puro no homem!

Nem acabou de falar. O homem jovem abriu caminho entre seus companheiros e agarrando-o pelo colarinho da veste atirou-o brutalmente contra a parede de pedra.

— Vai embora — murmurou com voz aparentemente calma, mas em que se percebia um desafio mal-contido — teu mundo não é o nosso e nada mais tens a fazer aqui!

— Será que conseguimos mostrar algo a teu respeito que não aceitas? Se teu coração já está seco, meu irmão, que fazes estudando os escritos de nossos pais? Disse-te há pouco que não tínhamos vindo lançar dúvidas em vossas almas; mas, digo-te agora, se o conseguimos, fico feliz. Não penses que é o rancor que me faz dizer isto, é porque sei que uma consciência que se aquieta adormece e se avilta. Um homem que dorme à sombra do seu saber é semelhante a uma espiga de trigo que seca no pé. A violência que tua mão me transmite mostra-me a que ponto teu coração está doente. E por que está doente, a não ser pela falta de Sol? Se ferimos teu coração, repito, fico feliz, porque esta ferida não é mais grave que a da terra que aceita a marca do arado.

Após estas palavras, Simão livrou-se lentamente do aperto e tornou a pegar seu saco caído no chão. Juntei-me a ele sem demora e nos dirigimos para a escada de pedra que levava ao patamar térreo. O pequeno grupo ficou mudo e foi num pesado silêncio que passamos de uma sala a outra para chegar ao pátio de muros altos.

Antes de passar pela soleira estreita e baixa que levava ao pátio, nossos olhos notaram um reduto mal dissimulado por

O Caminho dos Essênios

uma espessa cortina vermelha. Era uma espécie de oratório minúsculo e numa de suas paredes fora entalhado um nicho retangular onde repousava a caveira dourada de um touro com chifres incríveis. A visão foi breve, mas suficiente para nos lembrar das esculturas rituais que há pouco tempo tínhamos observado respeitosamente nas profundezas do templo de Heliópolis. Era o touro Méro, que os sacerdotes da Terra Vermelha tinham transformado em símbolo da função terrena da Lua-Sol; a energia e fecundidade eram sugeridas pelas linhas do crescente dos cornos do animal. As interrogações que aquilo logo suscitou em nós acabaram de perturbar nossas almas. Quando chegamos novamente ao pátio silencioso e banhado de sol, nossos passos não sabiam para onde dirigir-se. Sem demora sumimos pela rua deserta; nossos olhares cúmplices mostravam só um desejo comum de encontrar um lugar onde pudéssemos ficar em paz.

A agitação dos vendedores chegava até nós num concerto de gritos e cheiros misturados. Porém, nossos passos logo foram interrompidos pela presença de uma silhueta curvada no vão de uma porta trancada com barras de ferro. Seu aspecto e os traços característicos do seu rosto não deixavam dúvidas. Era um dos rabinos que acabavam de nos maltratar; o único que manifestara, embora pouco, boa vontade e disposição para ouvir. Sequer tivemos tempo para perguntar-nos como conseguira chegar lá, à sombra discreta daquela porta, porque com um gesto de mão ele nos convidou a aproximar-nos.

— Amigos — cochichou, puxando Simão por uma dobra da veste —, não conheço vossos nomes, não sei exatamente de onde vindes, mas sinto que alguma coisa em vós mostra que sois sinceros. Não censureis muito meus semelhantes; tantos anos após nosso povo ter-se enraizado nesta região, muitas coisas se perderam e outras se deformaram. É porque tomaram consciência disso que meus companheiros endureceram suas atitudes, a fim de preservar o que resta de uma velha ciência que homens de outro mundo nos legaram. Seu coração talvez tenha secado, como dissestes, mas a força do que relatastes fez tremer a terra sob seus pés. Compreendei isto. Sei, pelas narrativas de meus mestres, que todos temos origem na linhagem de Benjamim, mas tudo se perde na noite dos tempos e nos misturamos a muitos povos na caminhada para os reinos do leste. Dizem que tribos de guerreiros rudes, de pele muito branca, outrora esposaram nossas mulheres e vieram aumentar nossas fileiras. Assim, não sabemos mais nada com exatidão, mas eu acredito que nas veias dos homens desta aldeia e das planícies vizinhas ainda corre um pouco do sangue de Benjamim. [1]

Sei que alguns chefes guerreiros que mandam na região observam fielmente a lei de Moisés. Isto não é um sinal?

Mas quanto a vós, dizei-me, tirando a cor da vossa pele, pareceis muito com os sacerdotes de Essus que vivem afastados em nossas montanhas e vez por outra visitam a aldeia em grupos de dois ou três. De onde vindes exatamente? Falastes a verdade?

— Falamos a verdade — respondi simplesmente.

— Já que é assim, falai-me de vosso mestre. Dizei-me, como um mestre pode recusar-se a ser mestre?

Ainda murmurando essas palavras, o velho de sobrancelhas espessas puxou-nos para mais perto dele; sem dúvida temia algum olhar indiscreto ou alguma língua maldosa.

Finalmente pude ver seus olhos, pequenas pérolas fatigadas e contudo brilhando de curiosidade. Acho que naquele dia foram eles que derramaram um pouco de bálsamo no meu coração perturbado.

Por alguns segundos pareceu que Simão buscava novas forças dentro de si. Finalmente falou:

— Podes conceber a imagem de um mestre que não pos-

---

[1] — Assim teria nascido a tribo dos Sicambros.

O Caminho dos Essênios

sua servidores? Ele não os possui porque não tem necessidade de ser obedecido. Podes simplesmente conceber a imagem de um mestre cujo objetivo não é ser venerado e servido, mas encher-se de amor, identificar-se de tal modo com esse amor a ponto de desejar apenas uma coisa: partilhar sua vida?

Irmão, na infinidade dos mundos há uma fonte de Paz que não tem nome. É a força que faz germinar a vida e se divide entre todos os corações mas continua una e indivisível. É esta fonte de eternidade que nosso Irmão Jesus invocou para expressar-se Nele, permitindo-lhe tomar tal dimensão que a energia do Kristos a enobreceu. Este é o ensinamento que nos foi dado e é este também o caminho proposto aos seres para quem o amor é melhor guia do que o medo, porque também a experiência desse amor vivifica os mil sinais do que os homens chamam de Lei. Eis o que nos foi ensinado: acreditar vale muito pouco, mas vale muito aprender a conhecer. Há mais para dar do que para receber, pois quem viu Kristos dentro de si não consegue exaurir seu tesouro.

Não queremos convencer-te, nem às pessoas desta aldeia, pois o que começa a florescer em nós sabe muito bem que não se impõe a vontade de amor a um coração como se grita uma ordem a uma tropa. O corpo pode obedecer e o coração fingir que obedece; mas na verdade como um e outro não quiseram tornar-se Um não haverá porta aberta nem paz.

— Sim — disse o velho —, se tudo isso é verdadeiro e não uma trapaça, que faremos então com os livros?

— Talvez tenha chegado a hora de não mais estudá-los, mas de começar a interpretá-los; talvez até nem devais lê-los, apenas escutá-los. É só aos vossos olhos que eles querem falar, meu irmão?

O velho não reagiu; seu olhar pareceu perder-se no vazio enquanto sua mão procurava a madeira da porta. Recuou um passo e com toda a força fez os gonzos rangerem. Vimos então sua silhueta curvada desaparecer lentamente entre os batentes entreabertos, mal nos deixando ver atrás de si uma ilhazinha de folhagens e flores escarlates.

Voltamos a ficar sós, tendo no coração um pouco mais de silêncio, um pouco mais de hesitação, de interrogações. Com a mão sobre o saco de pano que lhe pendia do ombro, Simão apertava fortemente o maço de escritos que José nos tinha confiado. Que faríamos com eles, agora que nada acontecia como sonháramos?

Só nos restava caminhar por entre as barracas do mercado e enfrentar a rua barulhenta. Percorrendo a aldeia em busca de uma direção que nem sabíamos ao certo, nos sentimos agredidos pela sua opulência; por toda parte havia metais preciosos, louças finas e tecidos pesados. Teriam sido os romanos, cujos elmos e espadas cintilavam em todas as ruelas, que deram aquele senso de riqueza aos homens de Kal ou estes já o traziam dentro de si?

Sentado num banquinho, ao lado de um monte de leguminosas cujo nome ignorávamos e diante do olhar da multidão, um rapazinho divertia-se com uma cabra, tentando ensiná-la a fazer piruetas. Vendo o animal dançar sobre as patas traseiras e levados pelo clima geral, pusemo-nos a rir. Nosso riso era sem dúvida uma forma de não pensar, de começar a participar da vida daqueles homens e daquelas mulheres que não sabíamos mais se se dignariam sequer a escutar-nos.

Uma pequena canção de nossa aldeia pôs-se a saltitar em minha memória. Dizia mais ou menos isto: "De onde vem sua alegria, meu pai, será de olhar para o sol, será de contemplar o Eterno? De onde vem tua sede, meu filho, de escutar teu corpo ou ouvir teu coração?"

Como o dia avançava em seu curso, resolvemos cruzar as portas da cidade em sentido contrário, a fim de procurar algum bosque para passar a noite.

Capítulo 3
Pelos caminhos interiores

NO DIA SEGUINTE CAMINHAMOS SEMPRE NA DIREÇÃO DO NORTE. Para dizer a verdade, não sabíamos ao certo que caminho estávamos seguindo; simplesmente permanecia em nós a sensação de que nossas forças se esvaíam aos poucos. Nossos passos eram lentos e quanto mais entrávamos na linha azul e ondulada das montanhas, mais nos achávamos sós.

Partilhamos, no entanto, a refeição frugal de um pastor que guardava suas cabras, depois a de um casal de velhos que estava cultivando um terreno pedregoso no flanco de uma encosta; mas nada disso importava, porque na verdade era nosso coração que estava com frio, fome e sede.

Boa parte do dia fomos protegidos dos raios do sol por longas e altas faixas sombreadas de pinheiros que se estendiam sobre o declive das montanhas. Seu frescor nos proporcionava um pouco da paz de que precisávamos e nos ajudou a reunir as poucas idéias que nos restavam e repentinamente se haviam dispersado como membros de um exército desbaratado.

Como membros de um exército desbaratado! Esta estranha comparação ocorreu-me espontaneamente e parecia encobrir um dos segredos da aflição que nos tomava. Só com a chegada da noite pudemos ver um pouco mais claro em nós e conseguimos, enquanto continuávamos andando, perceber verdadeiramente o que estávamos a ponto de fazer. Não tínhamos um mapa do país; aliás, mal pudéramos observar apressadamente os contornos sucintos da Terra de Kal. Meses antes de pôr-nos ao mar José apenas nos dissera: "Deveis harmonizar totalmente vosso avanço com as veias da terra em que pisardes e isto após as grandes direções vos terem sido sugeridas."

Foi o que fizemos, esforçando-nos por ouvir, a cada despertar, uma linguagem intraduzível, que dois mil anos de peregrinações pareciam ter apagado totalmente da lembrança dos homens. Ela se manifestava como uma espécie de instinto sagrado que nos fazia saber que a terra precisava de nós e que precisávamos dela na direção de um ponto exato do horizonte e não de outro. O próprio Mestre não agira de forma diferente e durante anos não se cansou de ensinar-nos este princípio.

"Pertenceis mais à terra do que ela vos pertence", repetia-nos com freqüência, "eis porque vos convido a uma união com suas forças, eis também porque vos digo: sede como o fluxo que corre em suas veias. Quer serpenteiem na areia, quer aflorem no lodo ou se entranhem nas fendas das montanhas, essas veias assemelham-se a uma nutriz que sabe como fazer crescer ou diminuir a raça dos homens."

Havíamos tentado viver assim até aquela aldeia, até aqueles muros e até aquele círculo de rabinos. Mas o remorso começava a nos atormentar. Talvez não estivéssemos à altura da tarefa, quem sabe esta caminhada rumo às montanhas do norte não era mais uma fuga do que um chamado?

Foi com estas tristes idéias, como um vento de outono varrendo toda a confiança que nos restava, que encontramos altos fetos à sombra de um bosque de castanheiros. Cansados, pousamos nossos sacos de pano, nossos mantos e fizemos nossa cama. Encolhidos um contra o outro, a noite passou

O Caminho dos Essênios

rápida, embotando as reflexões que desejávamos prolongar no seu silêncio e endurecendo nossos músculos com um véu de umidade.

Um estranho clarão tirou-nos do sono; era uma luz branca, tão branca que a princípio ficamos ofuscados com sua pureza através de nossas pálpebras. Antes mesmo de abrir os olhos, tive a sensação indizível de que a luz vinha ao mesmo tempo de dentro de nosso corpo e de uma fonte fora dele. Despertados por tamanha doçura, sentamo-nos quase ao mesmo tempo na cama de fetos, com os olhos franzidos, pressentindo confusamente alguma coisa. Mas não era o sol que nos acariciava assim, o veludo de seus raios jamais havia mostrado um brilho tão sereno...

Um ser com uma longa veste estava de pé sobre as ervas a poucos passos de nós. Estava rodeado por tamanha auréola de paz, seu sorriso era tão doce que não pude evitar que lágrimas inundassem meus olhos. Continuava lá, ereto, mudo e foi como se de repente a floresta não existisse mais. Simplesmente ouvi Simão murmurar com dificuldade: "Mestre!"

Inspirei profundamente e logo senti meus olhos enxergarem de outra forma. Os troncos fortes dos castanheiros, suas ramagens espessas me apareceram de novo. O Mestre estava lá, perto de um deles, olhava-nos como um Sol que limpava tudo o que era estranho a nossos seres. Sem dúvida com o objetivo de provar-nos a realidade de sua presença, sua silhueta alta deu uns passos em nossa direção e vimos as longas hastes dos fetos afastarem-se à sua passagem.

— Meus amigos — ouvimos sem que Seus lábios tivessem se movido —, meus amigos, por que tanto barulho em vossos corações?

Não soubemos o que dizer. Desde os pungentes olhares trocados num pequeno redil da Galiléia, tantos anos haviam passado à espera de um momento precioso como aquele. E devia acontecer lá, na hora em que nos sentíamos os seres menos dignos!

O corpo de luz densificado do Mestre aproximou-se um pouco mais de nós; Sua manifestação era tão clara que o orvalho formara um arabesco de jóias irisadas sobre seus pés.

— Meus amigos — recomeçou Ele —, que motivo tendes para deixar-vos devorar por tanta agitação? Penso ter visto em vós o olhar assustado de soldados em debandada. Devo compreender que pegastes em armas para falar Minha língua aos homens e mulheres desta terra? Na verdade, porém, se é uma guerra o que empreendeis, sereis os eternos vencidos. Eu vos disse para as eternidades que virão: quem se expressar em Meu nome escreverá sobre a areia se agir com a alma de um conquistador. Quem usa minha língua é o eterno discípulo; jamais adota o olhar de quem sabe e impõe seu saber. Só a lei dos homens pode ser imposta. Quanto a Mim, não tenho outra lei senão a do Amor, e esta não se dita, semeia-se e alimenta-se aos poucos; não vêde nela a flor nascida de um sonho humano, meus irmãos, ela é a realidade que cresce quando o resto se esboroa.

Asssim, acreditai, não há nenhuma conquista a fazer em Meu nome ou em nome de Meu Pai, quer seja neste reino ou em outros mundos. Aquele que reveste a armadura, mesmo que seja para possuir um raio de sol, antes de mais nada combate para sua própria glória; acrescenta mais uma carapaça na quantidade de crostas de sua alma encarnada. Aprendei, meus amigos, que o ritmo da vossa caminhada, o ritmo do avanço dos filhos de Kristos, não deve ser para vós nem para eles um assunto pessoal a ser resolvido ou que deva chegar a bom termo.

O orgulho é o adversário mais astuto de que o homem deve desconfiar. Ele se aloja nos espaços mais secretos de sua personalidade e se alimenta das mil coisas cotidianas que a

O Caminho dos Essênios

compõem. Digo-vos e direi na eternidade dos tempos: quem fala no homem? É uma máscara que pretende "fazer o bem" ou é a Força que está além das forças? Que aqueles que tomam emprestada a língua do Sol abandonem assim sua própria língua se não desejam que ela contribua para tecer a dualidade dos mundos. Não há nem derrota nem vitória no meu caminho, porque este caminho, na verdade, se confunde com o Kristos; Ele não se amolda a nenhuma das realidades que esculpem as personalidades de carne, Ele é a Realidade.

Meus amigos, não faleis tanto de Meu nome, falai em Meu nome, porque Nele há uma essência de liberdade, um fogo capaz de derreter as cadeias. Ninguém conseguirá dar de presente tal essência, porque ela é a flor de aceitação da grandeza do coração sincero. O objetivo floresce no caminho que leva até ela e a iniciação que vos ofereço é o próprio caminho.

Míriam e Simão, vós vos estudastes, como milhões de seres o fizeram e ainda o farão. Mas compreendei, aquele que se analisa parte sempre do exterior. Ele pesa, julga; na realidade, acreditai, ele não está em si mesmo. Não transmite o Amor enviado por aquele que o habita, que transforma seu espírito, sua alma e seu corpo numa só melodia. Assim, compreendei que em vós, como em todos os que desejam que a essência de Vida germine, é conveniente unir as jóias do Sol, da Lua e da Terra. Esta união forjará a nobreza dos homens da Grande Paz. Deixará a vontade de meu Pai agir até em seus corpos, destruirá o desejo de disfarces, saberá ler por trás da aparência ilusória dos acontecimentos.

Dizei-me, meus irmãos, o que se expressa em vós quando vossos corações estão cheios de desgosto? Lamentais vossa incapacidade de mudar os acontecimentos para o que achais correto ou a ignorância de quem dorme em seu íntimo? Em ambos os casos, sabei que vosso sofrimento é ilusório, porque não há nada a fazer. Nesta hora em que vosso fardo parece

45

pesado, não vos esqueçais, todo ser é ignorante com relação a outro. Sono e despertar não passam de miragens, o que deveis procurar e mostrar do fundo do coração é uma verdadeira aurora que não é deste mundo, mas que é preciso fazer florescer nele. Esta humanidade ainda parece uma raiz que ignora a flor que a fez nascer. Elevai-vos daqui por diante até o cálice onde sois vós mesmos. Lembrai-vos, irmãos, da única Paz que existe, aquela que não se impõe!

O Mestre calou-se e o silêncio que verteu em nós fez explodir uma alegria que não nos achávamos mais capazes de sentir. Ficamos assim muito tempo, contemplando-O imóvel, fazendo vibrar aquele cantinho da floresta que tínhamos escolhido para abrigo por uma noite com milhões de gotinhas de ouro. A seguir tudo o que vi foi seu sorriso penetrando em minha alma, depois meus olhos se fecharam espontaneamente como se aquela visão fosse forte demais.

Naquele exato momento, algumas palavras entraram de mansinho em nossos corações:

— A poucos passos daqui, acima da torrente que ireis encontrar, achareis sem dificuldade uma antiga construção apoiada no rochedo. Vasculhai suas profundezas; o que trouxerdes de lá vos servirá como presente para a próxima aldeia em que entrareis. Agora ide!

Quando abri os olhos, a silhueta do Mestre tinha desaparecido. Agora ao nosso redor havia apenas o silêncio cristalino da floresta que ainda dormia. A meu lado, Simão pousava a fronte no chão e sua respiração irregular testemunhava sua intensa emoção.

— Míriam! — disse ele levantando-se de repente.

Sem precisar falar mais nada, imersos numa onda de alegria, apressamo-nos a reunir nossos poucos pertences. Jogando apressadamente nossos mantos nas costas, saímos a passos rápidos na direção indicada. Lembro ainda que a felicidade que nos tomava desenvolvera em nós uma espécie de estado hipnótico. Nossos espíritos, voltados para um único objetivo, com uma consciência aguda do instante presente, decuplicavam a precisão de nossos gestos, pareciam anestesiar nossos membros. Assim, passamos por valas nos rochedos e nos embrenhamos nas matas sem sentir a menor dor nem perceber a mínima diminuição em nosso passo. Parecia que nossos corpos não nos pertenciam mais, que alguma coisa além de nós manejava os fios influindo neles de um modo incrível. Enquanto corria, eu tinha consciência daquele estado maravilhoso e quando acabou entre o ruído de uma torrente que bramia, meu pensamento voou para o velho Zérah da minha infância.

"Vês", dissera-me um dia, "quando o espírito humano entra em contato espontâneo com uma fonte divina, sua relação com o próprio corpo pode transformar-se na de um criador com sua criação. Ele consegue dinamizá-lo a tal ponto que mal podes imaginar. Os antigos diziam que se um membro for cortado quando o espírito que o anima se encarna nesse ponto da sua matéria, ele pode regenerar-se imediatamente. Quanto a mim, jamais vi isso, mas acho que seja bem possível. Sabes, Míriam, o corpo que vês não passa do mais rudimentar dos elementos daquilo que compõe o homem. Honra-o, já que é o recipiente pelo qual conheces uma das faces do Sem Nome, mas jamais esqueças que o Sol que brilha nele é seu artesão ilimitado. Dizem que outrora os homens que formavam nosso povo eram capazes de percorrer longas distâncias, dar saltos prodigiosos quando em circunstâncias importantes. Dizem também que isso acontecia após um paciente trabalho, pelo qual sua alma saía do corpo."

A torrente junto à qual tínhamos parado de súbito mostrava-se maior do que havíamos imaginado. Existia uma porção de pequenas cascatas saltitantes em meio a um caos de pedras cinzentas extraordinariamente polidas. O conjunto insinuava-se como um longo estandarte curvilíneo e prateado entre os pinheiros. Não estávamos nem um pouco cansados e sem dar atenção às nossas roupas, já molhadas pelos respingos, nos propusemos a atravessá-la, não importando o tempo que isso levaria. Um sorriso, alguns olhares e a mão estendida bastaram-nos. Parecia que tudo já fora dito naquela manhã!

Agora, no entanto, nossos músculos nos deram um sinal de sua existência e a escalada entre os rochedos que brilhavam com as gotinhas d'água, amontoados confusamente, parecia difícil.

Compreendemos então que nossa energia havia recomeçado a subir. Mas pouco importava, nossa memória estava límpida e era o Essencial quem vinha habitar-nos novamente. Com toda minha alma rogava que esta força permanecesse e entrevia só dias felizes quando realmente nos tivesse lapidado!

A escalada durou bem pouco. Logo alguns vestígios de muralhas gretadas sobre a margem, encravados em enormes blocos de rocha misturados a árvores nodosas, atraíram nossa atenção. Aproximamo-nos. Sem dúvida, depois de tanto tempo a natureza novamente tomara posse do lugar.

A construção, ou melhor, o que restava dela, apoiava-se no que parecia ser a entrada de uma gruta. Compunha-se de três pequenas peças que se comunicavam entre si através de portas baixas cheias de plantas trepadeiras; ervas e essências variadas desenvolviam-se na mais perfeita harmonia. Ao passarmos pela soleira da porta, percebemos uma vida intensa, uma presença tão apaziguadora como a que às vezes podemos sentir no interior de alguns santuários. Os homens do povo de Essânia acreditavam na existência do que chamavam de anjos da natureza. Para eles, eram seres criados para ajudar a vida da Terra, nascidos pela força do pensamento de uma raça bem anterior à nossa, de um amor que jamais vivera em nosso mundo e morava perto do Sol.

"Pouco importam as palavras através das quais compreendeis e explicais tudo isso", nos haviam ensinado. "Quando abordamos as forças da Natureza, o essencial é abandonar a idéia, cada vez mais presente entre alguns de nós, de que só a inteligência humana se desloca. Quer chamemos a alma de força e o espírito de energia, tudo não passa de um jogo de palavras. A única coisa que jamais deve ser esquecida é que a Vida pensante e ordenada banha todo o universo e o homem não poderá desprezar o que lhe parece a mais ínfima de suas manifestações sem mutilar-se do que lhe permite continuar sendo ele mesmo."

Depois de afastar as primeiras ramagens e respirar aquela paz a plenos pulmões, começamos a andar pelo lugar com respeito. Além da atmosfera mágica que persistia, nada mais parecia atrair nossa atenção. Na pequena sala central, diante de uma parede que escondia parcialmente o acesso a uma cavidade no rochedo, só havia uma mesa, baixa quadrada, toda de pedra. Estava rachada no meio e coberta de musgo. Instintivamente nos sentimos atraídos na direção do rochedo oco e contornamos o resto da parede de pedra que se apoiava nele. A gruta não permitia que se ficasse de pé. Lembrando as palavras do Mestre que ainda vibravam em nós, começamos por examinar as paredes, o chão, tentando com dificuldade acostumar o olhar. Mas, nada... a não ser dois ou três morcegos e grande quantidade de aranhas. A rocha parecia lisa, excluindo a hipótese de que alguma coisa pudesse estar escondida nela.

No entanto, diante da realidade do que tínhamos vivido, nem por um instante tivemos dúvidas. Tudo ainda palpitava em nós, explodindo numa certeza inabalável. Trocamos algumas palavras apressadas, decididos a fazer o juramento de lá permanecer até que nossa determinação fosse recompensada, e que, talvez, fôssemos mais dignos do presente que nos fora dado.

De que precisávamos naquele templo de verdura e pedra? De paciência, confiança ou de um pouco mais de perspicácia? Não tivemos tempo para analisar realmente a situação. A própria natureza encarregou-se de guiar nossos olhos. Um pequeno roedor, insinuando-se furtivamente entre as folhas mortas e as ramagens esparsas que juncavam o chão, prendeu nossa atenção por alguns instantes; depois pareceu sumir no solo, exatamente embaixo da mesa de pedra quadrada. Para Simão, que estava sentado nos restos de um murinho, foi o suficiente. Dirigiu-se logo para a mesa e sacudiu uma após a outra as duas partes do tampo quebrado.

Até hoje sinto nossas mãos febris limpando o chão entre quatro pés da mesa. Lá, escondida embaixo do musgo e da terra amontoada pelos ventos, se encontrava uma pequena laje de pedra irregular. Estava ligeiramente vergada num dos cantos, deixando ver uma fresta por onde devia ter passado o animalzinho. Os dedos de Simão imediatamente vasculharam aquele canto e, após algumas tentativas, a laje foi erguida e arrastada para o lado. Estremecemos. Um buraco feito na rocha acabava de aparecer, cuidadosamente escavado e suficientemente grande para caber uma criança agachada. No meio dele vimos uma massa cinzenta e empoeirada, que a princípio nos pareceu totalmente informe. Era um embrulho de tecido grosso, esfarrapado, roído e exalando um cheiro de húmus horrível. Sem nos atrevermos a tocá-lo, ficamos alguns instantes tentando simplesmente compreender. Em meio aos trapos de tecido decomposto, vimos finalmente alguma coisa que nos pareceu chifres de veado. O pó que os recobria tinha uma coloração estranha; não me parecia que fosse dos chifres de um animal do qual eu sequer tinha idéia. Ajoelhada à beira do buraco, arrisquei um braço em sua direção e com um dedo acariciei-lhes o contorno. Sob a camada de poeira, uma cor dourada, linda e quente, pôs-se a brilhar. Com este simples gesto tudo mudou,

O Caminho dos Essênios

como se nosso achado tivesse adquirido vida.

Com uma das mãos, Simão agarrou firmemente o embrulho e trouxe-o para a superfície, em meio a um monte de terra e folhas esmagadas. O que restava do pesado tecido não resistiu mais. Diante dos olhos tínhamos só o crânio amarelado de um cervídeo de cornos imponentes, fantásticos, meticulosamente recobertos de um metal dourado.

Acho que naquele momento nossos espíritos fundiram-se. Tive um só pensamento, ligado a uma fonte precisa, uma idéia que Simão conseguiu expressar com a única palavra que saiu de seus lábios: "Cernunnos!"

Cernunnos, a grande força regeneradora que os povos do setentrião haviam divinizado sob a imagem de um cervo. Não nos lembrávamos de ter visto um animal semelhante, mas as descrições que o Mestre nos fizera de suas representações acabaram por fortalecer nossa primeira impressão.

— Simão — falei —, eis a imagem de um deus que, para os homens deste país e segundo os ensinamentos do Mestre, representa tudo o que o universo traz em si de força de ressurreição. O deus de grandes cornos significa, nesta terra, a lei do eterno renascimento. Todos os que se saciam com a seiva que circula em seu corpo transformam-se em taças de imortalidade. Lembras-te?

Foi difícil acalmar nossa emoção. Decidimos então sentarnos por algum tempo para meditar e limpar a cabeça como se devia fazê-lo para as funções sagradas.

A manhã anunciava-se fresca e uma chuva fina que começou a cair logo obrigou-nos a procurar refúgio numa cavidade do rochedo.

— Como tudo está claro agora — murmurou Simão enquanto polia com cuidado o ouro de um dos cornos. — Com este presente o Mestre nos lembra uma vez mais que a tarefa que nos confiou inscreve-se numa continuidade, que por nada no mundo devemos romper para reconstruir; ao contrário, devemos aperfeiçoar o que já está construído. Bem vimos, Míriam, a esperança na regeneração última do ser, o conhecimento intuitivo dessa possibilidade está presente no íntimo de todos os corações humanos. Lembra-te das palavras de José nas colinas de Jerusalém e vê como nosso próprio povo já remodelou, segundo seu próprio desejo ardente, a narrativa da regeneração do Mestre. Este crânio mais uma vez nos põe diante da evidência: a certeza do eterno retorno rumo ao nosso irmão Sol é o verdadeiro cajado de peregrino, que facilita a caminhada dos habitantes de todos os reinos deste mundo. Sabemos que isto não é um sonho.

É a confirmação desse conhecimento que todos aqueles cuja felicidade é igual à nossa devem oferecer aos seres que cruzarem seu caminho. Vês, nada mais se pede aos homens que levam em suas almas um pouco do olhar de Kristos!

— Eu sei — respondi, como se alguma coisa mais forte do que eu me obrigasse a falar em voz alta e mais claramente do que nunca, como se, enfim, o som de minha própria voz devesse desempenhar, em minha consciência, o papel de um escultor. — Sei também que é passado o tempo de dizer aos homens que acreditem por acreditar, porque freqüentemente a simples crença é a mãe de dogmas demasiadamente humanos e, portanto, a mãe das superstições. Agora é preciso que nosso trabalho e de todos cujo coração é uma janela para o amor seja, antes de mais nada, uma chave para o conhecimento. Lembra-te, este conhecimento nada mais é senão a experiência direta com a Única Luz interior!

O corpo necessita mais conhecer seu próprio espírito e reconciliar-se com ele do que cumprir rituais cuja força inicial se esvai com o passar dos tempos.

Quantos homens, quantas mulheres, podes dizer-me, Simão, crêem no Sol Eterno, ou em todos os atributos de que se reveste entre povos diferentes, apenas porque seu pai ou sua mãe acreditavam nisso antes deles? Estes transformam sua crença numa estátua ou numa fortaleza inexpugnável, em cujo interior eles mesmos não querem aventurar-se.

— Não querem aventurar-se com medo de descobrir-se. Mas também inúmeros são os que simplesmente ignoram que lá podem percorrer um trecho do caminho. Míriam, eu te disse, agora tudo parece aclarar-se. Devemos falar do oleiro que o homem precisa ser para si mesmo. É necessário que cada um compreenda que sua tarefa aqui embaixo é modelar a argila do seu corpo e da sua alma. Todos esquecemos que a luz do Sem Nome não se revela à força de ladainhas. Não é o cumprimento de um ritual nem o respeito a um dogma que pode abrir as portas da morada da Paz, enquanto nosso espírito não houver semeado a matéria com a qual vivemos neste mundo até no mais insignificante dos seus atos!

Não continuemos a ser como terras incultas, Míriam. Colhe aquele que quis semear e só aquele que deixou o sulco do arado penetrar em seu coração semeia em si. Devemos fazer o possível para transmitir isso; não falo em ensinar porque o que compreendo de Kristos é que Sua paz não se passa adiante como uma receita!

Os grandes símbolos espalhados por toda a terra ajudam-nos simplesmente despertando, muitas vezes perturbando, nossas lembranças enterradas. É assim com esse crânio. Observa como o desenho de seus cornos sugere ao mesmo tempo a germinação, o impulso na direção do domínio celeste e um receptáculo, uma verdadeira taça. O Mestre também dizia ver em chifres como este um lugar de troca privilegiado entre as influências primitivas e sutis ao mesmo tempo. Para os homens deste país esses chifres constituem, se minha memória não falha, uma promessa de possível liberdade, mais ou menos como a resposta metafórica a um apelo feito ao alto que a natureza traz em si desde o alvorecer dos tempos. Creio que Cernunnos seja um dos símbolos do homem divinizável, Míriam! E não é exatamente sobre isto que viemos falar aos habitantes de Kal? A chuva parou. Saímos então de nosso abrigo, esgueirando-nos com mil precauções entre os montes de pedras cobertas de limo. Os rugidos da torrente irromperam de novo em nós. Acabáramos de viver tais momentos em nosso universo interior, que sua presença de fato tinha-se esfumado totalmente.

— Quanto mais avanço nestas terras — acrescentou Simão, agarrando-se a umas ramagens secas — mais sei que a palavra que o Mestre espera de nós todos é uma incontrolável revolta contra a ordem deste mundo.

"A energia do amor que vos incito a reencontrar passa por pensamentos, palavras e obras. A palavra é a fronteira entre o pensamento e a ação. É igual a uma força montada sobre a realidade de dois mundos. Aprendei, pois, a dominar sua utilização para sempre, porque diante dos homens deste reino compreendereis definitivamente que a dificuldade está em falar de Paz em termos de revolta mal dissimulada. A Paz que vos dou é necessariamente uma espada, irmãos, mesmo que apresente um fio de luz!"

É estranho que este ensinamento do Mestre me tenha voltado à memória com tamanha clareza, Míriam. Será que só agora consegui realmente entender o seu alcance?

O dia decorreu assim, indo de reflexão a reflexão, de lembranças a exaltações; estávamos prontos a enfrentar tudo, perdoar tudo.

Eram lindas aquelas montanhas por onde andávamos. A doçura dos primeiros dias do outono as acariciava, demorava-se sobre elas. Mais de uma vez nos misturamos a pequenos grupos de homens e mulheres que pareciam viver como nômades, à frente de um punhado de cavalos fogosos carregados com uma porção de utensílios.

O Caminho dos Essênios

A maioria deles ostentava espessas cabeleiras trançadas e cobertas de pó. Com ar meio desajeitado em suas amplas túnicas de pele mal curtida, manifestaram certa curiosidade ao encontrar-nos. O crânio do cervo, que carregávamos com infinito respeito e não conseguíamos esconder, pareceu nada evocar-lhes.

Quantos dias andamos assim antes de percebermos o que poderia parecer-se com a aldeia anunciada? Não saberia dizê-lo. Minha alma guarda bem na memória a visão de um grande braseiro cheiroso na entrada de um bosque, depois de um conjunto de casas humildes, de barro e madeira, onde se ouviam alguns mugidos.

Foi lá, num amanhecer enevoado, que finalmente pousamos nossos sacos no meio de um bando de crianças.

Capítulo 4
O povo de Kur

— SACK HARE, SACK HARE! — GRITAVA A VOZ ÁSPERA DE UM homem que vinha caminhando em nossa direção com passos decididos. Sem parar de repetir aquelas palavras, abaixou-se de repente para apanhar um punhado de seixos, atirando uma porção deles no bando de crianças que ainda corriam para perto de nós.

Mas nada adiantou e logo não conseguimos dar mais um passo sequer. Um tocava mais de perto nossas vestes, outro apalpava com ar esperto o conteúdo dos nossos sacos, todos gritando ao mesmo tempo. Os olhos ávidos de curiosidade e os sorrisos deixavam entrever malícia e ternura.

O homem nos alcançara e agora tentava dispersar todo mundo. Felizmente, algumas mulheres e dois ou três velhos apareceram logo como por encanto, ajudando-o na sua empreitada. As palavras que saíram de suas bocas naquele momento acalmaram rapidamente nossa derradeira inquietação: a língua deles era muito parecida com a que nos esforçáramos por aprender às pressas; só um pouco mais áspera, menos melodiosa.

Quando recuperamos um pouco de calma, foram os adul-

O Caminho dos Essênios

tos, a princípio surpresos com o fato de compreendermos sua fala, que nos encheram de perguntas. Não sabíamos o que responder a tantos rostos voltados para nós. Aqueles seres, em sua maioria macilentos, deviam trabalhar duro na terra. Os sulcos em suas faces, as pupilas escuras, falavam de pobreza, mas também de um profundo bom humor, de uma discreta felicidade.

Imediatamente, embora abafados pela exuberância da acolhida, sentimo-nos confiantes, quase em nossa casa. Em meio à extrema simplicidade e à espontaneidade sem reservas, descobrimos muita dignidade.

Abrindo caminho entre a multidão que começava a aglomerar-se ao redor de nós, um homem de compleição muito robusta não tardou a aproximar-se. A julgar por sua firmeza e pela calma que sua aparição impôs pouco a pouco, era, evidentemente, o chefe da aldeia. Vestia apenas uma calça de tecido grosso e escuro apertada nos tornozelos com tiras de couro. Entretanto, em seu peito peludo cintilava um medalhão cor de cobre esculpido com símbolos incompreensíveis para nós. O homem, cujos cabelos estavam trançados em ambos os lados do rosto, pingava suor e respirava com dificuldade, como se estivesse saindo de um trabalho exaustivo. Ao contrário dos outros, seu olhar exprimia certo embaraço; esquivava-se sem cessar.

Apressadamente e com palavras desajeitadas, desejou-nos boas-vindas, depois pediu que o seguíssemos até sua casa. Todos desapareceram prontamente e nós acompanhamos seus passos por um labirinto de casinholas ou, melhor, de cabanas, entre cães e porcos.

Por toda parte madeira e pedra casavam-se espantosamente. Alguns trechos de paredes pareciam feitos de vegetais emaranhados sobre os quais, em ocre, estavam pintados alguns símbolos misteriosos. Ficamos maravilhados com a extremidade dos troncos que formavam o madeiramento. Em toda habitação ela era habilmente esculpida em forma de caras meio animais, meio vegetais. Por entre as urzes e espessos leitos de folhagens que formavam os telhados surgiram assim, aqui e ali, estranhos perfis de olhares fantásticos. Parecia-nos que o mundo da floresta, pobre e seco ao redor da aldeia, marcava encontro lá, numa espécie de pacto com cada residência. Chegamos finalmente diante de uma grande cabana cujos alicerces eram de pedra áspera. Ensurdecidos pelos latidos de uma dezena de cães, passamos pela porta muito baixa, cujas dobradiças de caniços trançados ficaram rangendo por muito tempo.

A peça onde entramos era única e ampla. Contra a parede do fundo, toda de pedra e barro seco, sob um grande buraco cavado no chão, crepitavam algumas chamas.

Lá, uma esguia silhueta escura, de costas, estava ocupada com um pequeno caldeirão arredondado. Era uma mulher, sem dúvida a companheira de nosso anfitrião. Usava uma veste de um azul profundo. Por trás da massa espessa de sua cabeleira, não tivemos tempo de observar os traços de seu rosto: como um animal assustado, ela se esgueirou rapidamente atrás de nós e saiu em silêncio. Na penumbra, à luz de uma pequena abertura numa das paredes, percebemos alguns utensílios, algumas facas no chão e, num canto, um monte de peles. Estavam arranjadas ao redor de uma enorme pedra achatada e retangular que, sem dúvida, devia fazer o papel de mesa. Andamos alguns passos, tentando acostumar-nos com o forte odor de fumaça que impregnava o ambiente.

— Sede bem-vindos, estrangeiros — reiterou desajeitadamente o homem corpulento. — Estais em minha casa...

Por trás da porta, agora fechada, percebemos algumas risadas mal contidas que pareciam o cacarejar de galinhas, provavelmente vindas dos garotos que tinham insistido em seguir-nos.

— Eis aqui — continuou ele, ainda respirando com a

O Caminho dos Essênios

mesma dificuldade —, eis aqui o que posso oferecer-vos. Com estas palavras, convidou-nos a sentar sobre as peles que juncavam o chão.

— A julgar por vossa aparência e vossas vestes, vejo que vindes de muito longe. Sabei que podeis ficar em minha casa o tempo necessário para descansar se assim o desejais, antes de prosseguir vosso caminho.

O homem pronunciou aquelas palavras num tom tão afetuoso que contrastava demais com sua aparência rude; alguma coisa em mim foi profundamente tocada. Quando começou a interrogar-nos sobre nossa origem e sobre o que procurávamos naquelas terras, sua voz ficou mais hesitante, mais vacilante ainda. Adivinhei naquilo uma dor surda, como a de um peso difícil de suportar.

— De que sofres? — perguntou Simão intempestivamente, interrompendo o curso de suas perguntas.

Nosso anfitrião levantou imediatamente os olhos e pela primeira vez pôs-se a fixar-nos com ar decidido.

— Por que dizes isso e o que isso te interessa? Dize-me, antes, como é o mundo lá onde nasceste.

Como única resposta, Simão pousou diante dele, sobre as peles, o grosso embrulho do seu manto que envolvia nosso achado de dias antes. Meticulosamente desfez-lhe as dobras e o ouro dos chifres apareceu de repente, em toda sua majestade.

— Eis aqui — disse finalmente, estendendo o braço e mostrando o crânio anguloso. — Achamos que isto devia voltar para ti e para tua aldeia.

O homem teve um sobressalto.

— Por quê? — disse com palavras entrecortadas. — De onde tiraste este presente? Pelo menos sabes o que significa para nós?

— Sabemos muito bem — respondi —, é por isso também que seu justo lugar é no seio da tua aldeia e não em nossas

59

mãos. Sabes agora quem guiou nossos passos até aqui e qual é o fogo de nossa alma.

Nosso interlocutor recuou um pouco.

— Foi o Mestre-Cervo quem vos ordenou tudo isso?

— Teu coração pode ver assim, mas digo-te que é antes da força que anima o Mestre-Cervo que viemos falar-te. Através dela nosso caminho até tua aldeia foi aberto e também por meio dela estes chifres estão sendo devolvidos. Sem dúvida, estás disposto a ouvir o que temos para dizer-te?

— Paz em vós, estrangeiros, paz em vós, paz, paz... — pôs-se a murmurar nosso anfitrião, com um ardor repentino iluminando-lhe o rosto. — Há muitas luas, bem mais do que eu conseguiria contar e que meu pai poderia contar, todos nestas colinas estamos em busca deste presente que acabais de nos dar.

Todas as aldeias desta região sofreram inúmeras vezes invasões de hordas guerreiras vindas do outro lado das montanhas do norte. Ignoro quantas vezes esta terra foi pilhada, mas são incontáveis nossas riquezas desaparecidas e nossos santuários profanados. Uma velha lenda de nosso povo fala da volta do Mestre de grandes chifres, cujo sangue deveremos beber. Falais em seu nome? Dizei-me!

Não me atrevi a responder a uma pergunta tão direta e foi Simão quem, após um pesado silêncio, acabou por dizer um "sim" incontestável.

— Sim — acrescentou. — O que temos para anunciar-te só poderá transmitir-se de coração a coração se estás preparado. Procurando o caminho que chega à tua aldeia, não foi a uma ordem que obedecemos, vê bem. Antes de mais nada, porém, dize-nos: de que mal sofres?

O homem levantou-se então com o olhar perdido no vácuo, as sobrancelhas franzidas e o humor visivelmente sombrio.

— Não sei... — limitou-se a sussurrar como se quisesse esquivar-se da pergunta.

O Caminho dos Essênios

E enquanto segurava um potinho de barro escuro em direção a seu peito, pôs-se a ofegar mais, sacudido por espasmos contra os quais nada podia fazer.

— Chamo-me Roed — resolveu falar por fim, pousando o recipiente sobre a mesa de pedra. — Minha força física fez de mim o chefe desta aldeia, mas na verdade tudo que minha alma sempre buscou foram os raios do Awen. Isto, vejam, é minha morte, não há outra coisa, a não ser isto, que parte minha vida ao meio. Passo meus dias tentando dominar as forças da terra e minhas noites tentando não me afogar nos lagos do meu coração. Estais surpresos ouvindo esta linguagem num homem como eu, não é? Meu corpo é o de um bruto ofegante, por isso aqui ainda me respeitam.

Entre nós, quando queremos que alguma coisa seja selada pelo segredo, juntamos as mãos assim no meio do peito...

E no vasto aposento, diante da dança muda da lareira, humildemente Roed pousou as mãos, uma após outra, a direita sobre a esquerda, exatamente no côncavo que nosso povo chamava de quarta lâmpada, o fogo do coração. Era o sinal que mal ousávamos esperar, o esboço da abertura.

Então, derramando no alto do crânio animal um pouco do líquido contido no potinho de barro, Roed começou a falar de si mesmo e de sua vida.

— Há mais de dez anos encontrei nas montanhas, não longe daqui, um desses que chamamos de bardo. Vivia só, numa pequena cabana em ruínas cujo estado não parecia preocupá-lo nem um pouco. A reputação que tinha na época me levou a buscar sua companhia. Naquele tempo eu só me ocupava com algumas ovelhas. Freqüentemente levava o rebanho na direção do norte, andando sem parar durante vários dias, sem que alguém estranhasse a minha ausência. Foi numa daquelas caminhadas pela montanha que realmente o conheci. Eu queria saber com certeza se aquele homem, cujo nome era

Urgel, merecia o título de sábio que lhe atribuíam, porque já naquele tempo a única coisa que fascinava minha alma era a busca da Grande Luz.

Entre nós escrevíamos pouco, nossos sacerdotes têm uma espécie de desconfiança inata quanto a símbolos traçados, mas em compensação manejávamos a língua com prazer e os relatos que revelam o ensinamento dos deuses são inúmeros em nossas terras. Tanto quanto me lembro, sempre fui fascinado por eles. Era como se alguma coisa aguardasse em mim, sem que eu conseguisse defini-la.

Meus encontros com Urgel desconcertaram-me totalmente. Compreendi que eram homens como ele que forjavam os relatos maravilhosos e entremeados de conhecimentos secretos que circulavam por nossas montanhas. Quanto mais o ouvia falar das forças da natureza e do Sol do Awen, mais desejava tornar-me igual a ele. Ele conseguiu ler meu pensamento e ao final de um ano começou a me ensinar regularmente, ajudando-me a descobrir o santuário oculto no corpo de cada homem. Resolveu, assim, indicar-me as portas invisíveis, para que eu conseguisse viver na Grande Criação, fundir-me com a natureza e trabalhar com os espíritos que a habitam.

Suas palavras acompanhavam-se sempre de alguns símbolos traçados no solo. Ele afirmava que cada um deles assemelhava-se a um ser vivo no domínio dos deuses, a quem davam a possibilidade de tomar corpo em nosso mundo a fim de obter sua cooperação. Isto pode parecer-vos estranho, mas eu sempre soube que ele falava a verdade. De fato, passei muitas noites ao lado de Urgel, testemunhando coisas a que, sem dúvida, eu jamais deveria ter acesso. Formas luminosas às vezes vinham girando ao redor de nós, mas também tempestades horríveis paralisavam meus ossos.

Diante de tantas coisas, meus olhos e meus ouvidos fizeram-me crer que finalmente eu atingira o alvo, que logo me

O Caminho dos Essênios

tornaria tão sábio e erudito como o homem que me ensinava. E na verdade, além das coisas extraordinárias que tivera a chance de ver, a palavra do bardo era toda de paz e luz.

As luas e os anos passaram e devo dizer que Urgel só foi muito bom para mim. Eu é que não fui bom para ele e nada compreendi...

O homem parou de repente. Talvez já lamentasse o fato de ter confiado tanto. Durante toda sua narrativa não parou de polir o crânio do cervídeo com a ajuda de um paninho e um líquido com que o molhava parcimoniosamente. A substância contida no pote de barro escuro parecia levemente oleosa e perfumava todo o aposento com um forte cheiro de ervas. Finalmente Roed, sempre ofegante e com as tranças meio desfeitas, resolveu continuar. Dir-se-ia que estava gritando, mas era fácil compreender que tentava, principalmente, dissimular sua aflição.

— Eu é que não entendi nada. Pensei que sabedoria se aprendesse com um pouco de paciência apenas, como se aprende a manejar o facão ou a lança após alguns anos de exercícios. Ele me deu muito pouco, segundo a minha impaciência. Era absolutamente necessário que eu soubesse, que eu fizesse, que me fosse! Nada andava tão depressa nem era tão forte que conseguisse despertar-me do que eu sentia pesar sobre mim como um torpor. A luz afastava-se de mim, e quanto mais se afastava mais eu percebia isso e mais corria...

Então pus-me a desejar por vontade própria e dei à paz proposta por meu mestre a aparência de uma luta pelo poder.

Urgel se manteve impassível diante da minha transformação, até o dia em que, certamente cansado pelas minhas perguntas, de repente pousou a mão no côncavo do meu peito. "Queres conhecer a luz, Roed, pois bem, conhece-a!", gritou ao mesmo tempo.

— Não sei o que aconteceu então, mas todo meu corpo pôs-

63

se a vibrar estranhamente, um véu branco cobriu meus olhos e achei que ia cair. Num relâmpago, senti alguma coisa despedaçar-se na minha cabeça e uma dor violenta perfurar a parte inferior das minhas costas. Meu ser parecia esvair-se desesperadamente e no momento seguinte tive a impressão de que eu era apenas um olho. Vi um corpo deitado no chão, arqueado para trás, rígido. Naquele momento tudo se apagou, vi-me de novo deitado na relva, sozinho e tomado por forte náusea. Depois disso, nunca mais tornei a ver o bardo. Mas minha alma e meu corpo estão doentes. Sei que ele ainda vive na sua cabana lá no alto...

Nosso anfitrião tornou a levantar-se e com grandes passadas dirigiu-se à extremidade da sala, dando a impressão de estar ocupado com algum utensílio. Como resolvera avivar o fogo evitando cuidadosamente olhar em nossa direção, compreendemos que se fechara num profundo mutismo.

— Voltaremos a te falar — disse Simão, levantando-se por sua vez. — Não há vergonha alguma em abrir nossa alma, vês, só ficaria indiferente quem não soubesse receber seu fluxo por falta de amor. Se quiseres, nós te ajudaremos.

"Por falta de amor." Senti que Simão hesitara em pronunciar essas palavras que revelavam o significado exato da nossa visita. Há palavras que assustam os homens rudes ou que se julgam rudes.

Quando saímos pela porta baixa, uma aragem fria nos agrediu e os cães voltaram a ladrar. Passamos as horas seguintes caminhando entre as habitações modestas, abordados por uma pessoa ou outra, tentando impregnar-nos com o coração daquele povo cheio de uma impaciência tão evidente.

"Esperai, esperai", parecia que uma voz murmurava em nós. "Não espalheis nada ao sabor do vento antes que seja chegada a hora. O que anima estes homens e estas mulheres é semelhante ao que vos anima. Que vossa carne, portanto,

O Caminho dos Essênios

seja como a deles e que vossos olhos se encontrem com os deles.

Aquele que quiser propagar a Palavra deverá primeiro procurá-la no outro, porque foi dito que todo ser é um livro e é preciso aprender a lê-lo para descobrir em que página está aberto. Que vossa língua, pois, seja como a deles e vossa alma abrace a deles, porque também foi dito que o carpinteiro não ignorará o gesto daquele que modela tijolos de barro."

— Devemos pousar nossos sacos aqui — disse Simão de repente, puxando-me para o lado. — Acho que não pode ser de outra forma.

Até o entardecer deixamo-nos alcançar pela exuberância e pela curiosidade dos aldeões. Ficamos especialmente admirados com o estado de imundície a que seus corpos e suas casas estavam acostumados. Viviam com pouco e era como se tivessem modelado corpos e roupas com barro, talvez à força de se curvarem sobre ele e percorrerem sua crosta enrugada.

Roed não se manifestou mais durante o dia; só o vimos reaparecer tarde da noite, quando pequenos fogos de galhos secos brilhavam aqui e ali entre as choupanas. Como nos tínhamos isolado na orla de um pequeno bosque, convidou-nos a partilhar sua refeição: uma estranha sopa de raízes rala como água e algumas favas.

Passamos o dia seguinte sobre os terrenos e pedregulhos que rodeavam a aldeia. Restavam lá poucos espaços para serem desbravados e de que ainda se poderia esperar tirar proveito. Bem cedo, ao amanhecer, nos propusemos a executar aquele trabalho, esquivando-nos assim da caça a que Simão tinha sido logo convidado.

Imediatamente todos manifestaram grande respeito por nós, um respeito que nos constrangia um pouco e a que nunca fôramos habituados. Aquilo só podia ser explicado pelas características do presente que havíamos dado ao chegar e cuja notícia percorrera a aldeia como um cavalo desenfreado.

65

Todos nos observavam e o próprio Roed, pela deferência excessiva com que nos tratava, contribuía para criar uma espécie de temor que de forma alguma desejávamos, como se fôssemos possuidores de algum segredo. Nossa vontade de participar de todos os trabalhos finalmente pareceu enfraquecer qualquer resistência. Ao anoitecer do oitavo dia, achamos por bem revelar um pouco mais as fontes do nosso coração.

Foi um de nossos companheiros de trabalho que, enquanto trocávamos as urzes que cobriam um telhado, nos deu o sinal que esperávamos.

— Dizem que foi o Mestre-Cervo quem vos mandou até aqui... é verdade? Somos muitos querendo perguntar-vos e Roed permanece calado diante de nossas perguntas.

Só havia uma solução: sugerir uma reunião no centro da aldeia. Chefe incontestável da pequena comunidade, nosso anfitrião autorizou-nos a fazê-la naquela mesma noite. Entretanto, quando pedimos sua autorização, uma expressão estranha marcou seu rosto. Traduzia uma espécie de inquietação misturada com esperança.

Um homem chamado Belsat se ocupou dos preparativos. Era jovem e logo o havíamos notado por ser louro e pela transparência de seus olhos. Havia nele o mesmo domínio de gestos e palavras que nos faz dizer que certas pessoas são luminosas sem saber que trazem em si uma verdadeira chama. Pela firmeza e modéstia com que se empenhou, logo compreendemos que Belsat tinha o caráter de um daqueles pilares com os quais precisávamos contar. Um laço de parentesco o unia a Roed; isso só podia facilitar-nos a tarefa.

Naquelas terras distantes do país de Kal, exigia-se que aquele a quem incumbia o dever de falar diante de todos se recolhesse antes e evitasse qualquer trabalho manual. Comunicaram-nos tudo isso. Fomos então levados para a beira de um regato que serpenteava a dois passos da aldeia. Lá havia uma grossa árvore nodosa e nos pediram que sentássemos ao pé dela para terem certeza de que tínhamos compreendido e respeitaríamos sua tradição. Belsat nos indicara a árvore num tom semelhante ao de uma ordem, como se de repente estivesse investido de uma função assombrosamente importante.

— É a árvore de nossos sacerdotes — acrescentou com orgulho. — Eles sempre vêm aqui quando festejam entre nós cada vez que a lua vai dar à luz. Dizem que um espírito vive atrás de sua casca; pegam então um pouco da sua seiva e a misturam numa bebida que eles mesmo preparam duas vezes por ano.

Encostamo-nos na árvore e Belsat afastou-se para reunir-se aos outros que já se ocupavam com os preparativos para a noite.

Sentados sobre a espessa folhagem amarelada, tivemos que assistir a um estranho ritual. Vimos uma silhueta cobrir-se com uma enorme pele de animal encimada por dois cornos iguais aos de um touro, depois descrever um grande círculo sobre o solo, arrastando atrás de si um buquê de ramagens que desprendia uma espessa fumaça branca. Aquele gesto nos lembrou o dos homens que, perdidos nas areias das montanhas da Judéia, eram chamados de "magos do deserto". Eles às vezes desenhavam imensos círculos no alto das colinas, fazendo arder montinhos de ervas aromáticas e resinas. Mas aqueles magos sempre desconfiaram da presença de homens do nosso povo.

Quando aquele ritual se cumpriu, para alegria de um grupo de crianças que tinham vindo sentar-se nas proximidades, vimos dois homens curvados pelo esforço depositarem no centro do espaço delimitado um impressionante recipiente de pedra, com largas bordas, parecendo uma taça de dimensões ciclópicas. Começou então um lento e silencioso trabalho em que todos, inclusive as crianças, empenhavam-se em enchê-la de água, com a ajuda de pequenas taças de argila escarlate.

Finalmente a noite chegou e esperamos muito tempo até que estendesse seu manto de veludo bem longe, além das montanhas.

Durante esse tempo, cada um podia contar a ronda das horas na intimidade do seu coração. Assim, sem que nada fosse programado, num escrínio de silêncio ao qual não estávamos acostumados, dezenas e dezenas de homens, mulheres e crianças vieram sentar-se sobre a erva seca, no escuro, reproduzindo com suas silhuetas o círculo perfeito anteriormente purificado. A noite estava fresca e a lua tímida. Seus reflexos azulados, no entanto, brincavam na água da enorme taça de pedra como se fosse um tesouro. E quem sabe não era?

Ereto e forte como um carvalho, apenas Roed ficou de pé. Em sinal de comando, cruzou os braços com os punhos fechados e, sem esperar mais, falou alto e forte, pesando cada uma de suas palavras, sem dúvida para esconder a respiração desordenada em seu peito.

— Que as forças da lua dispersem minha alma se eu negar que alguma coisa mudou neste vale desde que os dois estrangeiros entraram em nossas portas. Seu presente reavivou em nós uma antiga energia; seu presente, acho também, significa que sua palavra é reta e que podemos ouvi-la. Fala!

Levantamo-nos um após o outro e com os olhos perdidos na escuridão da noite começamos a evocar o Mestre Jesus, nossa vida ao Seu lado e a Palavra do Kristos. Falamos da Sua luz como de uma amiga e quanto gostaríamos que todos soubessem que esta amiga jamais será como as lembranças que nos comprazemos em reavivar quando a alma tem frio... porque ela não se afastará mais de nós. Pouco importam as palavras exatas que saíram de nossos peitos, lembro-me apenas de que elas se misturaram ao pio da coruja e que não nasciam de nossa própria vontade.

Ouviram-nos por muito tempo em silêncio. Depois, de todos

O Caminho dos Essênios

os lados e ao mesmo tempo começaram a brotar perguntas, criando uma confusão incrível. Alguns se levantaram para falar melhor, para se fazer ouvir melhor. Foi preciso a intervenção de Roed para que uma onda de quietude pudesse de novo estender-se sobre nós.

— Onde vive hoje teu Mestre? — perguntou-me rapidamente uma mulher com voz forte. — Por que não veio convosco?

Estimulados por José, todos assumíramos o compromisso de só contar a estrita verdade dos fatos: as difíceis lutas do Mestre em que doçura e firmeza se combinavam tão bem, as intrigas de Roma e o suplício da cruz, a regeneração depois da ação silenciosa de nossos irmãos de Heliópolis...

"Na verdade", dizia o velho Zérah de nossa infância, "nada deixará de ir eternamente ao seu encontro! Acreditai, não há um fato sob estes céus e sob mil outros da Criação cuja realidade possamos ocultar para sempre. A mentira e a dissimulação não passam de nuvens que vêm obscurecer momentaneamente os sopros vivificantes do sol. Imaginai um céu para todo o sempre cinzento através da imensidão dos tempos que ainda estão por vir. Isto vos faz rir? Sabei, então, que do mesmo modo, um edifício construído sobre palavras falsas será um dia sacudido pelas borrascas do correr dos tempos. Se vosso coração quer dizer a verdade e vossa língua não tem força para repercutir seus justos ecos, chega então a gangrena, que corrói o coração e se entranha nele."

— Nosso Mestre vive nesta terra — respondi — e Sua alma não a deixará até que o último dentre nós tenha retomado o caminho da volta.

— Sem dúvida queres dizer "seu" caminho...

Quem se expressava assim era Belsat. Estava sentado à nossa esquerda e, voltando-me de leve para ele, captei um brilho malicioso em seu olhar. Ele nos sondava, eu o sabia; mas a doçura do sorriso que não se apagava desmentia o movimento irônico de suas sobrancelhas. Eu também só consegui esboçar um sorriso. Procurava uma resposta que centenas de vezes todos nós tínhamos dado e ao mesmo tempo me dava conta da imutabilidade das palavras e da incrível cilada para o Espírito que às vezes elas tentam encarnar.

O caminho? Teria eu o direito de falar em caminho? Onde nos encontramos, a não ser no centro de nós mesmos? Com quem nos encontramos senão com o átomo do fundo do nosso coração, que por toda a eternidade tudo compreendeu e que incrivelmente continuamos a amordaçar, dia após dia?

— Quem vai te responder sou eu — troou de repente a voz de Roed. — Vou dizer-te, vou dizer a todos vós o que compreendi.

Enquanto os dois estrangeiros falavam, meus olhos viram, com toda sua beleza, o crânio do Mestre-Cervo, que agora está de volta ao nosso meio. Eles viram seus chifres com numerosas galhadas, semelhantes a caminhos de luz que desciam do céu. Uma água dourada descia das encostas para banhar a terra em que o crânio repousava. Aprendi que essas galhadas eram as mil faces do Grande Poder de todas as terras, caminhos e múltiplas vias do Awen. Vêde como se juntam e formam uma só massa. De minha parte, não acredito que essa massa seja uma raiz... ela é um desabrochar.

Um murmúrio percorreu a assembléia. Sem dúvida era a primeira vez que Roed demonstrava assim, diante de todos, uma certa emoção ante as coisas do espírito. Pelo menos foi o que achei.

Simão tomou a palavra:

— Não achais que o fogo que circula nas veias do Grande Cervo seja Uno com o que anima nosso Irmão Jesus? Não é a mesma força que tenta, através deles, revelar-se aos homens deste mundo? Quanto a nós, acreditamos nisso e por acredi-

O Caminho dos Essênios

tarmos caminhamos até aqui, tão longe de nossa aldeia, sem nos preocuparmos em voltar um dia. O Grande Ser que nos dispensa a vida muda Sua entonação a cada dia de Sua criação, a cada novo céu que dá aos homens, mas a essência de Sua voz continua imutável. Ele nos convida a ir um pouco mais longe, um pouco mais alto... Não percebeis?

Mas, rogo-vos, não vos enganeis quanto a nossas intenções. Com nossa vinda até aqui, minha companheira e eu nada temos a vos provar. Não pretendemos converter ninguém, pois é preciso pronunciar a palavra. Converter-vos seria querer trazer algo alheio ao vosso espírito, à vossa alma, até ao vosso próprio corpo. Trata-se exatamente do contrário, eu vos afirmo! Viemos falar-vos de vós através da imagem de nosso Mestre, porque o Princípio de nosso Mestre, como o do Grande-Cervo, ainda dorme no peito de todos os homens de Kal e de além.

Viemos simplesmente dizer-vos: eis o que vimos, eis o que entendemos e a que vale a pena entregarmos nossa vida. Só a força do amor nos fez levantar os véus. Agora está feito... não vos resta escolha, já que não há nada a rejeitar nem a adotar em contrapartida, mas há a liberdade de avançar um pouco mais.

Um barulho ao mesmo tempo surdo e metálico fez-se ouvir de repente sobre a grama rasa, em algum ponto dentro do círculo. Levantei os olhos. Era Roed. Com um gesto que ainda estava imobilizado, acabava de atirar no chão, próximo à grande taça de pedra, alguma coisa com reflexos prateados que brilhava ao luar. Num salto, Belsat estava ao seu lado. Sua longa cabeleira clara, presa sob a nuca por uma espessa tira de couro fez com que parecesse ainda mais impressionante quando levou a mão ao lado esquerdo, junto às calças, onde pendia um objeto de couro, madeira e bronze: seu facão. Sem hesitar, agarrou-o parecendo livrar-se de um fardo e deixou-o cair a seus pés sem sequer olhá-lo.

Pareceu-nos então que todos eram uma única alma e um

único braço desejando fazer o mesmo gesto. Dezenas de homens levantaram-se. Um depois do outro começaram a juntar-se a Roed e Belsat, que continuavam de pé junto à taça, e largaram sobre a grama espadas e machados com um tinido crescente.

Quanto às mulheres, continuavam paradas no mesmo lugar mantendo assim a harmonia do círculo. Só tinham movimentado as mãos; estranhamente tinham-nas juntado ao nível do ventre, formando um triângulo regular com a ponta para baixo.

Aqui e ali pequenas massas escuras estavam encolhidas no chão ao lado delas, como fardos de linho amontoados confusamente. Eram as crianças que o sono finalmente derrotara.

Nada conhecíamos do ritual que se realizou sob nossos olhos, mas a paz que ainda provinha dele era mais eloqüente do que qualquer comentário.

Quando finalmente o círculo foi rompido, eu não sabia o que pensar nem o que dizer ao certo e sem dúvida era melhor assim.

No momento em que os primeiros raios da aurora apontaram seus dedos com reflexos rosados e todos se apressavam para chegar em casa, Belsat aproximou-se de nós murmurando estas palavras:

— Agora nos ensinareis? Meu povo quer saber o que vistes.

Os dias se passaram tranqüilos e laboriosos. Segundo os velhos preceitos herdados da raça de Essânia, tentávamos, cada um por seu turno, aproveitar os gestos mais simples para dar voz ao que o Sol tinha colocado em nossos corações e que Kristos tanto havia vivificado. Não faltava mais nada para que a alma daquela aldeia nos fosse totalmente aberta. Cada gesto pode transformar-se em palavras para quem cultiva a energia contida em sua origem. Esse gesto pode ser o modo de cortar um fruto com a delicadeza e a força de uma oração. Quando lhe captamos a magia, todas as coisas do cotidiano transformam-se no arco com o qual projetamos em nosso outro eu o

Tão Esperado!

Ensinar? Quantas vezes esta palavra não nos perseguiu e também nos fez rir? Quem poderia ter esta pretensão quando tudo o que faz é transmitir o que não lhe pertence? Pela boca de Belsat, nossos amigos da aldeia nos evocaram suas tradições. Descreveram-nos a beleza de uma árvore, o Grande Carvalho, Ygdras-el, cujas raízes a cada fim de uma era recobriam as quatro tábuas do Conhecimento e da Ciência da Alegria. Nosso irmão Jesus, diziam, era para eles um desses seres semelhantes a um raio de Sol, que viera mais uma vez desenterrar as tábuas para ler-nos algumas linhas suplementares. Esta era a ordem do mundo, já era a de seus pais... e assim eles souberam que não tínhamos ido impor-lhes nossa verdade.

Os meses passaram... devíamos comunicar os princípios de nossa arte com cuidado. Roed finalmente deu um passo em nossa direção para descansar o corpo. As luzes sutis de sua pesada carcaça tinham-se mostrado por si mesmas desde o primeiro dia. Quando a serpente de brasa que dorme na base das costas de todo homem dá três voltas sobre si mesma sob a ação de um impulso estranho à sua natureza, quando de repente ela escala todos os degraus do corpo do homem e chega ao topo do seu crânio, ele é atingido por uma dor profunda e perde toda a sua estabilidade. Isto acontecera com Roed. Sua impaciência fizera-o reclamar uma luz fulgurante que ele não estava preparado para receber.

— Por que, Roed — perguntou Simão — por que demoraste tanto?

A grande carcaça do homem de Kal, ofegante, foi sacudida por um enorme soluço e toda sua massa desabou sobre as peles da cabana.

— Mas não compreendes — respondeu Roed com uma espécie de raiva —, eu sou o chefe!

— O chefe é importante, o chefe é a cabeça, claro, eu sei.

Mas por que a cabeça dos homens se esquece tantas vezes de que ela vive graças a um coração? Não queres que os teus saibam que estás doente, mas de que adianta, se há muito tempo já não podes esconder teu sofrimento? Teu corpo, assim como a Terra, é um mundo, Roed. Teu mestre um dia te ensinou que o universo tem seus dias e suas noites; não te ensinou também que o mesmo acontece com o corpo e a alma do homem? Todos temos nossas estações, nossas estrelas, nossas luas, nossos sóis interiores. Não podemos pretender mudar a ordem segundo a qual suas mãos pousam sobre nós. Através do teu trabalho podes acelerar a cadência com que eles deixam sua marca em ti, mas jamais poderás pedir à Lua que seja um Sol, nem pedir ao Sol que deixe aparecer ao seu redor as estrelas do firmamento. Respeitar os ritmos em todos os níveis da existência, Roed, mas nutrir sua alma sem interrupção, é respeitar a Grande Vida que nos dá até o direito de escolher entre o orgulho e a sabedoria. Querendo atrair cedo demais a claridade do meio-dia a teu corpo, queimaste as estrelas do teu próprio firmamento. A energia que te dava estabilidade nesta terra foge agora pelo alto do teu crânio. Ela perfurou a camada de luzes do teu ser. Tentaremos reconstituí-la, se quiseres e se nos for permitido ser os artífices da reconstituição. Feliz é o homem que continua a ser ele mesmo. Se todos somos Um no coração do Eterno, milhares são nossos rostos e nossos itinerários. É assim que o Infinito se realiza um pouco mais por meio de cada um de nós. Nesta vida, o caminho de Urgel não é o caminho de Roed e o de Roed se assemelha menos ainda ao de Urgel. Podes dizer-me o que há de mais importante na planta: sua flor ou seu caule?

Roed ficou um momento sem falar, com o rosto enfiado nas peles espalhadas no chão e o corpo ainda sacudido por sobressaltos. Finalmente endireitou-se e procurou encostar-se às pedras da parede.

O Caminho dos Essênios

— Falai — disse bruscamente sem olhar para nós —, continuai a falar, vos suplico.

Como para conseguir alguma força, fui sentar-me numa pilha de lenha perto do braseiro crepitante. Sempre discreta, a dona da casa deixara lá um caldeirão onde agora um pouco de água fervilhava. Pus-me a pensar em João, mas será que eu precisava contar a Roed esta história que eu considerava meio secreta?

— Roed — falei então —, posso contar-te a história de um dos nossos sobre a terra da Palestina. Chamava-se Eliazar [1]. Há mais de quinze anos, quando Kristos ainda não se manifestara para nós, nossos caminhos já tinham se cruzado em várias ocasiões. Eliazar nascera numa aldeia idêntica à nossa e falava bem a língua dos filhos de Essânia. Foi principalmente a beleza e profundidade de seu olhar que fizeram com que o notássemos quando percorríamos a região de uma cidade chamada Migdel. Ele refletia uma nobreza que na verdade só se encontra em seu estado puro em poucos seres humanos.

Quando Eliazar realmente encontrou o Mestre e teve consciência da força que habitava Nele, tivemos a sorte de morar durante algumas semanas no mesmo bethsaïd [2]. Ele era alguns anos mais novo do que nós e nutria uma admiração que eu poderia chamar de doentia por Aquele que começávamos a seguir. Há meses, dizia, seus olhos não conseguiam afastar-se da trilha dos passos do Mestre. Na verdade, até a silhueta de nosso irmão Jesus obcecava-o. Se este punha Seu manto de determinada forma nos ombros, instintivamente Eliazar O imitava. Procurava identificar-se com Sua onda de paz em todos os pontos.

Mas na verdade aquela onda, aquela veste de luz, era

---

1 — Lázaro no Novo Testamento.
2 — Bethsaïd - espécie de casa que alguns Irmãos preparavam para cuidar dos doentes e acolher hóspedes de passagem.

75

demasiado grande para ele. Aliás, para quem não o seria? Então, dentro de poucos dias vimos o rosto de Eliazar transformar-se. Seus olhos pareciam vazios e a face ficou encovada. Confessou a um dos nossos que não dormia mais e sentia-se como um desses seres do mundo dos espíritos de que os homens não gostavam e que não reconheciam. Tentou, uma vez, falar às multidões à beira do lago onde estávamos vivendo, mas alguns dos que o conheciam viam que ele não passava de uma sombra de si mesmo.

Chegou enfim o dia em que, em plena agitação no meio de uma praça, o Mestre voltou-se bruscamente para ele e o pegou pelo ombro:

"Parece-te contigo mesmo, Eliazar", disse-lhe simplesmente.

A partir de então, com o passar dos dias, o rosto do nosso companheiro novamente se encheu de luz e paz. Descobrimos simplesmente que o Mestre diariamente o chamava para perto de Si e ambos partiam para a montanha que se projetava sobre o lago. A seguir, Roed, veio um tempo em que não ouvimos mais falar dele. Não me lembro quem nos contou que ele estava morando no fundo de uma gruta igual a um túmulo, cuja lápide se podia afastar. Durante aquele período, o Mestre fez apenas uma alusão a ele.

"Bendito seja o homem que renascer de si mesmo. Eu vos digo, ele partiu para colocar-se em seu próprio coração. Agora ele não se afastará porque está centrado em Mim."

Quando Eliazar reapareceu, houve enorme alarido na pequena comunidade que já constituíamos. Então, diante de todos, o Mestre o chamou de João [3], depois acrescentou estas

---

3 — Assim podemos entender que a morte de Lázaro foi, na verdade, o que se convencionou chamar de morte iniciática. Esta ocorre após uma sucessão de rituais e de uma ascese que visa, entre outras coisas, a separar a consciência do corpo durante três dias, a fim de pôr o ser frente a frente consigo mesmo nos mundos da luz.

palavras:

"Eis aqui aquele que estava morto e não tinha se reconhecido. Cada um de vós não passa de cinzas neste reino se não se reconhece numa espiga de trigo mais do que em outra no campo de Meu Pai. Sede primeiro a espiga, porque ela traz em si a semente para um campo inteiro."

Neste ponto parei, não me sentindo no direito de falar mais. O exemplo de Eliazar, que pretendia ser diferente do que era, atingiria o coração de Roed?

O homem de longas tranças ásperas segurava a cabeça entre as mãos e não se mexia.

— Está bem — disse com voz firme. — Conheço um jogo com que as crianças às vezes se divertem quando encontram um prato circular e encurvado. Colocam nele uma bolinha de argila que fazem girar cada vez mais rápido, imprimindo-lhe com as mãos um incessante movimento de vaivém. Se forem ligeiros demais, a bolinha sai do prato, se param o movimento, ela volta ao centro. Talvez eu seja ao mesmo tempo uma dessas bolinhas e uma dessas crianças que querem ir rápido demais para ganhar das outras. Preciso parar de girar, amigos, para que o movimento natural do meu ser me leve para o centro do prato? É isso que devo compreender?

— Você mesmo disse, Roed, que todo homem cuja vida é um desejo gira em torno de si mesmo. Mas aquele cuja existência é vontade, a cada dia reconquista um pouco mais sua morada; tal ser escapa à dança das aparências enganosas!

Lembro-me de que passamos toda a semana cuidando de Roed. As camadas de luz que rodeavam seu corpo tinham sido gravemente danificadas pela terrível descarga, fruto da irritação de Urgel. As ondas de emoção que o tragavam regularmente alimentavam as feridas de sua alma. O que a razão aceita, o corpo, cuja memória é tão tenaz, rejeita em suas profundezas às vezes por muito tempo ainda.

Assim como nos foi permitido cuidar daquele homem, da mesma forma nossa importância no seio daquela aldeia humilde começava a se fazer sentir. Falar de Kristos através dos campos e das encostas rochosas não era mais uma tarefa, mas uma verdadeira alegria.

Certa manhã friorenta o inverno iniciou seu curso, quando as primeiras neves recobrindo os telhados das cabanas nos mostraram seu encanto. Estranha descoberta para os filhos do sol e das oliveiras que éramos. Neve! Muitas vezes a avistáramos nos cimos do norte de nossas terras, alguns flocos até se aventuravam pelas vielas de Jerusalém, mas jamais tínhamos vivenciado seu espantoso silêncio nem sua presença cristalina.

Belsat, que a cada dia se tornava mais íntimo, tinha uma companheira. Era uma moreninha bonita, cuja baixa estatura, agilidade e olhar vivo evocavam infalivelmente em meu espírito as características de uma doninha. Uma profunda amizade logo se estreitou entre nós quatro e adquirimos o hábito, durante aqueles dias brancos e cheios de paz em que a aldeia parecia dormitar, de fazermos juntos longos passeios pelas florestas vizinhas. Quantas coisas não elaboramos na cumplicidade daquelas excursões? Daí por diante sabíamos que devíamos contar com Belsat e Hildrec, sua companheira. Certamente era por intermédio deles que a energia de Kristos iria começar a fluir por entre os vales e florestas da Terra de Kal.

Como sobrinhos de Roed, chefe inconteste dos povoados dos arredores, os dois já se beneficiavam de uma auréola de respeitabilidade, o que em nada prejudicava a verdadeira luz que se manifestava através deles.

Achamos por bem deixar depositado na memória deles tudo o que sabíamos de nosso irmão Jeshua e tudo o que havíamos compreendido das palavras que o Kristos manifestara em Seus lábios.

Lembro-me também que Simão, numa clareira, sentado

O Caminho dos Essênios

num tronco entre Belsat e Hildrec, tirou de seu saco a coleção de escritos que José, da família de Arimatéia, nos tinha confiado. Era um volumoso conjunto de folhas de pergaminho amarradas por cordões entre dois pedaços de cortiça. Simão separou as páginas cuidadosamente, mostrando à luz esbranquiçada do dia os símbolos grafados da língua do nosso povo.

— Vede — explicou com uma ponta de nostalgia na voz —, aqui está escrito, pelos anciãos, que homens e mulheres de nossas montanhas e de nossos desertos, filhos de Benjamim, já chegaram às vossas terras há muito tempo; tanto tempo que perdemos a conta dos anos. É ao encontro deles que devemos ir, pois com vossa ajuda e a deles, há alguma coisa a ser construída sobre as vastas extensões em que viveis.

— Alguma coisa?

— Sim, um ponto de irradiação sólido como uma rocha. Um porto onde a espessura da matéria deste mundo e o Sol do Awen não serão inimigos. Compreendeis tudo isto?

Por enquanto, pedem-nos que não sejamos nem totalmente do povo nem totalmente da luz. Pedem que concebamos a união dessas duas forças, cuja dualidade alimentamos tão estupidamente. Esta união, assim que se enraizar em nossos corações, deve conseguir concretizar-se em todos os reinos humanos, não importa quando tempo isso leve. Se o verdadeiro trono do Mestre não é deste mundo, cabe aos seres deste mundo elevar sua terra até o verdadeiro ponto de encontro.

Esta é a mensagem que nosso irmão José nos deixou. E também o que nos comprometemos a depositar em vós.

— Eis como podemos responder-vos — sussurrou Hildrec, olhando-nos um de cada vez.

E na pequena clareira, sob a neve que recomeçava a cair em finas lantejoulas de prata, lentamente ela pousou a mão direita sobre o coração.

Capítulo 5
Nas prisões romanas

ASSIM QUE OS PRIMEIROS BROTOS EXPLODIRAM NOS RAMOS E AS árvores cobriram-se de plumas rosadas e brancas, sentimos chegar o tempo em que precisávamos atar o nó de nossas sacas. Dizer que foi uma partida não seria exato; foi um arrancamento. Se tivéssemos ouvido todo mundo, sem dúvida teríamos mil razões para permanecer lá pelo resto de nossos dias, no seio pobre e contudo sensível daquele vale. Para evitar os últimos protestos, devíamos partir bem cedo ao amanhecer, enquanto as lantejoulas de ouro da abóbada celeste ainda piscavam em suas últimas cintilações.

Assim, só Belsat e Hildrec nos acompanharam até o desvio de um caminho margeado por pinheiros, além do regato que contornava a aldeia.

Enquanto escalávamos as áridas encostas da montanha, por muito tempo ainda avistamos as silhuetas de ambos. Sabíamos que aqueles dois não esqueceriam e que, de agora em diante, nas vielas de sua aldeiazinha chamada Kur, acima dos telhados das cabanas, continuariam a circular cânticos vindos de nossas colinas e as palavras que o Mestre gravara em nosso peito.

O pó das sendas abruptas e o orvalho das ervas rasas logo se misturaram às faixas de pele e tecido com que havíamos protegido nossos pés. Caminhamos com passos firmes todo o dia. Esforçando-nos para não deixar os cimos, pudemos avaliar toda a extensão de uma terra tão vasta que nossas energias tornavam-se insignificantes. Certamente não deviam ter sido nossas forças pessoais o que nos levara até lá!

Roed e os outros falaram da existência de uma povoação muito importante, situada no flanco de uma montanha na direção do nordeste. Toda a região, acrescentaram eles, estava sob seu controle. Nosso objetivo era chegar lá, porque na verdade parecia mais sensato que nos fizéssemos ouvir sem mais tardar, em vez de passar meses ou anos andando de aldeia em aldeia sem que os verdadeiros chefes da terra, sem dúvida alguns guerreiros, nos outorgassem sua confiança.

Na manhã do dia seguinte chegamos a um lugar em que a rocha era mais escura. Veios cinzentos misturavam-se ao ocre amarelado da pedra. Ao avançarmos na direção que havíamos tomado, os cumes ficavam mais próximos e agora formavam uma espécie de picadeiro, muito grande, mas de traços rígidos demais para nosso gosto.

Contornando-o, descobrimos uma minúscula cabana em ruínas dentro de um bosque. Perto de lá, havia uma cabra amarrada no tronco de uma árvore semidecepada. Vendo aquela pobre habitação naquele lugar, um nome atravessou nosso espírito: Urgel. Sem dúvida devido à nossa aproximação, a cabra pôs-se a berrar, fazendo surgir de dentro da cabana uma silhueta inesperada que ficou imóvel na soleira da porta. Aproximamo-nos sem comentários. Naqueles montes austeros, varridos pelo vento ainda frio, qualquer presença humana era para nós um pouco de calor cujo benefício não podíamos desperdiçar.

— És Urgel? — arriscou Simão, avançando alguns passos

à minha frente. — Estamos vindo da aldeia de Kur onde moramos durante algumas luas após uma grande caminhada.

— Estou vendo — disse a silhueta simplesmente, e esboçou alguns passos em nossa direção, saindo da sombra das árvores.

O homem tinha uns cinqüenta anos, e uma veste longa muito larga, que outrora devia ter sido branca, lhe envolvia o corpo. Foi seu rosto que nos surpreendeu e chamou a atenção. Era emoldurado por longos cabelos grisalhos, esticados e estranhamente ralos atrás do crânio. Na verdade, a metade anterior dos cabelos fora totalmente raspada, como exigia o costume dos bardos, segundo o relato de Roed.

— Sim, sou Urgel, por que me procurais?

Sua fronte e suas faces apresentavam uma pele muito lisa e mumificada. Mesmo os lábios nem pareceram mover-se quando pronunciou aquelas palavras em tom decidido.

— Não estávamos te procurando — continuou Simão. — Simplesmente aconteceu que nosso caminho cruzou com o teu.

— Não acredito em acaso — replicou o bardo mais que depressa e sempre imperturbável —, não acredito na gratuidade dos fatos. Foi Roed quem vos enviou aqui?

— Roed não sabe que estamos aqui; mas bem pode ser que um outro nos tenha enviado. Nós também não acreditamos na gratuidade dos fatos.

O encontro prenunciava-se difícil. Ouvindo aquele diálogo, apressei-me e avancei, na esperança de que minha presença desencorajasse o que eu pressentia ser o início de uma luta verbal.

— Escutai — disse Urgel — não sei quem sois, mas peço-vos que me deixeis. Sem dúvida vos falaram de mim e adivinho o que possam ter dito. Não pretendo discutir, além disso há muito tempo a companhia dos homens me é penosa.

— Seja o que for que nos possam ter dito, não viemos aqui

para julgar-te. Foram os ventos do Sol que orientaram nossos passos. Não te importunaremos por muito tempo.

O bardo não respondeu imediatamente. Deu alguns passos de cabeça erguida, e foi para a companhia de sua cabra, um pouco afastada dali. Pegando a cabeça do animal com uma das mãos, pôs-se a acariciá-la entre os chifres.

— Só os animais são capazes de amor e amizade desinteressados — replicou afinal —, apenas os animais não julgam, não usam máscaras e não agridem ninguém. Os animais são só animais, isso basta. É assim que pretendo viver daqui por diante... afastado dos sofrimentos engendrados pelo que chamamos de inteligência.

Com estas palavras, o homem de crânio semi-raspado explodiu num acesso de riso meio sarcástico. Simão, por sua vez, também se aproximou do animal.

— Vamos deixar-te, Urgel, mas antes de partir preciso dizer-te que mesmo assim acho que diante de mim está um homem que sofre. O Mestre que nos ensinou não se cansou de fazer-nos entender que uma das grandezas do ser que deita raízes nesta terra é aceitar o risco de errar... ou mesmo simplesmente extraviar-se. Ninguém pode recusar-se indefinidamente a empurrar uma porta. Se não conheceste a verdadeira sombra, jamais saberás com que se parece o ardor do Sol verdadeiro. Não tenho a pretensão de dar-te uma lição, porque eu mesmo não sei se conheci a totalidade da sombra da qual te falo. Quero apenas dizer-te que para meu povo a nobreza do homem reside na sua caminhada sobre um fio estendido entre a Lua e o Sol. Nas terras onde nascemos, tínhamos o hábito de contemplar indefinidamente uma luz cintilante na abóbada celeste, nas noites quentes de verão. Para nós a mais bonita, a mais luminosa, a primeira a acordar e a última a adormecer recebeu o nome de Lua-Sol. Ela sempre nos lembrou as escolhas permanentes de nossas vidas e o respeito das grandes forças aparentemente duais. Pronto, Urgel, agora vamos embora.

O bardo deu-nos as costas; continuava passando a mão entre os chifres da cabra, imperturbável. Sem acrescentar mais nada, afastamo-nos do seu pequeno bosque para retomar a senda árida e estreita que nos aguardava.

Aquele encontro tirou um pouco da alegria de nossa caminhada. Aceitar o fato de algumas vezes sentir-se inútil fazia parte do jogo da existência. Com que direito um ser pode impor sua vontade a outro? Certamente não é a linguagem humana que transforma — esta só consegue formar opiniões — mas é a fogueira de uma presença. Um braseiro assim sempre age em silêncio e não é com doçura que vai procurar o cristal do ser!

Quando o crepúsculo começou a desenrolar longas faixas violeta e lilás acima das montanhas, um cheiro de fumaça trazido pelo vento convenceu-nos a apressar o passo. A aldeia esperada talvez não estivesse tão longe e seria bom alcançá-la antes do anoitecer.

Escalando uma última colina rochosa, a claridade de alguns fogos e silhuetas de construções destacaram-se no flanco de outra colina à nossa frente. Com passadas largas descemos até o fundo do vale para nos aproximarmos das paredes de madeira que começavam a desenhar-se nitidamente. Plantada entre entulhos rochosos, a aldeia que agora se projetava acima de nós era realmente impressionante. Era uma verdadeira fortaleza com suas torres e muralhas feitas de troncos retos, apontando as extremidades agudas para o céu. Uma grande quantidade de choupanas e casinhas de paredes ásperas encostadas umas às outras formavam um caos indescritível, de onde saíam de quando em quando os mais diversos odores, que iam das refeições acabadas de servir ao cheiro dos rebanhos.

Subimos a trilha com esforço, meio sem fôlego, enquanto um grupo de homens e mulheres ria, apontando o dedo para nós. Procurando caminho entre os casebres, nos quais

O Caminho dos Essênios

a agitação da pequena comunidade já cessara, chegamos rapidamente à entrada principal da fortaleza, encerrada entre duas torres quadradas feitas de pedra. Um quadrilátero de estacas, como uma grade, impedia o acesso. Era muito tarde para encontrar um abrigo, uma alma generosa. No outro lado da grade, algumas formas humanas caminhavam, indo e voltando com passos lentos e mecânicos. Não nos foi difícil reconhecer as típicas silhuetas das sentinelas romanas. Só nos restava retroceder, à procura de um abrigo oferecido pela própria natureza. Ao longo da trilha que serpenteava entre as pobres habitações, cem rostos curiosos e desconfiados nos observavam nos vãos das portas. Não nos atrevemos a pedir informações. Logo chegamos ao fundo do vale e lá um estranho espetáculo nos aguardava.

Fomos atraídos por murmúrios, ruídos de passos arrastados e o som de água sendo derramada atrás de umas moitas. No canto de um terreno pedregoso, cinco ou seis formas humanas estavam ajoelhadas em torno de algo que não sabíamos o que era. Um era um homem aparentemente idoso; os outros, bem mais ágeis, afanavam-se escavando o chão para tirar dali o que pareciam ser pedaços de madeira acinzentada. De repente, atrás de nós uma vozinha fina esboçou um riso discreto. À margem da trilha, uma velha senhora estava a três passos de nós, com as mãos nos quadris. Era muito encurvada, dobrada ao meio, como se sua vida se resumisse a transportar um fardo pesado.

— Isso não é nada — disse ela baixinho — deixai-os, vinde por aqui antes que percebam que os vistes...

Assim falando, a velha, cujos longos cabelos brancos se espalhavam ao redor do rosto, continuava a rir baixinho.

— Vinde, vinde — insistiu ela num tom que era quase uma ordem. — Eles já estão meio loucos, não são daqui. Os pais deles já faziam a mesma coisa. É o velho Endrec e seus filhos.

85

Anne e Daniel Meurois - Givaudan

Há sete anos sua mulher partiu para o além. Ele e os filhos procuram os ossos para lavá-los um a um, porque acha que se não o fizer, ela voltará para beber o sangue deles. Não sei de onde ele e sua família vêm, mas isso não importa. Vinde! Sem mais uma palavra, a velha senhora nos guiou com um passo ágil por entre uma confusão de rochedos e espinhos até um pequeno abrigo bem baixinho que tinha um cheiro bom de animal e palha.

— Pronto — acrescentou simplesmente, antes de desaparecer na noite —, suponho que não tendes onde dormir. Ficai aqui então.

Jamais voltamos a vê-la, mas sem dúvida o cheiro das suas cabras e o som do seu risinho abafado permanecerão por muito tempo em nossa memória. Sempre há seres assim pelo mundo, que nas horas de solidão ou despedida, são como mãos estendidas ou portas abertas...

Ao amanhecer, entre os lençóis de bruma imóveis no flanco da montanha, subimos de novo a trilha rochosa da véspera, a mesma que levava à praça-forte. A maioria dos casebres ainda dormia, mas encontramos a porta da aldeia aberta. Passamos timidamente entre algumas carroças puxadas por bois. Os soldados romanos, com ar indiferente, pareciam não prestar atenção em nós. Nas estreitas vielas onde as casas se amontoavam umas sobre as outras, uma crosta de palha velha e malcheirosa cobria o chão. Havia algumas lojas que já estavam abrindo, fazendo bater com estrondo portas e janelas. Quartos inteiros de animais esquartejados logo foram pendurados por toda parte entre alguns legumes estiolados e montes de grãos. O rangido do torno de um oleiro, cuja silhueta não estava ao alcance de nossos olhos, trouxe-nos à memória lembranças distantes, quase de uma outra vida, sob outro sol.

Tínhamos conosco algumas moedinhas postas em circulação pelos romanos, que Roed nos dera como gratificação

O Caminho dos Essênios

antes de partirmos. Confiantes no que para nós era um pequeno tesouro, não pudemos resistir à tentação de entrar num alpendre onde se misturavam dois ou três bancos e mesas já lacerados por facas. Um homem com calções de grosso tecido preto e um colete de couro imediatamente nos serviu um fundo recipiente de barro no qual fumegava levemente um líquido com reflexos cor de âmbar e cheiro forte. Nada tendo pedido, devíamos parecer surpresos.

— Não sois de nossas montanhas — disse o homem —, é *cervoise*. Não há outra coisa aqui. Então, como o tempo está frio, eu a pus sobre o fogo um pouco mais de tempo que de costume.

Embora um tanto rabugento, o homem inspirou-nos confiança. Achando-o quase amável, logo começamos a fazer-lhe perguntas sobre a região, sobre a própria aldeia e seus chefes.

— Oh — disse ele — foi o pai do meu pai quem viu os primeiros romanos chegarem! Depois disso as coisas mudaram muito. Não sabemos ao certo com quem estamos! Agora as mulheres da região chegam a propor-lhes casamento. De qualquer modo, são eles que bebem uma parte da minha *cervoise*! E pagam!

A *cervoise*... Simão já me fizera tomar um copo cheio numa barraca perto dos barcos em Genesaré. Mas aquela não estava quente.

Um rumor de passos rápidos e pesados nos fez virar a cabeça. Um soldado romano acabava de chegar, de capacete na mão, com uma velha capa jogada às pressas nos ombros. Era um homem atarracado, com os cabelos em desalinho e rosto jovial.

— Alô para todos — disse ele, com a confiança de quem conhecia o lugar.

Como resposta, nosso anfitrião deu-lhe um forte tapa nas costas e, com uma espécie de grunhido alegre, pôs diante dele sua parte de *cervoise*.

O homem sentou-se diante de nós, na ponta de um banco, e com os cotovelos sobre a mesa pôs-se a beber o líquido fumegante em pequenos goles ruidosos. Ao fim de poucos minutos, seus olhos ergueram-se para fixar-se sucessivamente nos meus e nos de Simão.

— Não éreis vós — disse de repente franzindo as sobrancelhas — que já noite escura queríeis entrar nestes muros? Vindes de longe, não é?

— Sim — respondeu Simão — de bem longe, suficientemente longe para ter o coração cheio de muitos rostos, nomes e línguas...

— E certamente de idéias também! Ainda assim, desconfia, estrangeiro... é sempre bom parecer-se com a terra por onde se anda.

Terminando estas palavras, o homem deixou escapar um sorriso cálido e discreto; depois estendeu o braço e pousou a mão sobre a de Simão.

— Mas não tenhas medo — recomeçou num tom de voz bem alto — gosto de brincar! Não sei se és daqueles que gostam de se deixar levar continuamente pelo vento ou se procuras estabelecer-te, mas de qualquer forma acalma teu olhar, senão ele assustará as pessoas daqui.

Seu tom de repente tornara-se mais brando. Simão virou-se para mim com ar interrogativo. É verdade que seu olhar estava abrasado, que irradiava mais o ardor do Batista do que a paz tão pedida pelo Mestre. E o meu, como estava? Era preciso que Roma nos apontasse seu dedo para que entendêssemos melhor essas coisas! Que força teria mandado até nós aquele legionário despenteado?

A lição continuava. Naquele momento tive plena consciência de que a luta contra o poder estabelecido, que se obstina em manobrar o homem a cada dia de seu avanço, não passa

O Caminho dos Essênios

de um combate contra sua própria carcaça. Se for preciso que o homem ouça isto cem vezes, mil vezes, e mais ainda, ele será como um soldado em sua caminhada, até que decida baixar as armas.

Foi naquela manhã que Simão começou a desarmar-se, quando ele também pôs sua mão sobre a do legionário, instintivamente. Houve um momento de silêncio, depois ele disse apenas:

— Quem comanda os homens desta região?

— O grande prefeito veio há pouco morar entre estes muros, mas que te importa?

Passaram-se alguns dias, que não soubemos bem como utilizar. Nós nos dividíamos entre a arrumação noturna de nosso pequeno redil e as vielas da aldeia onde um emprego, mesmo para pequenas tarefas, nos era recusado. Foi preciso um incidente, que uma mulher adoecesse, para que nossos dias mudassem.

Sob um sol tímido, à saída de um pórtico que levava a um lugarejo onde todas as manhãs ervas e grãos eram trocados, um ajuntamento ruidoso nos chamou a atenção.

Uma mulher ainda jovem, claramente esgotada, gritava com a voz entrecortada por longos soluços. No meio da multidão que aumentava, outra mulher e um homem a seguravam firmemente, num silêncio perturbador. Os olhares interrogavam, o tom de voz subia e rapidamente formou-se uma confusão em que nos vimos envolvidos.

— Não é nada — resmungou uma velha com ar severo que, apertada contra nós, tentava passar. — É sempre ela. Desde que pariu vive fazendo isso!

O olhar de Simão e o meu se encontraram instantaneamente: conhecíamos bem aquele tipo de perturbação. Quantas vezes, em nossas caminhadas pelas colinas da Galiléia e da Samaria, nós e nossos companheiros ficamos frente a frente com aquelas desordens da alma e do corpo! Algumas vezes tínhamos constatado uma espécie de buracos abertos nas camadas vitais das recém-paridas, zonas precisas por onde luz e força fugiam de seu corpo como a água brota de um rochedo. Era preciso um bálsamo, era necessário tecer de novo a matéria sutil do seu ser no côncavo do umbigo e no alto do crânio.

Tentamos esgueirar-nos até a mulher que continuava a debater-se, esvaindo-se em lágrimas Confiariam em nós? Embora claramente parecêssemos não existir para ninguém, todos haviam reparado em nós, tinham nos avaliado e nos julgado, sem a menor dúvida.

Mas diante da dor os homens têm medo. Então, sem ousarem dizer uma só palavra, deixaram que nos aproximássemos da jovem mulher. Ela agora estava estendida no chão, com os punhos cerrados sobre os olhos, meio encolhida entre um monte de legumes pisoteados. Ajoelhamo-nos perto dela. Simão simplesmente pôs a mão direita no côncavo do seu estômago; quanto a mim, tomei a planta de seus pés nas palmas da minha mão. Primeiro um pouco de paz... depois o tratamento. A serpente do seu corpo devia conseguir morder seu rabo novamente. A mulher que acaba de dar à luz muitas vezes é igual a um lago cujas águas evaporam se não é alimentado pelas torrentes da montanha. Suas forças se esvaem, absorvidas por sua criação, como a alma daquele cujas emoções o dirigem e depois o digerem dia após dia.

Instantaneamente seu corpo retesado relaxou. Era preciso unir de novo à terra aquele organismo esgotado, que queria fugir em todos os sentidos. Era preciso replantá-lo, como uma árvore, cicatrizar suas feridas e reorientar o fluxo de sua seiva.

Pusemo-nos então a cantar, como nossos irmãos de Essânia o faziam desde tempos imemoriais. Contudo, não era o canto deles, nem o nosso, era o daquela mulher, um canto que ela talvez nunca tivesse ouvido. Como um profundo zumbido,

O Caminho dos Essênios

pôs-se a pairar sobre a multidão emudecida. Progressivamente pareceu-nos que se tornava estranho a nosso peito, que adquiria vida própria e se movia em lentas vagas na direção em que a dor chamava. Toda a tensão cessou e nossas mãos fizeram movimentos circulares incontroláveis sobre o corpo que agora parecia dormir.

Há semanas não cuidávamos de ninguém e o frescor da luz que sentíamos de novo correr em nossas veias foi uma gota de ouro oferecida aos nossos corações. Nossos pensamentos cessaram e um silêncio agora total caíra sobre a multidão reunida. Nós é que devíamos agradecer.

"Por toda parte há seres que sangram", dizia o Mestre, "para que os homens se lembrem de que têm mãos para cuidar dos outros e corações para amar. Sabei, não há uma nuvem nesta terra que não tenha sua razão de ser."

Um pássaro grasnando passou alto no céu, desfazendo de repente o véu de silêncio que nos recobria; houve murmúrios, interjeições, e novamente tudo ficou confuso. Chamaram-nos então à parte, à sombra de uma grande casa de pedras cinzentas. Os olhares traduziam uma singular mistura de emoção, curiosidade e inquietação. Quem éramos? De onde vínhamos? Que pretendíamos realmente, andando pelas vielas da aldeia por tantos dias?

E onde ficavam as montanhas da Judéia? Que mar havíamos cruzado? Não tínhamos, pelo menos, alguns tecidos ou mudas de plantas para vender? Por quê, então? Que espécie de magia praticávamos?

Como responder a tantas línguas e ouvidos ávidos?

Tudo era tão complexo ou, ao contrário, tão simples, tão evidente, que qualquer palavra, qualquer frase não parecia suficientemente despojada.

No entanto, bem no meio de um diálogo entrecortado, um de nós deixou ressoar um nome, uma vibração que quase teve

91

o efeito de um raio: Kristos!

— Kristos? Quem é? Vosso Mestre?

— Não...

— Vosso rei?

— Não...

— Vosso deus então?

— Menos ainda, irmãos...

Esse "irmãos", dito como uma espécie de súplica para que afinal nos deixassem falar realmente, teve a força de um segundo raio.

Repetindo mais uma vez "não, não é nosso deus", compreendemos toda a profundidade contida nessa afirmação e o fabuloso tesouro que sua plena compreensão encerrava.

Enquanto dávamos nossas explicações, a jovem mulher acabava de levantar-se, o olhar mergulhado em si mesma. Nós a vimos afastar-se a passos lentos, ajudada por algumas pessoas, enquanto o agrupamento ao nosso redor aumentava.

Lembro-me de que uma força calma começou a exprimir-se através de nós, pouco a pouco, como pequenas ondas vindo roçar a praia ao nascer da aurora. Houve palavras simples com as quais jamais sonháramos. A partir de então, como se o vento daquele início de primavera se tivesse enchido de doçura, os espíritos se acalmaram e todos nos escutaram até que um homem franzino, de ar afável, se pronunciou. Ainda vejo seus calções de um vermelho escarlate e sua larga túnica de pele de cabra. Olhos escuros e rosto macilento, falou-nos de repente:

— Minha granja e minha mesa estão ao vosso dispor como vos aprouver, estrangeiros. Falai-nos mais sobre vossa viagem, sobre vosso canto mágico e depois, quem sabe, vosso Kristos!

Devemos ter ficado em sua casa quase uma lua.

Os dias se passaram, um após o outro, sem que tivéssemos tempo de afastar o olhar de nossa alma daquilo que a tornava bela.

O Caminho dos Essênios

Diante de sua porta, só havia uma reunião após a outra. Todos queriam saber. Certamente, a princípio não passou de curiosidade, de um divertido desejo de ver e escutar aqueles que vieram de longe e tinham "visto coisas". Mas a curiosidade nascida de corações simples e francos pode também se transformar em vontade de aprender e compreender. Foi, ainda hoje nos parece, o que aconteceu naqueles poucos dias felizes. As almas estavam disponíveis e era tudo o que lhes pedíamos. Não lhes dizíamos "deveis acreditar em nós", mas "aceitai refletir, não como se fosse para resolver um problema; apenas como a superfície da água, quando redistribui a luz do Sol. Nada mais...". No entanto, raro é o ser que aceita isso.

Só um sacerdote, homem forte e de voz cavernosa, manifestou-se para erguer uma muralha diante das palavras postas em nossa boca. Com sua longa veste branca sobre a qual pendia uma porção de objetos rituais, ele foi solene e inflexível. O que dizíamos sobre a vida do Mestre e Seus ensinamentos não podia ser verdade porque não podia. O argumento era contínuo. Até então, o druida majestoso era a autoridade incontestável, além de Roma, sobre aquelas terras naqueles tempos remotos. Eis que um homem e uma mulher chegam, não se sabe de onde, para agitar os espíritos; queriam fazer crer que a luz eterna do Awen está ao alcance de todos. Que brincadeira! Uma brincadeira perigosa! Podia-se então dispensar um dogma e intermediários! Aquilo era terrivelmente subversivo. A liberdade da alma que se eleva diretamente à Essência de toda a vida, que aprende a senti-la vibrar no seu íntimo, era impossível; senão quantas autoridades estabelecidas não poderiam desaparecer?

O druida perdeu-se em imprecações contra nós. Nós o vimos passar com gestos largos por entre a multidão sentada e desaparecer nas vielas. A partir de então, sentimos que a pequena aldeia e seu equilíbrio tranqüilo começavam a tremer sobre as bases e que os corações se dividiam. Não poderia ter brotado

93

outra coisa a não ser aquela eterna dualidade? Havia, estupidamente, os que eram "a favor" e os que se diziam "contra", os que reconheciam terem sido abalados em suas convicções e os que se obstinavam, refugiando-se atrás do poder ancestral. Simão e eu mal reagimos. A idéia de qualquer polêmica estava morta para nós. Mesmo hoje, passados dois mil anos, a regra a ser aceita é ainda a mesma: com que direito impor sua própria verdade?

Quando entre as íngremes montanhas vizinhas começou a circular o rumor de que um homem e uma mulher de idéias perigosas viviam lá, só havia uma coisa a dizer aos habitantes da Terra de Kal:

— Só uma coisa esperamos de vós: amor. Pouco importa que a vossos olhos sejamos usurpadores e criadores de problemas. Pouco importa a que estais apegados, a única força que se impõe é o amor que fareis brilhar nos vossos olhos; esperamos que ele seja verdadeiro, ou seja, sem limites.

Estas palavras pareceram apaziguar as consciências durante alguns dias, mas certa manhã, bem cedo, quando enrolávamos nossas cobertas sobre a palha de nossa granja, um tinido e o ruído de passos ritmados feriram nossos ouvidos.

Imediatamente ouvimos alguns gritos abafados. Vinham de pessoas idosas que aguardavam no lado de fora, na esperança de alguns cuidados que lhes dispensávamos diariamente. Todos, homens e mulheres, fugiram. Mal tivemos tempo de ficar de pé e já um destacamento romano nos cercava; lanças empunhadas nos impediam o mínimo gesto.

A imagem da pequena praça de Magdala, banhada de sol, atravessou-me o espírito num relâmpago. Só que agora estávamos sós e parecia que uma voz murmurava em meu ser: "Agora, dizei-me o que aprendestes".

Violência, ódio, medo... todos esses impulsos me assaltavam numa incrível desordem. Que cilada horrível! Depois, com a mesma rapidez, tudo sumiu e fechei os olhos. Era preciso respirar alguma coisa diferente daquele alpendre, entre montes de palhas e instrumentos de trabalho. Minhas forças começaram a deixar meus braços e senti que era um bem, que era preciso aceitar...

— Segui-me — gritou simplesmente um oficial, o elmo rutilante e a espada apontada para nós.

Rapidamente nos empurraram para fora. Puseram Simão na minha frente. Ele estava pálido e não falava nada, mas quando furtivamente seu olhar abrasou o meu, adivinhei nele um pequeno sorriso, como uma forma engraçada de dizer:

— Vês, nem mesmo aqui Ele nos deixa ficar indiferentes!

Levaram-nos para a fortaleza, de uma austeridade incrível, com suas paliçadas de troncos simétricos, suas pedras de ângulos calculados. Era o ponto de aquartelamento de toda a região, escuro e no alto da montanha íngreme.

Puseram-nos em dois cárceres separados, cheios de umidade. O meu dava para o vale através de uma minúscula abertura por onde a custo entrava um raio de luz esbranquiçada. Contudo, a vida chegava até lá: alguns balidos, o canto do galo e os rumores do mercado de grãos.

Não havia nada a dizer, simplesmente esperar e orar. E tínhamos esse direito? É tão fácil orar quando se sente o chão abrir-se sob os pés, como se fosse um remédio de emergência. Oração, só pensamos nela em momentos como aquele!

— Ajuda-te — repetira-nos Ele durante anos, como uma ladainha. — Meu Pai ajuda os que se ajudam.

E se fosse um pretexto, orgulho, arrogância? Pouco importam as palavras com que nossos egos se disfarçam, dia após dia, nos meandros de sua astúcia. Se ainda havia em mim sinais de sua dança, era preciso que estes também sumissem. O essencial é encontrar sempre face a face o mecanismo engatado em si, depois a verdadeira paz, a que venceu antes de combater:

Anne e Daniel Meurois - Givaudan

a confiança total, o abandono ativo da alma.

Passaram-se alguns dias assim, pontilhados pelo ruído seco de um alçapão que alguém levantava e abaixava sob a pesada porta da minha cela. A cada vez, uma mão se enfiava por lá, passando-me uma bolacha de massa escura, uma tigela com uma espécie de caldo fervido e uma pequena moringa de água. Nada mais, nem uma palavra; a custo, de tempos em tempos ouvia um passo arrastado, sem dúvida do carcereiro. Eu nem sequer sabia se a cela de Simão ficava perto da minha.

Naquela fria solidão, vi que minha alma pouco a pouco se esvaziava de tudo o que lhe era estranho, que encontrava as linhas de força essenciais, seus questionamentos mais importantes mas também suas certezas, como se fossem gravadas no granito. Depois de tudo, lá também estávamos diante de uma parede, do mesmo modo que diante daqueles seres a quem estávamos começando a falar diariamente. Aquele que não consegue perscrutar as rugas do próprio rosto tem o direito de apontar o indicador para as rugas dissimuladas no coração do outro? Sempre temos em algum lugar uma técnica que precisa ser desempoeirada. O que chamamos de Destino sabe como criar situações para que façamos o que é necessário. É preciso também compreender, ter humildade e paciência para vivenciar isso.

"O que chamais de golpes do Destino, meus irmãos", dissera uma vez o Mestre na casa de Marta a alguns de nós, "são simplesmente os golpes do vosso outro eu que em alguma parte, sob a luz do Eterno, sabe muito bem do que precisais. Eu vos digo, não precisais só de mel e céu azul. A bílis também tem sua riqueza. Se Meu Pai vos deu a função de produzi-la, é para que seu amargor também vos ensine."

Na manhã do terceiro dia, um pensamento brusco me ocorreu: e se eu me encontrasse com Simão? Como não tinha pensado nisso antes?

O corpo de luz não conhece prisões! Ele penetra na rocha mais dura com tanta facilidade quanto um bastão pode fender a água. A dois, a solidão pesaria menos, seria menos ingrata e talvez conseguíssemos, além daqueles muros, saber alguma coisa sobre a nossa sorte!

A idéia era tão tentadora que acabava de dissipar dois dias de plena paz. A alma humana seria tão frágil a ponto de cansar-se de sua própria calma? Bastava alongar-se no chão, praticar algumas respirações e abrir o coração para "o outro lado". O que seria mais simples? Aquilo obrigava o seu interior a se descontrair, abandonar todas as suas tensões, seus automatismos, sua estreiteza mental. Significava também semear a vida com grãos de paz!

Ao mesmo tempo que aqueles pensamentos brotavam em mim com uma espontaneidade incrível, na superfície da minha consciência a voz de uma outra Míriam tentava erguer-se, como em memória de um tempo distante, em que talvez tudo fosse mais claro.

— Vamos — dizia ela irônica —, vais fugir? Não suportas mais tua própria presença? Se começas a querer saber de que o amanhã será feito, já abalas as bases do amanhã. Bem o sabes!

Com efeito, eu bem sabia que aquela voz tinha razão. Existe sair do seu corpo e fugir dele. Existe ampliar o campo da consciência e restringi-lo a tal ponto que ele trata de morrer com a mesma rapidez com que nasceu. Existe aceitar as necessidades fundamentais da vida e impor ao caminho as curvas de nossa visão diminuta.

Meu lugar era lá, daquele jeito. Então, em meu espírito fez-se silêncio novamente. Mas desta vez era verdadeiro, não aquela espécie de esperança que é um modo diferente de dizer "eu", porque, apesar de tudo, a vontade pessoal ainda se infiltra aí, insidiosamente.

Há verdades que precisam da escuridão para poderem dizer que são verdades. Estas são as mais belas.

Uma tarde, quando um raio de sol púrpura aventurava-se a lamber uns pedacinhos da parede da minha cela, um barulho de metal rangendo e madeira se arrastando me fez voltar os olhos bruscamente. A porta se abriu com um estrondo inesperado. Um soldado armado, ladeado por outros dois que permaneciam na sombra, esboçou com a mão um gesto rápido e eloqüente. Eu devia sair. Os três homens me fizeram passar à frente deles, dando-me tempo apenas para enrolar-me no meu cobertor.

Após subir alguns degraus numa semi-escuridão, com o ranger de grades que se baixavam atrás de nós, atravessei um pequeno pátio que exalava o cheiro bom de uma sopa que ainda fervia nos caldeirões. Aquele pátio era cercado por altas paliçadas de madeira e levava a degraus de pedra cujo acesso era guardado por um homem armado, com fardamento completo, um verdadeiro traje de gala.

Ninguém me dissera o que significava aquilo, mas estava claro que me levavam diante de uma autoridade superior. Talvez finalmente eu encontrasse Simão de novo.

Entramos numa primeira sala, de tamanho médio, completamente nua e quase tão fria quanto minha cela; depois numa segunda, enorme, ricamente decorada com estátuas e pinturas nas próprias paredes. Lá estavam uns cinqüenta romanos e homens de Kal também, com aparência de guerreiros bárbaros. Seus olhos inquiridores eram iluminados por uma porção de pesados archotes fincados nas pedras das paredes que, no entanto, dançavam com todas as suas chamas. No fundo da sala, três degraus altos e largos e sobre eles três homens sentados, imperturbáveis, em enormes cadeiras de braço em madeira.

Discutiam entre eles no murmúrio confuso da multidão

que se comprimia nos lados, ao longo das paredes. Os que não usavam o uniforme impressionante do exército romano ou dos guerreiros de Kal tinham ar importante. Seus mantos de cores cintilantes sob o clarão das tochas me lembraram os de alguns ricos saduceus de Jerusalém. Assim que entrei naquele lugar, dele saíram quatro homens com os olhos vendados, correntes no pescoço e empurrados por alguns guardas.

Entre o murmúrio meio abafado da multidão presente, ninguém pareceu se importar com minha chegada; nem uma sobrancelha se ergueu, nem uma cabeça se voltou. De repente, no fundo da sala que meus olhos vasculhavam, um olhar se fixou no meu, infalivelmente: Simão!

Eu o vi como se riscado por um clarão, quase um grito de vitória. Queria correr na direção dele, agarrar-me a ele, e que nos deixassem partir para longe... que nos deixassem ser o que éramos... nada mais! Mas um dos soldados que me escoltava, sem dúvida pressentindo meu impulso, segurou meu braço com firmeza. Levou-me assim até os degraus onde se pavoneavam os três homens em suas enormes poltronas de madeira. Simão foi logo empurrado atrás de mim. Vi então que suas mãos estavam presas por uma corrente e sua veste meio rasgada. Será que tentara fugir? Aquilo não era do seu feitio, não naquelas circunstâncias. Seria uma confissão de culpa!

Nossos olhos queriam falar-se, contar tudo sobre aqueles dias, mas nossas línguas não podiam. Será que poderiam? De repente a voz do homem sentado no centro caiu sobre nós. Mal tinha erguido a cabeça. Na verdade, parecia mais preocupado com a multidão do que com nossa presença.

— Que tendes a dizer em vossa defesa?

Ficamos confusos... de que nos acusavam afinal? Logo o homem sentado à esquerda do que acabava de falar inclinou-se e lhe falou por muito tempo no ouvido.

— Ah! — foi só o que ouvimos. — Ah, certamente...

O homem que certamente presidia à reunião endireitou-se então em sua poltrona e voltou o tronco para nós, com um sorriso malicioso nos lábios.

— Parece, estrangeiros, que perturbais o sossego desta aldeia, que não podeis andar pelas ruas sem logo provocar um ajuntamento. Dizem também que ridicularizais abertamente a autoridade dos sacerdotes destas montanhas. Que tendes a dizer diante de tudo isto?

— Não queremos perturbar nenhum sossego — respondeu Simão no tom mais calmo possível. — Viemos de muito longe, simplesmente, e como viajantes, contamos o que vivemos aos que encontramos. Não entendemos vosso medo, nossas palavras são só de paz.

— Estranha paz, na verdade! Dizem que vossa simples passagem pelo mercado de grãos provoca ásperas discussões e a cólera sistemática dos druidas. Que tendes a responder? Que lhes contais realmente?

Agora não havia como esquivar-se. Ajeitando as dobras de sua toga, o romano se pusera a encarar-nos, primeiro um, depois o outro, com a habilidade consumada de um diplomata astuto.

— Viemos dos montes da Judéia — retomou Simão após alguns instantes. — É uma terra ensolarada muito além do mar. Os homens do vosso povo também governam lá. E lá encontramos um homem que ensinava a paz. Falava nela de tal forma que alimentou nossos corações e hoje nos parece natural transmitir Suas palavras. É isso que vos inquieta tanto?

— É do Nazareno que falas?

O romano mudara de tom bruscamente. Sua pergunta era gelada, cortante como o fio de uma espada.

— Alguns O chamavam assim, é verdade...

— É o que eu queria saber. Escutai-me bem ambos... Roma

O Caminho dos Essênios

não se importa com mendigos da vossa espécie nestas terras. Eu também estou voltando de uma viagem muito longa e há pouco tempo me falaram dos problemas que gente do vosso tipo provoca em todo lugar por onde passa. Digo que vós e vosso mestre, cujo nome esqueci, sois indesejáveis aqui e além. A única paz que conheço é a que mantenho aqui. Esta paz pode ser tocada com os dedos e enquanto eu for o responsável nestas montanhas, nenhum palavrório virá pôr em dúvida o que quer que seja. A ordem das coisas é a destes homens que vedes aqui. Agora chega!

A sentença glacial caiu sobre toda a sala. Ninguém dizia uma palavra; apenas alguns olhares cúmplices, às vezes divertidos, às vezes, ao contrário, inquiridores. Devíamos responder?

Seja como for, não tivemos tempo. Um dos três homens no alto dos degraus levantou-se e fez um gesto nervoso com a mão.

Os legionários, que tinham permanecido atrás de nós, fizeram-nos dar meia volta agarrando-nos rudemente, depois nos empurraram para fora da sala

Lá fora agora estava escuro. Uma aragem fresca varria o pátio entre as paliçadas de madeira e levantava nuvens de poeira que nos atingiam em cheio no rosto. E continuava aquele cheiro de sopa ao qual se misturava o da fumaça de lenha úmida queimando.

Depois de termos passado para um outro pátio maior onde cavalos aguardavam, levaram-nos diante de uma enorme porta guarnecida de ferro, trancada por um grosso barrote. Um soldado berrou uma ordem, outro fez deslizar o barrote e com um forte empurrão do ombro fez a porta girar sobre os gonzos.

Logo soltaram Simão e fomos empurrados bruscamente, no escuro, para fora dos muros. Devemos ter ficado lá alguns segundos, como dois blocos de mármore, tentando recompor nossas idéias. Acabei sentindo a mão de Simão pegando a minha com força.

Finalmente, descemos com largas passadas o caminho que levava às primeiras casas. Nossos olhos, acostumados à escuridão da noite, só conseguiam distinguir no labirinto de casebres alguns cães latindo. Talvez fosse melhor assim. Entre os habitantes daquela aldeia, quem realmente podia olhar no rosto e acolher quem saísse das prisões romanas?

Sem buscar outra solução, depusemos nossas esperanças no humilde aprisco que nos abrigara nas primeiras noites. Desta vez os animais estavam lá... era preciso que nos aceitassem, necessitávamos muito do seu calor e do seu conforto.

A aurora e suas brumas que ainda traziam geada nos tiraram logo do refúgio. Estávamos na dobra de um vale e nada víamos alguns passos adiante. Era o momento ideal para entrar na própria alma e ali ficar. Mas naquela manhã, para nossos corpos transidos, entrar na própria alma era falar, expressar-se e escutar o outro, até sua mínima respiração.

— Não podemos ir embora assim — repetia Simão. — Seria o mesmo que uma fuga, eles não compreenderiam. Aqueles de quem cuidamos e que nos ouviram durante todos estes dias existem... é neles que devemos pensar. Não se deixa um campo que começa a germinar ser invadido por ervas daninhas!

Eu pensava como ele, não éramos ladrões e não podíamos esgueirar-nos como nos tinham sugerido implicitamente. No entanto, eu também tinhà certeza de que não podíamos forçar a situação.

É fácil opor-se a alguns homens, mesmo através da simples presença silenciosa, mas quando esses homens se transformam em idéias e essas idéias se arvoram em grandes princípios, tudo é diferente. Não se combatem princípios que são diretrizes para milhares ou milhões de almas; continua-se a trabalhar incansavelmente, sabendo que se esgotarão por suas limitações, que se

O Caminho dos Essênios

desagregarão quando toda a substância tiver evaporado. Havia uma ordem no mundo, um sistema com sua própria lógica que se recusava a ser apontado pela energia do Kristos. Nós a chamávamos Roma, mas não era a ordem de Roma, era e será sempre a do medo. Medo de se redescobrir e se ver frente a frente com as verdades fundamentais.

O sol finalmente decidiu levantar-se por completo e aquecer-nos em nosso esconderijo de verdura com suas ovelhas balindo.

Tão longe quanto nosso olhar alcançava, densas línguas de bruma parecendo algodão acabavam de se espreguiçar. Pequenos bosques de um verde profundo emergiam aqui e ali, lembrando ilhazinhas nos braços de um rio tranqüilo. Lá havia paz em sua manifestação primitiva. A natureza acabava de nos fazer entender. Ela está em sintonia com as leis universais. Quando não se consegue mais ver essas leis, inventam-se regras. É isto que o homem faz!

Ainda havia a questão de agir segundo o que nos fora pedido. Já que não queriam saber de nós entre aqueles muros, talvez devêssemos construir uma espécie de retiro para eremitas em algum lugar sobre os montes vizinhos. Devíamos assim fazer brilhar um sol que há muito tempo não conseguíamos conter só em nosso peito? A lembrança de Urgel, perdido num lugar ermo entre as rochas, nos fez sacudir a cabeça. Não, havia outra coisa a fazer. Na Grande Ampulheta, há tempo para os monges e tempo para os pedreiros e os carpinteiros!

A manhã decorreu por sobre as cristas das montanhas circunvizinhas. Estas nos pareciam propícias para fazer-nos reencontrar um impulso de alegria, porque sem esse impulso nada mais seria possível.

À medida que o Sol chegava ao zênite, o vento nos trazia ruídos de vozes acompanhados pelo relinchar de cavalos. Atraídos por eles, rapidamente descobrimos, ao abrigo de um enorme bloco rochoso, um grupinho de homens e mulheres com suas montarias que tentavam pastar. Desprendia-se deles aquela espécie de luz estranha e indizível, que era um sentimento de força misturada com felicidade. Eles também não eram de lá, seus trajes e seu ar imponente gritavam isso a quem quisesse entender.

Então, percebendo-nos afinal, um deles, muito distinto numa ampla veste escura, levantou-se:

— Bem-vindos — disse em língua helênica. — Quereis partilhar nossa refeição?

Capítulo 6
Os terapeutas da Terra

ELES ERAM OITO E ASSIM QUE NOS SENTAMOS AO SEU LADO tive a sensação de encontrar uma braçada cheia daquela areia dourada de além dos mares. Uma vaga lembrança que aquecia o coração e dava vontade de rir!

— Somos do país de Pha-ra-won — disse um deles — e vós, de onde vindes?

Acho que levamos algum tempo para responder à pergunta, tão espantados estávamos por encontrar lá, quase por acaso, homens e mulheres da Terra Vermelha.

— Dos montes da Palestina — murmurei enfim.

Houve uma verdadeira explosão de alegria. Todos se levantaram como um único ser, nos agarrando pelos ombros e pela cintura com os braços estendidos e a espontaneidade de nossos povos. Era um daqueles contatos físicos diretos, que são uma forma diferente de deixar o coração exprimir-se francamente, sem frases complicadas. Uma outra maneira de falar de paz. Embora meio constrangidos com nossa lamentável aparência, não precisaram insistir muito para que aceitássemos seu convite. Um deles foi buscar duas grandes pedras e nos acomodamos entre eles ao redor do que parecia um monte de pequenos queijos secos dispostos sobre um pano quadrado. Nosso encontro, antes alegre, agora parecia uma festa.

Gracejos saíam de todas as gargantas e começávamos a rir a troco de nada, como membros dispersos de uma família que acabavam de se descobrir.

— Mas, dizei-me — falou de repente um homem esbelto, com um olhar belo e melancólico —, não fazeis parte daqueles que percorrem o país fazendo estardalhaço?

— Fazendo estardalhaço?

Simão e eu nos olhamos com ar interrogativo. Não, não se tratava de nós. Sem esperar resposta, o homem continuou:

— Uns doze dias de caminhada nos separam de um homem do vosso povo com quem acampamos. Era uma pessoa idosa e durante toda uma noite nos contou uma história muito bonita de que já conhecíamos alguma coisa. Ele provocava tumultos e dizia que não tinha vindo só.

A estas palavras o grupo se aquietou e as atenções fixaram-se em nós.

— Talvez realmente o conheçamos — disse eu — porque nossa alma também está repleta de uma história muito bonita.

— Uma história que não terminou — arrematou Simão — e que eu acho que não pode ter fim...

Sob o tecido imaculado que cobria a cabeça de nosso interlocutor, como um turbante confeccionado às pressas, duas pupilas negras como tinta duplicavam sua força.

— Sim — disse ele pensativo —, os caminhos estão bem traçados. Tenho a sensação de que não comandamos mais as rédeas de nossos cavalos! Vosso Mestre é o rabi Jeshua, não é?

— Não sei se devemos falar assim, mas trata-se Dele mesmo.

Um de nossos anfitriões fez uma descrição rápida do homem que tinham encontrado dias antes num abrigo de barro e palha em algum ponto na encosta de um árido penhasco.

O Caminho dos Essênios

Pensamos em Zaqueu, mas entre os vinte e dois que tinham desembarcado naquela terra, três poderiam corresponder ao retrato que nos pintavam. Será que não voltaríamos a ver Zaqueu? Sem dúvida, pouco importava, mas para dizer a verdade, termos informações de sua presença ativa nos interessava. Enquanto a refeição decorria e um grande pão achatado passava de mão em mão, as discussões retomaram o ritmo. Invariavelmente, porém, recaíam sobre a pessoa do Mestre e fomos obrigados a explicar-nos mais detalhadamente.

— Sei que alguma coisa está acontecendo hoje em nosso mundo — acabou por declarar o mesmo homem de turbante branco, pedindo silêncio. — Algo que não consigo expressar claramente, mas que eu sei, sinto, e todos os meus companheiros também sentem. Há alguma coisa pesada no coração dos homens que foi atingida; talvez não tenha sido mudada, mas foi pelo menos deslocada. Estudei os astros com os sacerdotes do meu país e isso parece confirmar-se. Há dez anos, meus mestres nessa arte diziam que uma espécie de fardo da raça humana fora deixado em algum lugar e que vendo as coisas de uma determinada maneira, inúmeros seriam aqueles que se tornariam capazes de andar como em outros tempos, arrastando-se. Na verdade, percorrendo esta terra e atravessando os mares, parece que os olhares com que cruzamos, em sua imensa maioria, são iguais aos que se encontram após uma tempestade. Há neles um pouco mais de vida que outrora, respiram-se aqui novos ares... diria mesmo que alguns olhares me fazem pensar em portas abertas!

— Mas e vós, por que estais aqui? — perguntou Simão que, obviamente, ainda hesitava em evocar alguns conhecimentos que nos haviam sido confiados sobre aquele assunto.

— Podemos falar com total confiança? — retrucou o homem, assumindo de repente um tom mais grave e endireitando o busto. Mas sem esperar resposta continuou:

107

— A Terra tem vida... sabeis? Viajando por estas estradas e por estas regiões, nós também atendemos a um pedido. Temos por tarefa agir com ela como os terapeutas o fazem diante do homem que apresenta sintomas de desequilíbrio e precisa de alívio em alguns pontos precisos do seu corpo.

Se digo que a Terra tem vida, certamente não é à vida das plantas e das árvores que me refiro. Quero dizer que ela faz mais do que existir, como vós mesmos fazeis mais do que existir. Não sois apenas uma boca que come nem um par de pernas que andam. Por sua vez, ela não é só o solo que nos nutre nem caminho em que apoiamos nossos pés.

O homem da Terra Vermelha fez então uma breve pausa, sem dúvida para ter certeza de que acompanhávamos seu raciocínio. Talvez ainda receasse um sorriso incrédulo ou um olhar malicioso de nossa parte. Que papel estava representando ao certo, ele que retomava com tanta naturalidade um tema caro ao coração do Mestre?

— Quero falar de consciência, porque, entendei, a Terra que nos fez nascer e nos aceita é antes de mais nada consciência. Desde sempre, há entre nosso povo pessoas que estudaram estas coisas com muito rigor, não como uma filosofia que se adota porque satisfaz à direção fácil que nossos dias tomam, mas como uma realidade tangível. Desta ciência meus companheiros e eu fomos nutridos. Este conhecimento une indissoluvelmente três princípios: a essência eterna, a alma mediadora e o corpo pesado. Em nossos templos sempre se ensinou que não existia corpo denso, gerador de força, sem ter consciência de sua origem. Não se trata de uma teoria de base arbitrária, mas de um fato que os grandes guias da nossa civilização constataram inúmeras vezes e fizeram com que seus discípulos o constatassem também. Eu mesmo tive a felicidade de ouvir a Terra, nosso mundo, manifestar-se.

Após uma prolongada e rigorosa ascese, entre nós é fre-

O Caminho dos Essênios

qüente que um homem que se prepara para uma determinada forma de sacerdócio seja encerrado sozinho num túmulo, nu e totalmente no escuro, sem outro alimento a não ser seu amor pelo Sol imenso. Vivi tal noite sob a areia do deserto; meus mestres me haviam preparado, não tanto por meio de rituais, mas de uma vida rude, onde nenhuma concessão se fazia às astúcias da alma transitória.

Naquela escuridão sufocante, meu corpo logo se rebelou, porque se sentia estranho à matéria de sua prisão. Depois a escuridão começou a murmurar que não passava de falta de luz e então meu corpo compreendeu que devia amalgamar-se às paredes de pedra do túmulo, deitado no chão. Compreendeu que ele não era fundamentalmente diferente do chão e do túmulo se começasse a amar a substância deles, porque esta era também fruto do mesmo grande Amor.

Só então me senti vivendo dentro do meu invólucro de pele, carne e ossos. Vi-me dentro da pele como uma força autônoma e no entanto indissociável de tudo o que existe sob o Sol. Foi naquele momento, meus amigos, que estremeci diante da luz, ou melhor, me ergui e minha consciência saiu do túmulo voando sobre a areia e os rochedos vermelhos do deserto. Eu disse "saiu", mas entendei bem, ela não fugiu; contemplou sua prisão como uma aliada cuja linguagem era preciso compreender.

Naquele momento, acreditei ter chegado ao fim do caminho que meus instrutores tinham delineado para mim. Veio-me a idéia de que eu tinha me reencontrado e que a Criação tinha desmontado suas engrenagens diante de mim. Por um instante fui rei e deus. Mas só por um instante... porque o rei queria levar a melhor sobre o deus com a maneira sutil de dizer: "Eu sei, eu posso!"

Ambos, no entanto, logo foram destronados por uma multidão de formas brancas que se lançaram na minha direção.

109

Parecia um mar de consciências que queriam manifestar-se todas ao mesmo tempo. Algumas assumiram contornos humanos, de uma perfeição mais do que humana, outras adquiriram silhuetas e olhares de animais. Elas se deslocavam além do horizonte como paredes de vento ondulantes e semelhantes a chamas em plena dança. Disse a mim mesmo: "são as neter [1]". Assim que pronunciei esta palavra, senti-me pequeno... compreendi que elas eram uma parte da grande Mãe que incansavelmente nos sustenta.

Mas além delas, muito além do que os olhos da minha alma captavam, alguma coisa me segredava que era meu modo de vê-las e que elas cantavam somente conforme os acordes da minha sensibilidade... e era tão bonito!

Durante esse tempo, as montanhas e a imensidão do deserto tinham desaparecido. Parecia-me estar quase flutuando nas águas de um lago no qual todo o firmamento se espelhava. No fundo dele havia uma bola, uma esfera de ouro. Ela me fazia pensar no sol.

Mas então a alegria que suavemente me invadira começou a esboroar-se; um véu viera perturbá-la; uma coisa esverdeada, uma espécie de lodo com cheiro azedo. A esfera de ouro começou a falar em mim e no momento que tomei consciência disso, fiquei logo convencido de que ela jamais deixara de falar; simplesmente até então eu fechara meus ouvidos.

Ela me falou como qualquer órgão em meu corpo podia falar-me, ou seja, não através de palavras, mas de sensações tão agudas e precisas que se transformavam em imagens mil vezes mais eloqüentes do que todo o nosso vocabulário.

"Eu vivo", dizia ela, "eu vivo e amo! Não sabes isso? Meu amor é infinito, mas meu corpo logo se consumirá sob o peso de teus semelhantes. Há uma antiga ferrugem, um egoísmo

---

1 — A quantidade de energias em circulação na Natureza e que, embora autônomas, são também manifestações de consciência de uma vida superior.

O Caminho dos Essênios

tenaz que corrói seus corações e eles espalham insidiosamente na superfície da minha pele. Eu lhes empresto minha coluna vertebral e minhas veias, mas eis que instalam nelas a doença e as ondas de suas almas perturbam-lhes o equilíbrio. Sê um terapeuta para meu corpo se não consegues sê-lo para os corações humanos."

Quando foram tirar-me do túmulo, meus mestres sabiam tudo sobre a missão que me fora confiada e sobre o oceano em que minha consciência tinha mergulhado.

"Compreendeste bem", disseram-me eles, "nossa irmã e nutriz está entrando em mutação. Concordarás em entrar para o colégio de seus irmãos a fim de equilibrar a direção dos ventos?"

Naquela época, compreendi que a alma da Terra e a da espécie humana estão indissoluvelmente ligadas; vi também que se a mutação fosse progressiva, chegaria por certo um dia em que a página deveria ser virada de repente, por um outro olhar, outro tipo de amor.

Todos aqui escolhemos cuidar do solo sobre o qual andais para que tal transformação se opere com mais paz, mais harmonia, para a terra e seus habitantes. É uma tarefa silenciosa, que poucos compreendem, porque muitos instalaram em si, bem solidamente, a noção de "coisa".

Dizei-me, meus amigos, o que é uma coisa? Talvez alguma forma imóvel, como um seixo, um pote de argila, esta faca que estais vendo ou o tecido da minha roupa. E por que dizemos que não se movem? Porque não os vemos mover-se, claro. Mas na realidade, é porque ainda não temos olhos para isto. Porque o movimento dos nossos olhos não chega a deter-se sobre as lentas ondas de sua inspiração e expiração. É, finalmente, porque nossos olhos tornaram-se escravos do curso da existência, ou seja, eles existem em vez de viver. Talvez o nosso ser, este sim, esteja a ponto de parar de inspirar e expirar.

O homem de turbante levantou-se e com um gesto englobou toda a perspectiva das montanhas que estavam diante de nós.

— Olhai para estes cumes e vales... são também faces, olhares, costas arqueadas, curvadas, mãos fechadas ou estendidas conforme necessidades que superam nosso entendimento. Mas eu não sou poeta e não imagineis que me expresso fingindo sê-lo. Simplesmente procuro dizer-vos que quando compreenderdes a realidade dessas presenças, entrareis em comunhão com elas, não sereis mais estranhos na sua superfície; aprendereis então a perceber seus chamados e depois suas necessidades.

Vedes esta espécie de fenda que divide o flanco desta colina? Um rio de água imaterial corre ali com força. Seria inteligente construir um aprisco na sua margem? Ele lhe parte o fluxo, absorve-lhe toda espuma invisível. Não vos espanteis se homens e ovelhas sofrem lá. Não vos espanteis também se as pradarias que se estendem na sua direção têm esse ar de pobreza e se as árvores, todas frágeis, estão retorcidas em vários pontos. A sucessão dessas pradarias é semelhante a uma mão cujo pulso está muito apertado por um estreito bracelete. Ela não recebe mais o harmonioso jorro de vida que a montanha outrora lhe dispensava. O aprisco rompeu esse equilíbrio. Mas vede, meus amigos, o que vos digo não representa o fruto de um longo saber, é antes conseqüência de uma vontade de observar, de comparar, de amar.

Não pude impedir-me de tomar a palavra.

— Concordo, o que dizeis encontra profundo eco em nós, mas não posso crer que percorrestes todo este caminho para derrubar as paredes de alguns apriscos, ou mesmo de uma fortaleza.

O grupo explodiu em risadas, arrematadas por dois ou três gracejos. Todos puseram-se então a fazer circular de boca em boca um velho odre cheio de um vinho meio rascante, até então

O Caminho dos Essênios

pendurado num tripé improvisado. Aquilo rompeu a solenidade da conversação e restituiu-nos as forças.

— Viemos do poente — acabou falando a jovem mulher ao lado de quem me acomodara. — Lá embaixo, se me permitis dizer, havia muito a fazer.

Era uma pessoa miúda, de traços excessivamente delicados. Observei principalmente o tom bem escuro da sua pele, que formava um contraste extraordinário com o amarelo âmbar de sua veste. Como a maioria das mulheres do seu povo, usava muitas jóias ao longo dos braços e na cintura. A cada movimento, elas se transformavam em pequenos guizos que evocavam ambientes longínquos.

— É verdade... — continuou ela, após ter recebido o consentimento de seus companheiros — na rota do poente, o ventre da terra é oco. Lá a gente se embrenha numa porção de galerias onde os ancestrais de nossos ancestrais outrora tiveram um grande trabalho a cumprir. Foi, antes de mais nada, sobre as trilhas deles que andamos para mantermos um encontro. Existem locais neste país de Kal cuja finalidade há muito é conhecida por nossos sacerdotes. São órgãos subterrâneos, centros de vida que é preciso preservar de todas as vicissitudes e manter em sua função dinamizadora. Talvez já vos tenham falado do reino de Atl no meio dos mares. Os conhecimentos que seu povo legou aos ancestrais de nossos ancestrais permitiu-lhes, há muito tempo, ajustar certos dispositivos em algumas regiões do mundo. Viemos de um desses lugares onde determinado dispositivo fora modificado por tremores de terra. Era preciso curar a ferida, de maneira que o solo pudesse de novo cumprir sua função de luz.

Sabei que o que outrora foi consertado, não longe daqui, tem a forma das construções piramidais erguidas pelos homens de outros tempos sobre as areias do deserto. Apenas suas dimensões são bem inferiores. Elas têm a capacidade de purificar a terra em enormes extensões ao seu redor, ainda que sejam poucas, desde que estejam sobre uma veia importante do seu corpo. Elas convidam o Grande Espaço a penetrar e silenciosamente insuflar lá seu ouro. Na verdade promovem uma união entre a vontade celeste e a disponibilidade terrestre.

Essas construções subterrâneas foram talhadas na própria rocha do subsolo, às vezes no seu cristal, sempre respeitando as propostas originais do lugar. Nossa tarefa consistia em recompor a forma exata de três delas, criteriosamente distribuídas de modo a delimitar um território.

Compreendestes que para nós os reinos pouco importam. Eles representam para Aton, o esquecido, os membros de um único corpo que fingem ignorar-se. Com freqüência a raça humana nos provoca náuseas. Assim, para nosso coração só a Terra importa daqui por diante. Nela jamais encontramos barreiras, só portas a transpor. Suas fúrias são sempre justas, pois correspondem a necessidades e reflexos de defesa. Portanto, nossa vocação é nos deslocar de um órgão a outro. Vemos claramente que tal região é um fígado, aquela outra, um coração, finalmente outra, um útero, e assim por diante. Elas falam entre si através de raios de luz ou de tempestades, exatamente como os órgãos de nosso corpo se falam sem que o saibamos.

Boa parte do dia se passou assim. Cada qual abriu um pouco mais sua alma e nós mesmos fomos forçados a falar mais do que de costume.

Estávamos atônitos e indispostos ao mesmo tempo pela soma de conhecimentos que aqueles homens e mulheres do país da Terra Vermelha nos faziam lembrar. Eles eram livros pelos quais era bom se deixar embalar, mas que também nos passavam seu amargor. Nós amávamos a Terra, tínhamos igualmente aprendido a senti-la viver; mas queríamos também amar os homens, e isso era muito mais difícil.

Nossos companheiros de um dia pareciam preocupar-se

O Caminho dos Essênios

tão pouco com isso, que uma espécie de vazio se evidenciava neles, transformando-os em seres atemporais, espectadores do sofrimento humano. E no entanto havia tanta bondade por trás de seus olhos de azeviche! Foi Simão quem se fez intérprete de nosso mal-estar comum.

— Ouvi-me, amigos, estamos maravilhados com vosso saber e com o amor que devotais à nossa Mãe; mas quanto mais nossos ouvidos vos escutam, mais nos parece que falta uma página no grande livro que folheais para nós. Acho que essa página conta a história do homem, que não poderíamos dissociar do solo que ele pisa com seus pés. Ele é uma árvore a mais. E se suas raízes são livres, isto é que faz sua força. Ele pode escolher seu terreno e o caminho que leva até lá. Podeis censurar sua natureza em plena busca? Se até hoje ele soube apenas implantar-se num solo pedregoso, não significa que não grite, pedindo ajuda entre dois acessos de orgulho. Aquele que nos ensinou se cansava de destruir em nós os reflexos da dualidade. "Todos", dizia Ele, "somos parcelas desta Terra que precisamos ajudar a viver e deste reino que só deseja vir a nós. Não existem as montanhas e os homens, os mares e os homens, nem o céu e a turba que os vê em sua plenitude, existe a Vida. Podemos ajudar a Vida se não a aceitarmos em sua totalidade? Há alguma cor de que não gostais no arco-íris?", perguntava-nos Ele. "Se o Eterno ignorasse uma delas, o arco-íris inteiro desapareceria e com ele toda a vida."

Quanto a nós, não temos grande coisa a acrescentar, a não ser o despojamento com que tais palavras foram gravadas em nosso coração, dia após dia...

Nossos companheiros não responderam a Simão.

Naquele final de tarde, sobre aqueles cumes frios da Terra de Kal toda entorpecida, o pequeno grupo que formávamos teceu ao seu redor uma espécie de bolha de silêncio. Não era hora de saber quem estava certo ou errado. Aliás, nunca é.

115

Sempre é hora de imobilizar o próprio espírito; é a única forma de construir. A língua logo se torna dúbia quando se deixa seduzir por seu próprio jogo.

— Talvez, talvez — acabou por sussurrar o homem do turbante branco, dando um tapinha no ombro de Simão.

Alguém se afastou um instante e trouxe uma braçada de galhos com que tentou fazer um fogo. Passaríamos toda a noite lá, estava decidido. O rochedo oferecia um abrigo propício e bastava que um de nós montasse guarda para prevenir eventuais gatunos.

Como queríamos morar na região, nossos anfitriões nos indicaram, a algumas milhas de lá, uma bela cavidade descoberta numa colina que facilmente poderíamos transformar em habitação temporária. A troca de idéias durante o dia fizera eclodir em nós pensamentos cada vez mais precisos. Já que os homens daquela terra receavam que fôssemos até eles, será que não deveríamos agir de tal modo que eles viessem até nós? Deveríamos retomar a única função antiga dos Irmãos de branco nos caminhos da Palestina. Curar as feridas. Aquele que cuida dos corpos sempre vê as portas das almas se abrirem.

Lá, muito menos, poderia haver dualidade. Era o caminho inverso da conquista era o caminho da fusão.

Os homens e mulheres do país da Terra Vermelha nos deixaram ao amanhecer, depois de abraços calorosos.

— Não vos esqueçais do velho homem do vosso povo em sua cabana de barro — falou um deles, montando em seu cavalo. — Algo me diz que ireis ao encontro dele. São apenas alguns dias de caminhada rumo ao poente e uma fenda imensa na terra. Não vos esqueçais...

A cavidade rochosa que nos haviam indicado próximo de lá já devia ter servido de abrigo a uma família ou a um eremita.

Tijolos de barro seco e pedras catadas às pressas tapavam

O Caminho dos Essênios

grosseiramente sua entrada. Precisaríamos de alguns dias de trabalho para tornar o ambiente mais agradável e mais confortável, impedindo que o vento entrasse. Um riacho fino e ligeiro, vindo da montanha, corria nas proximidades. Tudo considerado, o lugar se anunciava como quase ideal para o que pretendíamos fazer: uma espécie de bethsaïd, um refúgio para almas e corpos aflitos, um lugar para transmissão da palavra do Mestre.

Lembro-me dos primeiros tempos de nossa instalação como extremamente difíceis. O universo todo parecia ignorar nossa presença e o problema diário era simplesmente o da sobrevivência.

Era a estação em que a natureza mal começava a acordar do seu torpor hibernal. Só podíamos contar com alguns frutos secos de que os animais das florestas ainda não tinham se apossado e com as eternas sopas de raízes ou de brotos de fetos.

Felizmente, o caminho dos condutores de animais de carga não passava longe e eles conseguiram perceber nossa presença; alguns até acabaram nos reconhecendo. Soubemos por eles que correra o boato de que estávamos mofando, talvez para sempre, nas prisões romanas.

Começava uma nova vida, pois, embora rude, o povo daquela região era também simples, no sentido nobre do termo. Sua simplicidade era a dos homens que não vêem mal em tudo e conservam um lugar disponível no fundo do seu coração... não muito grande talvez, mas suficiente para que uma nova flor nele crie raízes.

Sabendo de nossa volta, os doentes da aldeia não tardaram a chegar, primeiro timidamente, depois em número cada vez maior. Além do mais, no flanco perdido de uma montanha, o tratamento era discreto. Com eles apareceram um pouco de pão, alguns ovos e favas para nos mantermos e enfrentar uma tarefa que logo estava ficando pesada.

Houve então uma verdadeira safra de "por quê" e "como". A terra das almas estava inculta, mas fértil. A idéia Daquele que morreu e renasceu após ter ofertado Sua vida ao mundo era muito comum naquele povo. Para dizer a verdade, trocar um nome por outro não era nosso objetivo, pois realmente isso significaria reproduzir o eterno processo de conversão.

"De que serve", repetia-nos José, "fazer com que os homens gostem mais do azul do que do amarelo? Uma cor e outra são apenas elementos esparsos da Grande Criação, com sua grandeza mas também com sua pequenez. Se cantais a todos os ventos que a oliveira é mais bonita que o cipreste ou que o carvalho, talvez acabem por acreditar em vós. Mas tudo não passará de palavras; simplesmente tereis trocado máscaras, por outras máscaras e os corações continuarão fechados a cadeado. Vossa tarefa, e a de todos que virão depois de vós, começa, sem dúvida, por romper a confortável rotina desses corações. Não se deve ensinar, mas fazer descobrir uma outra lógica. A consciência humana é preguiçosa, gosta de idéias previamente digeridas e planos de igrejas traçados há muitos anos. Assim, não sopreis a chama de uma tocha para apresentar-lhe outra já acesa. Fazei descobrir, enquanto tiverdes força, o meio de fazer brotar a chama, quer dizer, a essência do Ser que na verdade não tem nome. Esta é a vontade do Kristos: que cada um de nós, de nossos irmãos, possa reconhecer a força do amor em sua própria raiz. Não me calarei enquanto todos não tivermos compreendido isso plenamente. Se um dia vier a nascer um dogma das palavras que Mestre Jeshua nos transmitiu, que pelo menos tenhamos feito tudo para que não acontecesse. O desafio mais difícil que tereis de encarar situa-se neste terreno e aí não encontrareis outro interlocutor a não ser vós mesmos.

Passaram-se os meses. Com o calor seco do verão, homens e mulheres com belos adornos inspirados por Roma vieram

O Caminho dos Essênios

misturar-se progressivamente ao povo humilde que palmilhava a trilha até nosso abrigo. Eles também podiam sofrer, sua vitória estava em reconhecê-lo ao lado de mendigos e homens que trabalhavam na terra.

Um dia foi um homem com ares de guerreiro quem escalou o outeiro a cavalo, vindo do vale. Chegando à entrada do nosso refúgio, saltou no chão pesadamente e com estrondo. Puxando sua montaria atarracada e peluda, avançou para nós com arrogância. Seu rosto era maciço, encimado por um enorme capacete de couro e bronze rutilante de onde saíam duas grossas tranças negras. Fiquei logo surpresa com o tamanho impressionante de seus bigodes, que lhe pendiam até abaixo do queixo. Todo vestido de ocre, os calções meio cobertos por uma tanga de pele de cabra, caminhava arqueando o torso, com um largo facão ao lado.

Ele se apresentou como chefe de um bando de caçadores que andavam pela região e tinham optado por viver uma existência de liberdade, nem enraizados a um pedaço de terra, nem obrigados a entrar na aldeia na hora em que os legionários romanos fechavam suas portas.

Dissera aquilo num repente, com arrogância, como alguns exibem seus títulos de nobreza. A arrogância redobrou quando evocou o nome de Roma, dos homens da fortaleza, e quando enumerou os nomes dos ricos senhores de Kal que lhes davam ajuda.

— Ouvi falar do vosso poder — disse ele — e penso que dizem a verdade. Quanto a mim, não estou doente nem tenho nenhuma ferida para mostrar-lhes. Também não sei quem é esse de quem falais a todos e cujo nome agora ressoa em cada lado da montanha. Quero apenas saber quem sois, porque se uns só falam de vós como magos, outros não querem mais agir sem antes ter pedido vosso conselho. Quero saber quem são os estrangeiros que têm tanta influência sobre nosso povo. Vossa crença não é a minha, mas pouco importa! Detesto Roma, e os homens de minha raça que lhe cedem braços, pernas e alma me envergonham!

Posso esperar de vós uma ajuda, vós que sabeis sua língua e a quem eles escutam, para que de novo se levantem? Não encontro um bardo, um druida em dezenas de lugares próximos para sacudir as bases do comando romano como sois capazes de fazê-lo. Antigamente, sim... conheci homens que tomavam de assalto as paliçadas inimigas, com o machado na mão.

Não vos peço isso, mas compreendei simplesmente vossa situação hoje. Vosso prestígio aumenta a cada dia e vosso inimigo, o inimigo do que quereis transmitir, é Roma, naturalmente. Quer reconheçais ou não, esta é a realidade, não adianta brincar com as palavras!

O homem terminara jogando violentamente seu capacete sobre uma mesinha onde púnhamos algumas ervas para secar, num canto retirado do nosso abrigo.

Estranha situação que lembrava vagamente uma outra!

— Refleti — acrescentou o guerreiro com certa agressividade na voz — tenho um pequeno exército de homens intrépidos que me seguem. Nada mais simples do que desestabilizar a região se souberdes encaixar algumas palavras precisas no que ireis dizer. Depois, fareis o que vos aprouver, podeis até tomar o lugar dos sacerdotes!

Num piscar de olhos uma porção de situações se apresentou na tela de nossa alma. E se ele tivesse razão? Sempre tivéramos que fugir do poderio romano, aqui como além. Contribuir para extingui-lo naquela parte do mundo não era uma forma eficaz de assentar o esplendor de Kristos rapidamente e em toda a região?

Será que o próprio Mestre teria razões para recusar uma proposta como aquela? Ele não nos tinha assegurado qualquer um que encarnar sobre esta terra aceita por esse simples fato

O Caminho dos Essênios

uma necessária aliança com a matéria densa?

Ele dissera: "Meu reino não é de vosso mundo", e no entanto nos mandara para cá sob as orientações de José, que havia evocado claramente o destino bem concreto do país de Kal: "ser um fermento, um lugar de encarnação que pode ser um plano de luz".

Parecia-me que alguma coisa ainda nos escapava. Tínhamos também maços de pergaminho a transmitir. Isso igualmente era concreto.

— Não — disse Simão de repente, num tom muito calmo. — Não podes nos pedir isso. Não temos inimigos e não queremos que esta idéia se implante em nosso coração. O que tenho a dizer vai te chocar, mas não vemos diferença entre os homens de Roma e os de teu povo. Uns simplesmente conseguem gritar mais alto que os outros nesta hora exata do tempo. Amanhã talvez os ventos os façam calar-se por si sós. Aquele em nome de quem falamos nos ensinou essas estranhas necessidades.

E se fazes questão absoluta de que falemos de inimigos, então é sobre o egoísmo que devemos falar, pois seu veneno continua a ser um elemento comum a todas as raças de homens.

O guerreiro encarou Simão friamente do fundo de seus olhos, sem nada dizer, e pareceu-me perceber ao redor dele espirais cinzentas e avermelhadas, como vapores de fúria contida.

— Tu não compreendes nada! — gritou enfim. — Estou pedindo que renuncies ao que acreditas? O que te proponho é uma arma para que possas falar quando quiseres!

— Mas nós não queremos lutar. Estes contra os quais te revoltas não serão mais os mesmos amanhã; deixa-nos com nossa própria maneira de desalojar dos espíritos o gosto pelo poder. Não queremos substituir o poder dos centuriões pelo teu ou pelo nosso.

O homem de rosto duro ergueu os ombros e com um pon-

121

tapé desdenhoso desequilibrou a mesa onde secavam as ervas.
— Não tem importância, saberei como livrar-me de vós. Esta seria vossa chance, é tudo. Jamais compreenderei sonhadores como vós. Só sabeis falar de alma e coração... sois sopradores de vento! Quando alguém deseja alguma coisa, deve ter meios para isso.

Simão ficou firme e o homem de Kal partiu como tinha vindo. No entanto, no último instante, quando saltava na garupa do cavalo, pensei ver em seu olhar uma onda de interrogações misturadas com tristeza, onde toda a agressividade havia sumido.

Na noite seguinte àquela conversa abrupta, fui tirada do meu sono por uma estranha sensação. Ergui-me sobre meu leito de folhas, o coração batendo. Fora, a luz só oferecia aos meus olhos uma pálida claridade, onde eu mal conseguia distinguir as paredes que abrigavam nossas camas. Curiosamente, embora nosso reduto fosse minúsculo, tive a impressão de que as paredes de barro seco haviam sido empurradas para muito longe. Parecia-me que algo ia acontecer, alguma coisa prodigiosamente bela, eu não sabia por quê. Mas meus lábios não podiam mover-se e meus braços eram incapazes de fazer o mínimo movimento para acordar Simão.

As paredes começaram a iluminar por dentro, como se sua textura fosse constituída por milhões de vagalumes. Compreendi que era eu que me punha a pensar e a ver realmente. Entendi que não era mais a Míriam em sua veste branca agora em farrapos, mas a outra, a verdadeira, que começava a viver interiormente.

Sobre a parede, ante meus olhos imóveis, faixas de bruma brancas como a neve aglutinavam-se lentamente numa silhueta de contornos humanos. A forma deu um passo na minha direção; agora tinha um rosto e um corpo, eram os de um homem de idade indefinida, de longos cabelos escuros e com uma veste

O Caminho dos Essênios

azul. Ele sorria com ar divertido e recebi aquele sorriso como uma cascata de alegria que vinha despejar-se sobre mim.

— Míriam, Míriam — disse uma voz que estava em todo lugar ao mesmo tempo —, os homens daqui logo vão se matar uns aos outros. Eu te digo, que isso não vos perturbe. A massa destas montanhas e de seus platôs é hoje igual a um fígado onde se desenrola o espetáculo das paixões. O humor que esta massa produz há muito tempo está viciado pelos rancores humanos. Todos os que disputam entre si a posse deste território têm seus laços no velho país de Atl. Eles tentam resolver uma antiga querela, mais que dez vezes milenar. Mas tu sabes, não se abranda um golpe com outro golpe. A lei do retorno das ações, de vida em vida, de época em época, quer seja de seres isolados ou de povos, só acha sua resolução no perdão mútuo. Enquanto o agredido de ontem procurar se transformar no agressor de amanhã, perdão não passa de uma palavra vazia. Aqui as almas são jovens demais, eis porque ainda se dispõem a sofrer.

Irmão, pensei imediatamente, devo compreender que o sofrimento é o único meio de avançar e amadurecer?

— Não, Míriam, não... em todo o universo onde a consciência habita, há cem mil maneiras de voltar para o Pai. O sofrimento não é exclusividade de vosso mundo e não constitui o único cajado de peregrino dos homens. Contudo, o verdadeiro modo de avançar, aquele que concerne à multidão dos universos, chama-se simplesmente Amor. Amor puro, que significa perdão, compaixão. Não é, tu sabes, o amor dos indecisos, ao contrário, é o dos que estão certos da Grande Compreensão.

Esse Amor é a chave de todas as portas, a resposta a todas as perguntas. Que seja ele o horizonte do teu coração!

Amanhã continuarás a dispensar cuidados como te foi ensinado, sem te preocupares em saber se o bálsamo irá para a pomba ou para a águia, porque a pomba pode capturar o olhar da águia para fazê-lo seu e a águia pode refletir a mesma pureza da pomba.

Lembra-te do Vigia Silencioso, Míriam, não longe das areias de Heliópolis; é na sua direção que é preciso caminhar. Lembra-te disto!

A voz extinguiu-se docemente como um jorro de leite que se esgotou e a silhueta se esfumou, dispersando-se entre os quatro cantos de nosso abrigo.

— Irmão! — ouvi-me chamar no silêncio da noite. — Irmão!

Como me fora anunciado, os meses que se seguiram foram difíceis. Mas para nós a provação não foi tão grande quanto para a população da aldeia vizinha e das montanhas.

Hordas de guerreiros de Kal percorriam as estradas e os caminhos atacando todos os destacamentos militares que se deslocavam por lá e incitando aldeias inteiras a se sublevarem. Soubemos um dia que o quartel-general romano fora sacudido e que parte das paliçadas da fortaleza tinha queimado.

O saldo daquilo tudo eram homens e mulheres já moribundos, que nos traziam sobre macas improvisadas pessoas queimadas ou famintas em busca de alívio.

Ricos proprietários da região nos tinham oferecido grãos e frutas em abundância. Foi assim que nosso pequeno refúgio pouco a pouco adquiriu a importância de um verdadeiro bethsaïd e cumpriu sua função.

Ao longo dos meses revoltas se sucederam a revoltas; constituiu-se um núcleo de homens e mulheres que expressavam o desejo de ficar morando perto de nós. Vimos que queriam cuidar dos seus. Por certo algo de profundo mudara neles também. Contaram-nos até que gostavam de falar do Mestre, sem que o soubéssemos, usando nossos próprios termos. Uma grande roda pusera-se a girar. Dois ou três anos escoaram-se assim, sem dúvida. A Memória do Tempo não nos informou a conta exata.

O Caminho dos Essênios

Que importa! Basta saber que depois de incessantes lutas sangrentas, as agitações finalmente se acalmaram e a guarnição romana aumentou consideravelmente na região. Em algum ponto da montanha, no alto de um outeiro, já havia tetos sob os quais curavam-se corpos e falava-se às almas com palavras que eram suas. Quando, um dia, ao deixarmos para sempre aqueles cimos, achamos necessário seguir a rota do poente, uma vez mais tivemos a impressão de nos separarmos de alguma parte de nós mesmos.

Estranha sensação se apossou de nós quando, na manhã de nossa partida, pusemos as largas vestes que nos tinham dado de presente. Eram de um tecido grosso, azul marinho. Azul marinho! Era como se aquela cor nos murmurasse ao ouvido:

— Vamos, mais um passo! Fazeis tanta questão do branco de vossas roupas? Ora, sabeis que tudo é casca e que existem algumas bem escondidas das quais é preciso desfazer-se!

Capítulo 7
A montanha de Zaqueu

ERA PLENO VERÃO E O CANTO DA COTOVIA PLANANDO ALTO NOS ares era um companheiro de viagem maravilhoso. De planaltos secos a florestas profundas, caminhávamos na direção do oeste à procura da "grande fenda" na terra. Nossa viagem foi pontilhada por encontros com hordas de caçadores que manejavam o arco com extraordinária destreza.

— Uma grande fenda? — respondiam eles invariavelmente. — Sim, talvez... fica por ali, porém longe.

Algumas florestas em que entramos eram mais densas do que nossa imaginação poderia supor. Através de seu emaranhado de pinheiros e pequenos carvalhos, avançávamos com dificuldade, desalojando a cada dez passos, mais ou menos, algum animal assustado. Na copa de cada árvore, no fundo de qualquer buraco, havia uma vida nos observando. Lá, o invisível e o visível formavam uma coisa só; eles renovavam sua união primitiva. O sutil e o grosseiro falavam a mesma linguagem comum, cujas ofertas contínuas parecíamos compreender com facilidade. E era só: "colhei meus frutos", "mastigai minhas folhas"...

O calor daqueles dias era sufocante e houve momentos em que parecia que nosso alvo fugia diante de nós sem cessar. Certa manhã, no entanto, a grande fenda estava a nossos pés, sob um sol a pino. Era uma imensa abertura, parecia o picadeiro de um circo talhado no corpo de um platô de pedra cinza e branca [1].

Bem embaixo, entre espinheiros, um grupo de casas apoiava-se em seus flancos. Formavam uma aldeia da cor do rochedo. Só manchas de cores vivas, panos estendidos em rasas árvores, atraíam o olhar e testemunhavam a presença humana. Muitas aves de rapina redemoinhavam no céu e saíam das fissuras da rocha. Na verdade, aquele lugar mais parecia ser sua morada que dos homens que tinham tido a coragem de se estabelecer lá. Mas seria coragem ou uma profunda motivação?

— Haïe hop, haïe hop, hop!

No estreito caminho que se embrenhava no circo, um rapazinho de voz áspera conduzia diante dele enormes bois brancos, rodopiando no ar um galho qualquer. Em baixo, perto das primeiras habitações, via-se bem uma sucessão de pequenos prados de ervas avermelhadas, onde pastava um rebanho disperso. Precedidos por nosso vaqueiro com grossos calções cor de terra e de olhar inquieto, logo chegamos ao coração da aldeia. Os casebres, todos de pedras ásperas, agrupavam-se em torno de uma grande protuberância rochosa que aparecia embaixo da parede. Um fluxo contínuo de uma água límpida nascia na sua base para perder-se quase imediatamente no solo sob um montão de pedras já polidas pelo tempo. Entorpecida pelo calor, toda a aldeia parecia dormir. Apenas enormes lagartos se moviam sobre os muros

Como um cachorro se pôs a latir, uma cabeça espiou furtivamente no umbral de uma porta pintada de ocre vivo. Era uma

---

1 — Trata-se do sítio de Rocamadour.

mulher jovem, muito bonita, mas de traços já maltratados pelo sol. Embora seus olhos traíssem certa desconfiança, seu sorriso tinha um ar de sinceridade que nos tranqüilizou. Ela então se atreveu a sair de seu casebre, seguida por uma fila de crianças imundas e nuas que claramente não ousavam abrir a boca.

Foi-nos difícil dialogar com ela. Sua fala mostrava-se bem diferente da que tínhamos aprendido no correr dos anos. Por meio de gestos e nomes repetidos, ela acabou por indicar-nos alguns abrigos agarrados ao flanco quase vertical da montanha, acima de nossas cabeças, sobre amontoados de rochas. De onde estávamos, pareciam simples cabanas de pastores, perfeitamente integradas à parede contra a qual se apoiavam.

— Mas é o Mestre quem vos envia!

A exclamação ressoara na montanha, quase nos assustando.

Um homem idoso apareceu atrás de nós, carregando nos ombros um pau onde pendiam duas jarras de barro encerradas dentro de uns cestos. Levamos alguns instantes para compreender o que se passava. O homem pousou seu fardo no chão, depois ergueu-se, jogando para trás os cabelos semilongos de cachos prateados.

Era Zaqueu! Num piscar de olhos estávamos ao lado dele, perdidos em fortes abraços que nos deixavam sem voz. Estávamos lá, ele e nós, como outrora, como se nada tivesse mudado! Vendo nossa emoção, a mulher pôs-se a rir.

— É Esna, uma das que mais rapidamente se abriu para as palavras do Mestre! Logo a conhecereis, mas vinde, vinde!

Impacientes, ajudamos o velho Zaqueu a encher de água as duas jarras e Simão as carregou pela trilha de cascalho que serpenteava até os abrigos indicados.

— Vede, não é magnífico? — dizia febrilmente nosso companheiro, voltando-se a todo momento para nos mostrar o vale engastado na montanha. Este parecia um grande corredor agreste, aquecido e esbranquiçado pelo sol.

O Caminho dos Essênios

A morada de Zaqueu era das mais pobres. Fincada contra a parede rochosa, ela aproveitava o apoio da sua base e formava uma aldeola com outras muito parecidas com ela. Só havia um pouco de sombra, proporcionada por duas ou três árvores nodosas agarradas lá por milagre, algumas ervas perfumadas e pedras, pedras num conjunto áspero e grandioso. Lá ele escolhera viver e fazer entender os passos do Mestre sobre esta Terra. Como estava distante sua grande e bela casa de Jericó, onde na companhia de Alfeu nos recebera sempre, junto com o Mestre e seus próximos! No seu pátio havia uma romãzeira e algumas tamareiras, ao pé das quais tínhamos o hábito de ouvir o Kristos. Estariam ainda lá, carregadas de flores e frutos como antigamente? Enquanto Zaqueu empurrava a porta de seu pequeno abrigo, trechos de frases, qual chamas de amor, me voltavam à memória.

"Não tenho mais ensinamentos para vos dispensar, meus amigos. Ensinamento é o que acontece de Mestre para discípulo. Eu apresento apenas proposições. Não vos peço que encerreis em vós rosários de verdades a serem desfiadas diante dos que abrem sua alma. Peço que descubrais estas verdades por vós mesmos e façais com que todo ser proceda assim. Por toda a eternidade Meu Pai pôs um pouco da Minha essência no fundo do cálice de cada um."

No frescor da penumbra, o piso estava coberto de esteiras e peles de cabra. Dois ou três vasos de bronze lavrado brilhavam no chão num canto, como vestígios de um outro mundo.

Passamos o dia em evocações; exclamações provocavam risos e os risos acabavam em olhares profundos, em que tudo falava por si só. Zaqueu também tinha recomeçado a curar. Era sua chave, afirmava ele.

— Falai aos homens sobre a vida e a morte, e é como se lhes falásseis do Pai sem sequer ter necessidade de citar Seu Nome. A alma humana sempre se preocupa com o que a leva

129

de volta à sua fonte. Ora, o oceano no qual ela se derrama no fim de sua jornada terrestre confunde-se com essa fonte. Quando esse martírio deixa de sê-lo, o mental está pronto para despojar-se de seus temores e o coração concorda em afrouxar pouco a pouco seus nós.

Por que achais que o homem ficou assim como o encontramos na superfície deste mundo? Por que imaginais que ele é tão rebelde diante de uma simples palavra de paz? Porque tem medo! Medo da vida, da morte, e se foge da morte é porque esta o obriga a olhar-se nos olhos... pois no fundo deles bem poderia descobrir o que deixou sufocar-se: sua divindade.

Apaziguando os corpos, mostro-lhes a vida que sai e que entra neles, a vida que não vêem, mas que podem aprender a ver. Eles agora sabem que ao fechar as brechas da sua pele, é primeiro sobre sua alma que aplico um bálsamo. Hoje admitem isso, amanhã alguns terão compreendido. Se dizeis a um homem que ele é divinizável, é preciso que ele compreenda por que e para isto a narrativa da vida do Mestre não basta. Por outro lado, se lhes mostrais como a força do Mestre consegue brotar em vossas mãos e que estas mãos conhecem também a linguagem do ferreiro e do pescador, então o próprio Mestre começará a brilhar nas mãos desse homem.

Não é o que diremos sobre a dimensão de nossas raízes que irá nutrir os seres desta terra. A densidade é uma escada de que eles ainda precisam para perceber o significado do esforço e da confiança.

— Meus amigos — disse ele de repente, mudando de tom —, quando me viram partir, as pessoas de Jericó e de Jerusalém disseram que eu era louco e perderia tudo. Na verdade, como vedes, pode-se dizer que eu perdi tudo...

Os olhos de Zaqueu baixaram lentamente e um sorriso doce iluminou seu rosto. Parecia enviar aquele sorriso a si próprio, cheio de serenidade e de força.

O Caminho dos Essênios

— Pois bem, sim, perdi tudo! Mas aceitei perder... isto desde o dia em que compreendi o que eram a pobreza e a riqueza.

Tudo aconteceu certa manhã em que eu quis provar meus méritos na presença do Mestre.

"Zaqueu", disse-me Ele, tomando minhas mãos nas Suas, "tens riquezas, eu vejo, mas será que podes dizer que és rico?".

É inútil falar mais, fiquei boquiaberto.

"Sim", recomeçou Ele, "tu és rico em bens, mas és rico de ti mesmo? Meu Pai te emprestou esta casa e esta terra onde brotam muitas oliveiras e tamareiras, Ele te emprestou o trabalho de muitos homens e até a capacidade de estar satisfeito! Ele pôs tudo em tuas mãos num segundo e tu me falas disso como se fosse do teu íntimo. Quero que te does, Zaqueu, pois é o único presente que podes dar a Meu Pai. Aos Seus olhos é o único presente que vale, pois foi por Ele que construiu o mundo. Na verdade, afirmo-te, não há pobres no seu Reino".

Então repliquei-lhe estupidamente:

"Devo distribuir minha fortuna e seguir-Te, Mestre?"

"Não é preciso nada além da compreensão, Zaqueu. Está dito que nenhum homem deve ter vergonha ou orgulho da sua pobreza ou da sua riqueza. Nada nesta terra deve fazer da dualidade seu fardo. O erro reside no coração daquele que separa a água do fogo, porque da sua fusão se eleva um princípio sutil.

Uma bolsa cheia de moedas não é nojenta aos olhos do Eterno e Seu olhar não se fixa mais em trapos do que em roupas bordadas a ouro. Se compreendes isto, que tua alma seja então uma cruz onde as forças se abraçam, seja o lugar de encontro do mais e do menos!"

A partir daquele dia, uma água diferente de todas as que eu bebera veio lavar as tensões do meu espírito.

O amor é sempre fecundo, por toda eternidade; sei que

ele brotará sobre uma terra qualquer, porque nenhuma terra é ingrata para quem sabe escutar as fontes profundas.

Agora também sei que em cada um de nós há um lago calmo e secreto que é preciso atingir. Um lago que não é turvado por nenhuma vaga e que nenhuma tempestade conseguirá varrer.

"Não creias", repeti mil vezes para mim mesmo, a fim de não transformá-lo num pântano, que seja o lago da indiferença. Ele é o espaço onde nossas emoções se dissolvem e onde nos desprendemos, em paz, de tudo o que não é. A alma jamais poderá ferir-se lá, porque não está mais apegada aos seus desejos; ela os observa, deixa-os deslizar na superfície até se extinguirem. É um lugar para sorrir que descobri, sabeis?

Ontem eu era rico segundo a lei dos homens, hoje a direção dos meus passos me tornou pobre; será que amanhã vai ser diferente? Que importa! A certeza que quero ter é quanto à semelhança de minha vida ante as portas que se abrirão. Esta verdade é um presente que dou a todos os homens. É minha espiga de trigo no feixe do Mestre!

Quando penso nisso, parece-me que muitos de nós estavam preocupados com este mundo. Levi era quem muitas vezes servia de alvo! Uma noite, quando nos aprontávamos para dormir às margens do lago, o Mestre resolveu pôr fim à questão.

"Meu Pai criou infinidades de mundos", disse Ele, "a alguns apenas revelou o poder de um valor de troca a que os homens daqui chamam prata, bronze ou ouro. Ele permitiu que esse valor ficasse na mesma posição das energias que viajam pela superfície da Terra quase da mesma forma que as forças do chão, da água, do vento e das chamas, impregnado também de um pouco da substância vital do homem! Nunca pensastes nisso?

Eu vos pergunto: que força nutre vosso coração quando comprais dez talentos de grãos? Igualmente, que força dele se

O Caminho dos Essênios

evade? Que colocais na moeda que depositais na palma da mão de alguém? Amor, raiva, ciúme ou indiferença, tudo será destilado sobre cada pedaço de terra por onde ela viajar, faísca após faísca, para alimentar grandes tempestades ou grandes fontes. A vida, meus irmãos, está insulflada em todas as formas e Eu vos afirmo, não há nenhuma que seja impura. O uso de moedas é transitório neste mundo, mas aceitai sua circulação como aceitais a dos ventos, do sol ou das nuvens carregadas de chuva. Ela tem alguma coisa a dizer-vos. A única pobreza que Meu Pai pede é o despojamento dos corações dos homens da Terra. Na verdade, vosso coração se transforma na única bolsa de que podereis envergonhar-vos se ele não for um lugar de acolhida e oferenda.

Dai ou vendei, mas sabei, amigos, o problema enraizado em vós não consiste nisso! Alguns dão como se vendessem, outros como se comprassem, uma amizade, um amor, uma estima. Só Meu Pai vê claro nas almas, não tomeis o lugar d'Ele... É com essa compreensão que acendeis também a Grande Lâmpada de Paz!"

A presença de Zaqueu, naquela primeira noite que passamos ao seu lado, foi doce. Ainda me parece que as palavras do Mestre alimentaram até o nosso sono mais profundo.

Os dias seguintes foram ocupados em percorrer a aldeia e a montanha vizinha. A luz prestava-se para a colheita de algumas ervas medicinais e não devíamos desperdiçar a ocasião para preparar nossos ungüentos. Zaqueu também não perdera esse hábito, quase uma necessidade para o nosso povo. Assim, as primeiras horas do alvorecer nos viram agarrados ao flanco das encostas, entre espinheiros, ervas cheirosas e o vôo de abelhas ainda meio adormecidas.

Para nós, foi a oportunidade de aprender algumas palavras do dialeto daquelas montanhas, pois os homens e as mulheres da aldeia iam ajudar-nos espontaneamente. Os

133

habitantes daquelas casas de pedra abrasadas pelo sol eram alegres. O brilho dos seus olhos os tornava menos rudes que os encontrados até então no país de Kal. Em alguma parte de nós, apenas os rostos brilhantes de Hildrec e de Belsat evocavam a mesma sensação de oferenda e disponibilidade permanentes. Mas onde estariam eles hoje, guardariam o mesmo sopro de antes? Três, quatro, cinco anos já... não sabíamos mais!

— Observai-os — dizia-nos Zaqueu ao ouvido, mostrando discretamente os pequenos grupos de colhedores —, hoje estou persuadido de que eles nos esperavam e tivemos um verdadeiro encontro aqui. O sacerdote deles morreu, caindo do rochedo pouco antes de minha chegada. Ninguém o substituiu e eles compreenderam que não seria eu, mas eu lhes disse que não deixaria suas almas abandonadas. E eles acreditam na alma! Por trás de seus rostos meio ariscos, eles têm o Fogo. E agora são eles que me dão força!

É estranho, eles observam um ritual muito antigo, no qual, durante a lua das semeaduras, enterram um crânio de touro cheio de espigas de trigo num canto do seu campo. Outrora vi fazerem isso entre os nossos.

Rapidamente nos tornamos amigos dos habitantes da Grande Fenda e eles retribuíram nossa amizade.

Deveríamos continuar rumo ao oeste, onde, parecia que nenhum de nós conseguira ainda dirigir seus passos?

Zaqueu nos convenceu do contrário. José, dizia ele, havia-lhe prometido passar naquele lugar de cuja existência ele já sabia. Sobre um tronco descascado, em seu abrigo, tinha até mesmo anotado o passar dos meses e dos anos após o último encontro deles.

— Isso não deve tardar — acrescentou —, nossas almas já se encontraram há algumas noites!

Certa manhã, bem cedo, quando a luz do Sol ainda não tinha penetrado no aposento onde dormíamos, um ruído de

O Caminho dos Essênios

passos hesitantes nos fez erguer a cabeça. Na escuridão cerrada do abrigo que nos fora emprestado, a silhueta e o rosto de nosso companheiro se desenharam.

— Sou eu — cochichou com voz abafada e constrangida. — O dia logo vai levantar-se e acho sinceramente que é preciso contar-lhes algo. É importante sairmos da aldeia rapidamente. Ninguém deve saber aonde vamos.

Para dizer a verdade, o tom misterioso de Zaqueu não chegava a perturbar-nos. No entanto, seguindo nosso velho amigo pelas vielas escuras entre os casebres e os blocos de pedra, compreendemos que o coração dele não batia tão depressa quanto o nosso.

Pouquíssimas palavras saíam de sua boca. Ao contrário, ele parecia absorto em seus pensamentos e com pressa de chegar à solidão da montanha.

Seu passo adquirira um ritmo tão rápido entre entulhos e arbustos que tivemos dificuldade para segui-lo. Estávamos fora de qualquer caminho e certamente Zaqueu devia ter percorrido inúmeras vezes aquele itinerário para avançar com tamanha segurança. Sua agilidade nos surpreendeu e, como ele não falava, deixamo-nos guiar apenas por sua respiração.

Quando o céu começava a clarear com um ouro pálido, ele parou diante de uma enorme moita de espinheiros apoiada contra a parede rochosa de uma garganta.

— Chegamos — disse ele, acalmando a respiração. — Simão, Míriam, o que ireis ver exige o mais profundo segredo. Acho desnecessário insistir sobre o que isto significa para nós.

Sem sequer termos tido tempo de questionar sua atitude, vimos Zaqueu enfiar a cabeça, rente ao chão, sob a moita de arbustos.

Simão me fez passar à sua frente e, um de cada vez, também nos enfiamos lá, arranhados pelas silvas e rastejando desconfortavelmente sobre montes de pedregulhos. Felizmente,

135

esse avanço só se prolongou por uma pequena distância. À luz ainda tímida do sol, vimos que o chão de repente se enterrava em declive sob o rochedo onde agora se desenhava uma cavidade. Ela não era mais alta que o tamanho de um homem agachado e a terra lá se transformava quase em areia. Aqui e ali observei montes de folhas secas e grandes tufos de pêlo, que me persuadiram de que ali devia ser a toca de um animal. Avançamos com cuidado uns vinte passos, mas a gruta não parecia alargar-se de maneira alguma. Ao contrário, adivinhamos que acabaria numa espécie de gargalo estreito que, evidentemente, representava nosso destino final. Zaqueu entrou nele, arrastando-se sem a mínima hesitação. Lá a escuridão era total e logo transformou-se numa treva viscosa, de umidade sufocante. Parecia-me que o ar que respirávamos jamais fora nutrido pela vida, nem sequer contaminado por uma presença. Era como um ar de começo do mundo, do qual todas as formas podiam emergir. As paredes da estreita passagem davam a sensação de ser quase cortantes e acima da minha cabeça meus dedos se arriscavam às vezes a apalpar-lhes os relevos. Então senti a presença fresca de uma floresta de cristais.

A areia do início do nosso avanço transformara-se rapidamente numa argila úmida que aumentava a lentidão dos nossos movimentos. Logo nos pareceu que tudo já durava uma eternidade e que havíamos percorrido um caminho muito longo nas profundezas da montanha. Mas que era aquilo? Nossa própria percepção mudara; a antiga sensação de abafamento progressivamente dera lugar a outra, de total plenitude como sempre sentimos quando imergimos em nós.

Em dado momento, quando o solo esboçou uma descida repentina, uma vaga claridade inundou meu campo de visão. Agora parecia-me poder distinguir bem claramente, diante de mim, a silhueta de Zaqueu estendida no chão.

— Míriam — exclamou Simão naquele momento —, há luz!

O Caminho dos Essênios

— Mais um pouco de paciência... mas peço-vos principalmente muita paz...

A voz de Zaqueu se tornara mais quente e nela adivinhamos as primeiras manifestações de uma secreta alegria.

De repente o gargalo virou à esquerda e fomos banhados por uma claridade branca, semelhante à da lua cheia. Vimos Zaqueu levantar-se. Ele estava sobre uma espécie de pequeno terraço de pedra e areia que se projetava sobre uma enorme cavidade cheia de estalactites e brilhava com mil fogos.

— Sê bem-vinda — disse então uma voz feminina.

Meus olhos não enxergavam ninguém, mas vi nosso companheiro cruzar os braços sobre o peito, em paz, e inclinar-se levemente.

Num instante estávamos de pé ao lado dele, contemplando um espetáculo inimaginável. A gruta, grandiosa, estava repleta de alto a baixo de uma quantidade enorme de objetos que pareciam confusamente amontoados e cintilavam sob o fogo de algumas tochas.

Um tesouro inacreditável aguardava lá, espalhado numa floresta de estalactites com reflexos de alabastro e marfim envelhecido. Era uma porção de pequenos cofres, candelabros, estátuas de formas arredondadas e desconhecidas. Havia também armas, enormes espadas e machados como jamais tínhamos visto. Por toda parte onde nossos olhos alcançavam, ouro e pedras de reflexos profundos estavam esparramados. No meio de tudo aquilo, percebemos afinal a silhueta longilínea de uma mulher de veste branca, que segurava pela mão uma menina de uns dez anos.

Sem esperar, descemos na direção delas por uma bela escada talhada na rocha a partir da nossa plataforma. À medida que nos aproximávamos, a forma branca largou a mão da menina e repetiu o gesto de Zaqueu. Era uma mulher ainda jovem de grande beleza. Usava uma ampla veste branca e

137

franzida junto ao corpo por um cinto trançado, de reflexos prateados. Cingia-lhe a fronte uma faixa estreita, com uma pedra oval engastada com o brilho da lua. Seus longos cabelos louros estavam reunidos numa única trança, que lhe caía abaixo das espáduas.

— Bem-vindo, Zaqueu, boas-vindas a vós três — disse ela numa língua bem próxima da que já era também a nossa.

— Meu coração está feliz por receber quem viu o Mestre...

A doçura e a tranqüilidade de alma que emanavam dela eram surpreendentes e fiquei estupefata com a claridade do seu olhar, por instantes quase transparente.

Logo foram feitas as apresentações. Para dizer a verdade, parecia que Zaqueu já lhe dissera muitas coisas a nosso respeito e ela aguardava nossa visita.

Mas o que me intrigava principalmente era a presença daquela menina que se mantinha em completo silêncio ao seu lado. Meus olhos se dirigiram novamente para a imponente figura com a pedra cor da lua.

— Sou sacerdotisa do Awen — disse ela — e eis aquela que logo me sucederá aqui durante vinte e oito anos. Nossa tarefa e a do colégio de onde saímos é zelar pela vida destes lugares, trazer para cá a oração constante da alma humana em união com a da Grande Mãe terrestre. Compreendeis? Neste ponto de suas entranhas convergem e partem mil forças de regeneração para o equilíbrio de um imenso território. Que estas pilhas de ouro que vedes amontoadas aqui não vos perturbem. Se é certo que esperam sua destinação no relógio de areia dos homens, elas não representam o objeto de nossas preocupações. Trata-se de uma parte dos bens provenientes dos ancestrais de nosso atual povo de Kal. Datam de um tempo muito antigo, em que eles ainda conversavam com os irmãos mais velhos do firmamento que se deslocam sobre nuvens de fogo e presentearam nossa raça com uma boa parte

O Caminho dos Essênios

de sua riqueza de alma. Foi, creio, quando os ventos gelados e a neve invadiram o mundo, há dez mil de nossos anos, quando a esperança começou a fugir dos corações humanos e o conhecimento se preparava para juntar-se de novo ao Sol... até que Ele esteja aqui e nos ensine a brandir a espada pela lâmina e não mais pelo punho.

Hoje eu sei, o Sol derramou seus raios no ventre da Lua e desse casamento a Terra está prestes a vir à luz.

Um dia a natureza deste mundo servirá de fermento para a eclosão de um reino onde Ele poderá fazer todos ouvirem sua voz. Ele nos dirá: "Os universos que procurais nas estrelas já estão se encarnando em vós e na substância do solo em que pisais. A carne não é a vestimenta de que deveis desembaraçar-vos. Ela é também veículo do Meu sopro, ela também tem seu Livro de Conhecimento para vos transmitir. Enquanto não tiverdes feito a unidade entre ela e Eu, não tereis feito a unidade convosco mesmos. A roupa que deveis despir é a vossa presunção. É o desamor!"

A sacerdotisa se aproximou de mim e me tomou pelas mãos.

— Vós, que bebestes em Seu olhar, compreendeis. Pedi a meu irmão Zaqueu que vos trouxesse aqui para lembrar-vos disso. Cada ser deste mundo é uma tumba sagrada, é, de hoje em diante, uma mãe virgem a quem se pede que dê à luz.

Do mesmo modo, este lugar pelo qual somos responsáveis vai gerar as energias da matéria e as do espírito, pois se uma é o dedo, a outra representa seu anel. Trata-se de uma união concebida por toda eternidade, eis por que nada pode esquivar-se se seu desejo também é gerar.

Zaqueu não falava e nós o imitávamos. Pela primeira vez, desde a nossa chegada à Terra de Kal, ouvíamos alguém estranho ao nosso povo falar tal linguagem.

Simão parecia particularmente tocado, e à medida que

Anne e Daniel Meurois - Givaudan

andávamos ao acaso entre estalactites, algumas das quais já aprisionavam objetos e jóias, cobrindo o ouro com um véu, ele finalmente se atreveu a falar:

— Irmã, as palavras que nos confiaste evocam em mim as do Venerável que guiou meus passos quando eu era criança, entre altas muralhas de pedra. Ele também falava desses casamentos de que todos deveríamos lançar as bases e dessa matriz bem concreta que precisávamos aprender a reconhecer.

— Sim, Simão — retomou a druidesa com um sorriso meio cúmplice —, as palavras que comoveram teu coração, eu as recolhi da boca daquela que foi um pouco minha mãe quando passou por esta região... há muito tempo.

Não sei se sua alma ainda é deste mundo, mas seu nome era Judite e era da tua raça, de além dos mares. Dizia ser irmã em espírito do Venerável de uma Escola que ela chamava de Krmel. Sua tarefa foi ensinar durante algum tempo Aquele que seguistes depois de encontrá-lo mais tarde no país dos Grandes Reis [2]. Ela será sempre, creio, um marco silencioso para as mulheres de nosso mundo.

Mas dizei-me — falou a druidesa dirigindo-se a nós três —, há homens de nossas praias que outrora vieram misturar-se ao povo de Kal. Que aconteceu? É a eles que deveis juntar-vos. É através deles que o casamento da Lua e do Sol deve acontecer. Eles são o crescente que se parece com a taça que procurais [3]. Posso afirmar-vos isto!

— Nós encontramos o povo de Benjamim — replicou Simão — parece que o coração deles, ai de mim, ficou endurecido e as letras que eles decifram já tomaram a aparência da pedra. Devemos esperar.

A sacerdotisa pareceu mergulhar longamente em si mesma, como se procurasse desemaranhar os meandros do tempo e a

---

2 — Refere-se ao Egito, terra dos faraós.
3 — Não devemos estranhar, portanto, o nome Lunel dado a uma cidadezinha próxima de Nîmes.

140

O Caminho dos Essênios

complexidade dos itinerários da alma humana.

— Sim, é preciso esperar, é preciso esperar — falou finalmente —, mas deve-se engendrar uma espera ativa. Há a espera daquele que dorme e a do que vela observando, compreendendo as estações da humanidade. Isso indica um modo de ser tendo no coração um propósito em plena floração. Vejo que todos os povos vivem como peregrinos, a cada dia de caminhada descobrem em sua rota um novo cruzamento, um novo meio de aperfeiçoar sua alma. Isto é a verdadeira liberdade. Mas vejo também que a chegada, estranhamente, se parece com o ponto de partida, que as escolhas, as aceitações, as recusas são alimentos que nos ajudarão a reencontrar a memória.

Não temais por vossa tarefa diante dos filhos de Benjamim. É justamente porque estais diante deles que não se lembram de vós. No dia em que estiverdes neles, sob esta forma ou outra, será inevitável que os caminhos se reconheçam e as vias se reunifiquem.

— Vinde — falou ela, levando-nos para junto de um grande candelabro. — Olhai para este pequeno objeto...

E pegou, entre os pedregulhos amontoados, uma coisa cintilante. Era uma pirâmide magnífica, talhada e polida com perfeição num único bloco de cristal. Lá estava, como um objeto atemporal, de perfeição e sobriedade espantosas, diante de tantas pedrarias e obras esculpidas.

— Olhai bem — repetiu a druidesa, balançando a pirâmide na palma da mão de forma a mostrar-nos sua base. — Vede o que se desenha aqui... duas formas complementares perfeitamente casadas uma com a outra. Eis o Sol e a Lua, eis o desenho de duas cruzes que geram uma à outra e que se comprazem em esboçar a luz nesta face habitualmente oculta.

Vistes, irmãos, o que Judite um dia me ensinou. Meu

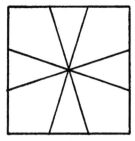

dever é transmitir-vos agora que nós todos estamos destinados a tornar-nos idênticos a esta forma, a esta irradiação; não apenas quanto ao seu simbolismo, mas também quanto ao seu funcionamento, à sua força, e ao que nela se transforma. Ela se projeta tanto na direção do céu como da terra. Mesmo quando parece indicar-nos uma só direção, a vida sutil que ela gera sob sua base não se concebe sem o casamento dos aparentes opostos. Gravai, pois, em vosso coração estas duas cruzes, que mutuamente se dão vida. Uma representa o astro do dia, a outra o da noite. Elas se associarão a duas tendências que se aproximarão sobre este solo de Kal; duas vocações que às vezes combaterão, às vezes se defenderão, mas avançarão sempre na direção da mesma Luz [4]. Uma é o amor, a outra a sabedoria; uma é dom, a outra conhecimento. Qual é o Sol, qual é a Lua? Compreendei que, conforme vossa maneira de vê-las, uma se transforma na outra, alternadamente.

Todas as coisas são feitas assim, e só podemos captar sua plena destinação se desenvolvermos em nós o olhar único. Dizei-me, qual inspiração ou expiração é inimiga da outra?

Aqui, nesta dobra da Terra, de tempos em tempos somos virgens, branca é nossa veste; negra, no entanto, é esta gruta onde oramos, carregamos as veias da rocha de todo o amor de que necessitam. Assim, continuamos imaculadas embora obscuras, brilhantes embora secretas.

---

[4] — Trata-se de um conhecimento antecipado da existência dos Cátaros (Albigenses) e dos Templários.

O Caminho dos Essênios

O grão só germina na escuridão da terra que o recebeu e a palavra do Mestre mergulha suas raízes no coração dos homens.

Estais vendo estas riquezas? Pouco a pouco elas são levadas à luz do dia, conforme as necessidades do templo da humanidade que se construir. Elas serão confiadas a alguns reis, a alguns guias.

Não fiqueis surpresos: os construtores, que compreenderam o sentido da pedra, recebem pedras, pois sua matéria não é menos importante do que um raio de Sol.

Ela não seria formada se Ele não estivesse já obrando nela por toda eternidade.

Assim, em algumas centenas de nossos anos estes ouros e estas pedras terão deixado este lugar para servir de fermento a quem souber utilizá-los para que floresçam sob um mesmo teto a pureza e a força [5].

De repente, enquanto estávamos mergulhados em nossos pensamentos e bem abertos às implicações daquelas palavras, uma vozinha delicada ressoou na extremidade oposta da gruta.

Voltamos a cabeça. Sob uma tocha com uma chama dançante, a menina acabava de subir num bloco rochoso onde estava acocorada.

— Não sejais demasiado impacientes — disse ela com malícia. — O tempo não é apressado... ele sabe o que quer, ele já chegou!

Nós começamos a rir e Zaqueu se dirigiu para ela com grandes passadas para tomá-la nos braços, no alto da rocha.

— Vede, meus amigos — exclamou ele, segurando a pequena contra si —, trazendo-vos aqui eu queria que vosso olhar adquirisse uma percepção ainda mais correta do futuro da

---

5 — Os Anais de Akasha permitem compreender que tal tentativa de síntese começou a esboçar-se com os primeiros reis merovíngios.

143

nossa missão. Ela tem razão, o tempo já chegou aonde quer que nos dirijamos. Ele pede apenas que nos lembremos do itinerário já gravado em nós, e levemos sempre a confiança como única bagagem.

Assim, há reis cujo germe já está contido em algum lugar no que chamamos de eternidade e cujo papel será sintetizar, sobre esta Terra de Kal, as correntes diurna e noturna da vida.

Sem dúvida, eles serão ao mesmo tempo sacerdotes e guerreiros, com as responsabilidades e as fraquezas que essas duas funções imprimem no homem. Contudo, serão antes de mais nada marcos, e é também por eles que estamos aqui!

Quando acabou de falar, Zaqueu tinha nos lábios um largo e belo sorriso. O olhar estava fixo numa espécie de futuro interior ou de eterno presente, no qual tudo se cumpria permanentemente.

Acho que não esquecerei jamais aqueles instantes proféticos. Eles ainda espalham em mim um sentido da História em que a marca divina estava gravada em toda parte, achando que nada é tão mesquinhamente humano para não desejar enobrecê-lo.

— Eis a verdadeira pobreza! — exclamou finalmente nosso companheiro, numa repentina explosão de alegria, quando chegávamos à escada de pedra. — A verdadeira pobreza é ter perdido até o desejo de usar estas riquezas ao alcance de nossas mãos para forçar a marcha dos tempos... ou para ter uma simples veste um pouco mais branca. Não se trata de ter eliminado a tentação, mas de tê-la superado, jogado no chão sem um lamento sequer.

Sem dúvida lá fora, acima de nossas cabeças, era dia claro, sem dúvida sobre as planícies rochosas o sol queimava a lã dos carneiros de nossos amigos pastores. Enquanto nos engolfávamos na estreita garganta da cor da noite, deixamos nosso coração bater de novo em seu ritmo.

144

Capítulo 8
Ei a Wallach

AS SEMANAS QUE SE SEGUIRAM ÀQUELE ENCONTRO PASSARAM mais rápido que nunca. Na companhia de Zaqueu, percorríamos extensões de planaltos secos onde vagabundeavam pequenos rebanhos de carneiros. Com freqüência andávamos um dia inteiro para chegar a alguns casebres. Zaqueu me pedia sem cessar que fosse até lá não para propagar pela centésima vez as mesmas narrativas, mas para ouvir os homens e as mulheres falarem.

Recebendo um pouco da sua aflição e da sua alegria, Zaqueu soubera tecer sobre aquela terra pobre uma trama invisível que unia os corações uns aos outros, tornando-os membros de uma mesma família, muito além das palavras.

Nosso companheiro nos dava a prova viva daquilo que nós mesmos havíamos sentido. Para falar do Sol àquele que se encontra diante de nós, é preciso primeiro querer discernir o Sol nele, ou seja, respeitá-lo, escutando-o. Muitas almas, repetíamos ao longo dos caminhos, sofrem por não serem ouvidas. Se ninguém lhes oferecer a possibilidade de extravasar, como poderão encher-se de um novo suco? Enfim, o amor que queríamos fazer nascer no outro nos remetia incansavelmente à nossa própria capacidade de amar. Sempre chegávamos à conclusão de que se tivéramos a felicidade de ver o Mestre agir, foi porque fazíamos tal como Ele. As grandes teorias pouco Lhe importavam... a claridade do Seu olhar bastava... era como uma chave que abre os seres a fim de saber o que lhes falta.

Ao final de jornadas entre as colinas cobertas de urzes, nossas cabeças estavam repletas dos cantos da natureza. O sopro do vento quente e a incessante presença das cigarras vinham gravar-se em nosso universo interior e às vezes tomavam-no todo. Sempre com passos lentos, o pequeno asno de Zaqueu, que se fazia de rogado, carregava um pouco de leite, algumas peças de tecido e também ungüentos para eventuais doentes. Será que poderíamos levar aquela existência por muito tempo ainda, aprisionados por um verão que parecia não ter fim?

Claro, éramos úteis ao lado de Zaqueu. Havia muita coisa a fazer entre aquele povo com a alma incrivelmente disponível a começar pelo ensino de simples noções de higiene a que eram tão alheios.

Mas ainda restavam os pergaminhos que Simão não largava e aquele caminho que ainda parecia querer abrir-se diante de nós... um chamado lancinante na direção de "alguma coisa" diferente.

O fato aconteceu quando quase não o esperávamos mais. Era um começo de tarde, hora em que o sol ainda está próximo do seu zênite. De nosso abrigo de pedras e caniços trançados grudado ao rochedo, ouvimos um verdadeiro alarido provocado pelos latidos dos cães da aldeia logo abaixo. Aquilo não era habitual naquela hora quente, tanto que o próprio Zaqueu, com uma simples tanga de tecido amarrada na altura dos rins, não hesitou em sair da cabana. Grandes tufos de loureiros em flor escondiam as primeiras casas da aldeia. Instintivamente nos enfiamos entre elas para examinar rochedos e ruazinhas. No espaço de um breve instante, Simão pensou avistar a silhueta alta de um grande cavalo e seu cavaleiro; depois, nada mais se manifestou a não ser os rangidos de portas em seus gonzos.

— Só os romanos ou os chefes de tribos possuem um animal assim — comentou Zaqueu.

Íamos entrar em nossas respectivas casas quando o ruído de cascos aproximando-se atraiu nossa atenção.

Então, no meio de montes de pedras e dos abrigos que formavam nosso povoado no flanco da montanha, apareceu finalmente um homem caminhando à frente de sua montaria. O animal, cujo pêlo era de um negro profundo, estava banhado de suor e bufava ruidosamente. Quanto ao homem, usava uma veste que deveria ter sido branca. Parecia levemente curvado e atirara sobre o ombro esquerdo um grande manto escuro.

Após um breve momento de estupefação, não pude conter uma exclamação:

— José!

O homem detivera-se a uns vinte passos e nos olhava sem dizer uma palavra. Seu rosto, escondido por uma barba cinzenta, longa e farta, era só um sorriso radiante.

Era mesmo José... com alguns anos a mais e o pó dos caminhos, mas era ele! Era ele e ficamos lá, ridiculamente tomados por um acanhamento que não sabíamos de onde vinha!

Daqueles segundos de intensa emoção, lembro-me principalmente de um riso que tomou conta de nós a ponto de tirarnos toda a vontade de falar. Aliás, que poderia haver realmente para ser dito? Em momentos como aqueles as palavras são esquálidas e as frases pobres como farrapos!

Com José, da família de Arimatéia, alguma coisa do Mestre vinha até nós, uma presença, um calor, uma sabedoria, uma força para decuplicar as forças!

Logo, num imenso abraço, nos transformávamos em um. Entretanto, pouco a pouco percebi ao nosso redor uma porção de crianças alvoroçadas e depois ouvi exclamações de homens e mulheres admirados.

Quando afrouxamos nosso abraço, parecia que metade da aldeia estava reunida num círculo ao nosso redor. Era uma multidão de olhares curiosos, mas também um feixe de corações espontaneamente em festa, participando da felicidade simples daquele momento.

Entre a cabana de Zaqueu e a nossa havia uma enorme figueira presa ao rochedo como por milagre, tão bonita e carregada como as figueiras de nossa infância. Foi ao pé dela, muito naturalmente, que levamos José.

Para dizer a verdade, nem Zaqueu nem nós sabíamos que atitude tomar diante do companheiro mais próximo do Mestre. Não fora José quem, desde a mais tenra infância do Mestre, guiara suas primeiras reflexões? Após tantos anos afastados, não sabíamos mais se o que poderíamos demonstrar-lhe era deferência ou amizade afetuosa.

Nossa atitude não lhe passou despercebida quando Simão se ausentou por alguns instantes e reapareceu com o que restava do seu manto. Antes de colocá-lo no chão junto à árvore, ele fez três dobras, uma sobre a outra, na sua borda, conforme um velho ritual do nosso povo.

— Mas — perguntou logo José —, achais que estais diante de um ancestral que deve ser venerado? Trazei-me simplesmente um pouco de água...

Instintivamente havíamos retomado a língua comum ao povo de Essânia assim que nos víramos a sós à sombra da figueira, tendo como únicos espectadores umas galinhas que acabavam de empoleirar-se nela.

José dizia lembrar-se das distantes terras do norte, do outro lado de um mar frio e verde, quase coberto de areia. Lembrava-se de uma região para onde outrora levara o Mestre, logo que Este deixara definitivamente o Krmel.

O Caminho dos Essênios

— É uma ilha — explicou. — É uma ilha pequenina situada próximo das terras e de seus pântanos. Embora sempre a tenha visto envolta em brumas, lá reina uma estranha doçura e durante longos meses encontram-se lá árvores floridas. Oh, não penseis que a vegetação seja luxuriante nem que a terra seja fértil.

Ao contrário, é quase um pedaço de rocha saído das águas, mas tem qualquer coisa de singular que faz dela um lugar de asilo e também um incrível fermento.

No seu centro há uma colina coberta de macieiras e é daí que vem seu nome: *Ei a Wallach*, a "ilha das macieiras" na língua dos homens que vivem perto de suas praias; porque aquela ilha, imaginem, não é habitada. Lá existem apenas vestígios de enormes construções de um povo muito antigo, cuja origem ultrapassa a imaginação da maioria dos homens deste mundo. É uma ilha de nossos irmãos Elohim, os senhores das estrelas. Agora compreendeis que mistério deve envolvê-la, que função sagrada pode cumprir e também que temor às vezes suscita nos povos dos reinos do norte.

José pronunciara aquelas palavras com certo comedimento na voz e uma emoção sincera, que evocava a intensidade do que sem dúvida tinha vivido. Enquanto continuava seu relato, aspergia continuamente seu rosto com a água de um pequeno odre que Zaqueu mantinha entre os joelhos.

— É uma das terras mais velhas do nosso mundo — continuou ele —, uma das primeiras embaixadas dos mensageiros do Sem Nome na face de nossa Mãe. Mas por que, então, os passos do Mestre ainda criança tiveram que palmilhar-lhe o solo, perguntareis? Não foi pela simples preocupação de completar uma peregrinação. Era uma necessidade, para se reconciliar com certas energias bem precisas da Tradição. Cada pedaço do chão que pisamos possui uma memória, meus amigos; assim, deixamos um pouco do nosso coração e da nossa alma por todo lugar onde andamos.

Se soubermos ler com os olhos da sabedoria, de época em época poderemos encontrar traços de forças passadas, depois recomeçar com nossas próprias pegadas, reencontrar a perfeita memória de nossa missão individual. Sim, sabei, uma rocha às vezes contém mais do que uma biblioteca abarrotada e pode estimular em nós energias insuspeitadas, compromissos assumidos desde a aurora dos tempos.

Quando não tinha mais que quatorze anos, o próprio Mestre expressou Sua vontade de beber de novo nas fontes do Seu passado.

Quando este mundo ainda não era exatamente este mundo, contou-me um dia, Ele se encarregara de fazer leis para um reino imenso, segundo o modelo único das leis divinas. Embora um cataclismo tivesse destruído quase a totalidade do povo a quem Ele dera aquele presente, as bases estabelecidas pelos seus cuidados tinham sido preservadas em textos e em energias sobre a rocha de *Ei a Wallach*, que se transformou num dos principais pontos da terra dos homens onde brilhava sempre o fogo primordial.

Também estava encerrada lá uma energia de combate, que Ele precisou desenvolver diante de seres obstinados e com orgulho desmedido. Foi também essa força combativa até na carne que Ele sentiu necessidade de anular, ao entregar-se a orações na colina das macieiras. Lá aconteceu uma das fases da Sua transmutação, é preciso que saibais, pois nada pode continuar em segredo.

Em quinze mil de nossos anos, o espírito do Mestre deitou por terra uma espada de luz e eu O vi unir a ela a taça do Seu coração. Ninguém contribui para a eternidade da luz se não estabelece em si e ao seu redor o pleno equilíbrio das forças.

Não vos admireis dessa caminhada do Mestre, porque quem ensina aos homens sofreu antes deles no mesmo cami-

O Caminho dos Essênios

nho. Zaqueu, Míriam, Simão, lembrai-vos... lembrai-vos...
Kristos às vezes dizia: "A divindade não é um presente de Meu
Pai, ela é Sua proposta a toda forma de vida que se reconhece
enfim como a Vida após milhares de caminhadas".

A evocação de José atraiu sobre nós as primeiras sombras
do crepúsculo. De nosso refúgio tostado pelo calor víamos o céu
se transformar num oceano de púrpura e açafrão. Entretanto,
os cantos da natureza redobraram e a aldeia começou a dar
reais sinais de vida. Ficamos muito tempo assim, comungando
na harmonia da terra e dos céus.

Naquela noite ninguém sentiu necessidade de partir os
pães e comer os peixes grelhados que nos tinham oferecido.
José dizia não ter mais grande necessidade de alimentar seu
corpo. Quanto a nós, estávamos tão ocupados em ouvi-lo que
não sentíamos a mínima fome.

— Compreendo tudo isso — declarou Simão em dado
momento —, pelo menos parece-me que compreendo as razões
principais do Mestre. Compreendo que Seu coração é humano
e que o purificou até fazer dele uma jóia de tal perfeição que a
Divindade o escolheu para morada, fez dele seu escrínio. O que
me parece estranho, porém, é o teu retorno à "ilha das macieiras".

Não nos ensinaste que o país de Kal devia ser trabalhado
em primeiro lugar nesta parte do mundo, porque era o ponto
de equilíbrio destas terras imersas, a quinta lâmpada do seu
corpo de luz, pronta para ser semeada pelo pensamento?

José baixou os olhos e maquinalmente, com a palma da
mão, pôs-se a acariciar a poeira do chão.

— Sim — respondeu —, estás certo, é estranho... muito
estranho que nosso Irmão Jeshua, que pessoalmente me convidou para a segunda viagem, só tenha me dado poucas pistas
para captar-lhe a razão profunda. Eis o que vos posso dizer:
Esta taça que veio alimentar um pouco do Seu sangue e

151

que está sob meus cuidados constitui o motivo central da minha missão. O coração do Mestre é uma taça, mas o de Kristos é outra bem diferente. A substância vital que Seu sangue deixou nela não tem nada em comum com a substância vital de um ser humano, por mais cristalino que seja. Neste sangue reside a memória total de nossa humanidade, assim como seu germe de regeneração. Mas sobretudo, compreendei bem isto, meus irmãos, porque me expresso além do símbolo: a matéria viva e densa do nosso mundo, seja qual for a sua forma, é dotada de propriedades ilimitadas. Deveis concebê-la à imagem perfeita do espírito que a fez mover-se. Existe um ponto permanente entre o peso de nossos corpos e a fluidez das forças do Sem Nome. O sangue enobrecido por Kristos no coração do Mestre representa a plena realização desta verdade.

Quando o homem fala de sangue, traz sempre consigo a imagem mórbida de algum massacre, de não sei quais impulsos ou idéias estreitas que o ligam a determinada raça.

O sangue de que vos falo não é este veículo com tendências animais. Ele não lhes rejeitou as funções, Ele as depurou; transformou-o numa essência cujo fulgor é tal que um traço indelével perdura sobre o solo, em todo lugar por onde passa.

É um fertilizador de terras, um despertador de homens e, se cicatriza feridas, também parte os laços de nossas personalidades tão miúdas.

Acredito, meus amigos, acredito mesmo que esta vez eu fui até o rochedo de Ei a Wallach não apenas pela nutrição a ser dada ao seu solo, mas por um ser, um único ser cuja existência eu antes ignorava. Seu nome não vos dirá nada, mas na língua dos homens lá embaixo ele significa algo como "filho das veias da Terra".

Ele era rei de uma dessas tribos de guerreiros que se parecem muito com as que deveis ter cruzado várias vezes. Eu disse "era" porque, se não continua sendo rei, hoje as charnecas e

O Caminho dos Essênios

pântanos sobre os quais se estende a sua vontade não se dedicam mais à bestialidade das armas.

É um homem ainda jovem, que encontrei ao aportar além dos mares frios, uma alma confiante à espera do seu destino. Por trás de seu rosto peludo e sob seus músculos perpetuamente tensos escondia-se um coração tão necessitado de amor que eu não podia deixar de percebê-lo. Foi difícil abater a árvore do seu orgulho, era gigantesca, a rainha da floresta.

Quando, após mil questionamentos e muitos acessos de raiva, ele finalmente aceitou seu lugar, cavou com as próprias mãos um buraco no chão da ilha e nele enterrou sua espada.

Eu estava presente e acho que jamais poderei esquecer suas palavras:

"Se um homem vier a encontrá-la", murmurou ele, "que compreenda que esta espada já fez correr lágrimas demais. Que não a pegue, a menos que esteja pronto para golpear sua própria violência, por seu povo e todos os povos, por estes rochedos e por esta terra inteira. Este é o meu desejo."

Passamos longos meses juntos porque pensei ler em seu olhar uma singular mistura de brilho e sabedoria que poderiam fazer dele o instrutor do seu povo.

Quanto mais eu lhe prodigalizava o ensinamento do Mestre, que ele me pedia, mais eu percebia também que ele e seu povo eram detentores de uma rica Tradição, irmã da nossa em sua essência. Uma das lendas mais antigas deles conta que no lugar onde vivem elevava-se outrora uma cidade imensa, com paredes de rocha polida, quase tão clara e transparente como o cristal. Os construtores daquele tempo, acrescenta a narrativa, tinham conseguido aquele resultado fundindo a pedra de uma determinada maneira, com tanta facilidade como derretemos o mel.

Era, contou-me, um processo através do qual julgavam tornar-se aliados da natureza. Trabalhando assim a rocha, per-

153

mitindo que a luz do dia nela se propagasse, afirmavam livrá-la de sua rusticidade expondo sua alma à luz do Sol. Além da beleza do relato, vede, ele combina perfeitamente com a tradição oral dos anciãos de nossa raça.

O Pai deu-nos a todos a capacidade de aperfeiçoar Sua Criação. É uma afirmação que pode parecer estranha e até mesmo blasfema para alguns, mas, em toda Sua sabedoria, Ele quis fazer de nós, sem cessar, artesãos de Sua divindade.

Da mesma forma que a alma de nossa humanidade é fruto do Seu espírito, a alma de todas as coisas teve origem no Seu coração.

Assim, não há nada bruto em nós e ao nosso redor que não tenhamos o dever e a possibilidade de suavizar.

Aqueles que em todos os tempos sentem-se atraídos a trabalhar com as formas sutis ou densas deste mundo devem ter consciência do sentido sagrado de sua tarefa. Não preciso lembrar-vos, meus irmãos, de que a vida fala através de tudo e para isso nos pede que a ajudemos na justa direção. Aquele que desenvolve ao redor de si as forças da escravidão esculpe, pouco a pouco, os recifes em que se chocará.

"Em todo lugar por onde passardes, reconhecei a vida de Meu Pai," dizia o Mestre, "assim Ele vos reconhecerá e não sereis outra coisa senão ela própria. Por ela e nela acontecerão, então, o que os homens chamam de prodígios."

Oh, sem dúvida deveis achar-me muito douto! — exclamou José de repente, num ímpeto de bom-humor que o forçou a levantar-se. — Se pudesse resumir todas estas palavras numa só, meus amigos, todas estas idéias numa frase! Talvez então fosse possível fazer compreender que é tempo de pararmos de fazer trocadilhos com estas palavras, com estas idéias, como faríamos com as coisas mortas. Na verdade, tudo se resume a um problema de identidade... paremos de nos imaginar diminuídos!

O Caminho dos Essênios

Agora já era noite e a lua, quase cheia e de uma brancura de marfim, lançava no chão nossas sombras unidas. Instante privilegiado em que as almas conseguem tão raramente captar a felicidade que as faz reencontrar-se... Caminhamos assim por algum tempo na noite. Tudo parecia tão simples! Aquele que pensa ter nascido para combater seu vizinho se engana de alvo, dizia comigo mesma.

Pusemo-nos então a falar de tudo e de nada, simplesmente felizes pela leveza do momento, pura e simples alegria de existir, que aqueles que estão ou se dizem investidos de uma "missão" freqüentemente esquecem ou negam.

— Nossa missão é a felicidade! — disse João ao Mestre quando um dia sondava seu coração. — É a felicidade, ou não entendi uma única palavra do que nos ensinas!

Bandos de morcegos passavam acima de nossas cabeças e desapareciam na escuridão da fralda da montanha. Eu não gostava nada daquilo, mas à medida que andávamos ao longo do murinho de pedras ásperas que se estendia até a aldeia, a companhia deles despertava recordações de nossa infância, quando os espreitávamos, tranqüilamente sentados sobre o murinho do recinto no alto da colina.

Quando atingimos o coração da minúscula aldeia, pusemo-nos a andar entre os meandros de suas cabanas e casebres. Apesar do calor persistente da noite, a maioria estava fechada. De uma casinha, no entanto, saía uma tímida claridade com reflexos alaranjados. A porta baixa, mas com dois batentes, estava aberta de par em par, deixando ver a chama vacilante de uma lâmpada a óleo.

Sem nada dizer, Zaqueu foi tomado pelo súbito desejo de entrar na humilde habitação. Lá estavam um homem e uma mulher, sentados em torno de uma grande pedra achatada apoiada sobre dois cepos de árvore habilmente utilizados.

A mulher estava triturando ervas no centro de um peque-

155

no bloco de madeira escavado e um odor de natureza selvagem flutuava na peça. Dizer que ficaram surpresos com nossa visita na verdade seria pouco. Mas quando os primeiros momentos de acanhamento e de embaraçado respeito se dissiparam, uma claridade muito semelhante a um lampejo de felicidade surgiu em seus olhos.

Simão e eu sentíamos muita afeição pelos dois. Além de nos ajudarem com perseverança em nossas colheitas matinais, pensávamos perceber no coração deles um calor e uma espontaneidade que nos faziam dizer: "eles são da família". Para nós eles haviam se transformado numa evocação suplementar de uma verdade que jamais nos deixou: antes de descer para este mundo, há almas que se fazem promessas, marcam encontros às vezes ineficazes, ou que parecem sê-lo, mas que representam, no entanto, o mesmo que olhos piscando ou marcos brancos balizando seu caminho. Assim acontecem com freqüência esses encontros simples, às vezes fugidios, mas dos quais nos lembramos sempre ao longo da vida.

A casinha não estava entre as mais pobres da aldeia; alguns cestos cheios de grãos e de leguminosas amontoavam-se num canto do único aposento. Perto da lareira, num local que lembrava uma pequena gruta escura, havia uma confusão de peles e tecidos desbotados. No meio de tudo, três crianças nuas dormiam em posições felinas.

Enquanto trocávamos algumas palavras, o homem subiu até o celeiro por uma escada precária feita de madeira e cordas, depois reapareceu com uma espécie de banco nas costas. Logo nos acomodamos ao redor da mesa e nos serviram, em copos de argila amarela, um bom gole de vinho ácido, também amarelo.

Quando a conversa em torno de mil coisas cotidianas atingiu o auge, José tomou a palavra, dirigindo ostensivamente o olhar para um nicho entalhado na parede. Lá, sobre uma

O Caminho dos Essênios

tábua, estavam empilhados uns dez pães achatados e com a crosta muito escura.

— Há uma coisa que preciso lembrar-vos... permiti-me apenas pegar um desses pães...

Todos se calaram então, sentindo confusamente que alguma coisa não humana procurava exprimir-se através daquele que acabava de pronunciar aquelas simples palavras.

E como José foi ele próprio se servir, ficou um instante de pé perto da mesa, o pão redondo entre as mãos como se fosse uma oferenda. Em seguida nós o vimos inclinar-se levemente para a frente, enquanto aproximava o pão de sua testa com infinito cuidado. O que estava fazendo nos impôs silêncio até no ritmo de nossa respiração. Compreendemos que há cem maneiras de executar tal gesto; alguns parecerão sempre ridículos e emproados, outros vazios ou mecânicos e por fim há o que é exato, porque não quer provar nada, não procura copiar nenhuma imagem, e responde também a uma necessidade que é um chamamento.

Não víamos quase nada naquele pequeno aposento onde a custo dançava a única chama de uma lâmpada a óleo. Enxergávamos muito pouco, mas o suficiente para sentir brotar a emoção sob as pálpebras de José. O companheiro do Mestre sentou-se finalmente ao nosso lado e sem acrescentar mais nada ao que seu coração tentava transmitir-nos, estendeu um pedaço do pão que acabava de partir a cada um.

— Este é um gesto tão velho quanto a alma do mundo — acabou dizendo. — Trata-se de um ritual inscrito na memória do universo. Não penseis que esteja ligado particularmente a alguma religião ou alguma crença humana.

E enquanto comíamos o pão, procurando entender melhor o que nos fora dado viver, Zaqueu se esforçava por traduzir para nossos anfitriões as palavras que José só conseguira pronunciar na nossa língua.

157

Nasceu então em nós um longo momento de silêncio, talvez de perturbação até, em que os olhos não ousavam se encontrar por prudência.

— Jamais ousastes repetir este gesto, meus amigos, depois que o Mestre o cumpriu diante de nós? — murmurou José.

— Toda alma que é uma taça cheia de paz pode agir assim, desde que o néctar que ela deixa transbordar não seja por sua própria e insignificante vontade. Compreendeis isso?

Zaqueu, que parecia ter-se dobrado sobre si mesmo, levantou a cabeça.

— Podes dizer-nos o que se passa? Por que tamanha força num pedaço de pão, num gesto? Ou quem sabe existe algo que não conseguimos entender e em que só devemos acreditar?

— Não é preciso acreditar, Zaqueu, não mais do que também nada devemos rejeitar. Tudo deve passar pela prova da alma e do corpo. Teu espírito sabe, permite-lhe que fale através deles. O Mestre não cessou de repetir-nos que a floração de nossa consciência é uma graça que devemos acolher em nós. Ela é uma jóia em germinação quando nossa alma se torna disponível.

Mas a crença não fala a mesma língua que a confiança. A crença é cega; ela se apóia quase sempre no pensamento de outros, geralmente no pensamento de alguns seres num dado momento da história dos homens. Nela desenvolvem-se o arbitrário e o subjetivo. Nela se entorpecem os corações frágeis e as almas que adoram a preguiça. A crença, Zaqueu, é a arma dos que não procuram. Agora ainda podes crer? Aliás, já acreditaste alguma vez? Não, tens necessidade de viver e compreender. Como cada um de nós, sabes que tu mesmo deves tomar os caminhos de teu espírito e não deixar que outra vontade o faça em teu lugar.

É preciso somente aceitar ver as portas de nossa compreensão se abrirem, com toda serenidade, uma após a outra,

O Caminho dos Essênios

ou seja, admitir nossa capacidade de englobar vorazmente a totalidade das razões e das sabedorias que constituem este universo. Por enquanto, meus irmãos, eis o que posso dizer-vos a respeito deste pão que acabamos de partir e comer juntos. Todos os que, como Kristos, lembraram este ritual aos homens da Terra sabem que ele é uma matriz e um fermento ao mesmo tempo.

É uma passagem, um rio que corre entre o que chamamos em cima e embaixo. Não importa que outra matéria que o homem possa absorver preencha a mesma função; é o simbolismo dos elementos que a constituem que determina essencialmente sua escolha.

O que é importante no pão é sobretudo a simplicidade e a vida robusta dos seus elementos. Estas particularidades lhe conferem um fogo vital próprio para receber facilmente o fluxo de energia regeneradora que nosso povo chama de "a luz da luz". O ser que oferece o pão entra aí, então, como receptáculo para o sopro do Sem Nome. Ele cumpre seu papel se compreende que a Força invocada naquele instante é a fonte de tudo; constante, ela percorre o oceano dos mundos, por toda eternidade, e espera para derramar-se um pouco mais dos cadinhos nascidos do amor.

Ele também é digno do seu papel se cada um de seus gestos, naquele segundo em que o tempo se expande, jamais se contenta em ser a repetição do precedente. Quando o coração se enterra na areia movediça e se transforma em máquina, meus amigos, ele se assemelha a uma roda girando sobre si mesma, nada mais.

Todo homem poderia ser sacerdote da Luz Eterna se aceitasse pôr-se à inteira disposição do amor que só pede uma coisa: encarnar-se para semear a transmutação, seja do pão, seja de qualquer outra matéria. Assim, compreendei que qualquer um que renove este ritual conscientemente não deve deixar seu próprio pensamento interferir, nem sua vontade, mesmo que ache que esteja fazendo o bem. O "fazer o bem" ainda é humano, meus amigos, e o momento em que a matéria se enche de amor no seu estado puro não poderia ser simplesmente humano.

O amor que o Mestre nos pede que reencontremos não é o sentimento que todos conhecemos. Ninguém tem o direito de defini-lo, mas todos podem senti-lo até a fusão total!

José se interrompeu por um breve instante e passou a mão devagar em sua cabeleira ainda emaranhada pelo pó do caminho. Na pequena cúpula de bronze que servia de lâmpada, o óleo crepitava e espalhava seu cheiro quente. Em seguida, José levantou a cabeça com um sorriso cúmplice no canto dos lábios, dirigindo-se a Simão:

— Simão... sei qual é tua dúvida. Não relaciones fé com o que dizem alguns que, mesmo entre nosso povo, gostam de repetir que é a carne do Mestre que absorvemos com o pão assim repartido. Compreende, antes, que se trata da Força de Vida total, na qual nosso irmão Jeshua fundiu-se completamente no momento de uma extraordinária expansão de consciência. Sua energia na matéria é complementar à dos pães, simplesmente porque a natureza gerou o homem e a mulher, o líquido e o sólido, porque o "dois" dominado em plena consciência faz florir a tripla unidade.

— Mas aquele que come o pão e bebe o vinho, José, muitas vezes não faz definhar tal força? — perguntei-lhe.

— Nossas almas a recebem conforme a limpidez de nossa escuta, Míriam; nossos corações se abrem segundo a chave que cada um de nós está em condições de modelar!

Não se profana o Amor do Eterno... profanamos apenas nossa alma pela baixeza de nossos pensamentos!

Após estas palavras, José se levantou, dirigiu-se aos nossos anfitriões e apertou-os fortemente em seus braços.

— Não sei quem sois — murmurou ele —, porém amais esta montanha ao pé da qual apoiastes vossa casa. Sei que ela é um pouco como o pão que comemos juntos. A seu modo, ela é um útero.

Quando subimos sob a lua a trilha tortuosa que levava ao nosso abrigo, o ar finalmente se tornara mais fresco. Parecia que a parede rochosa cessara de dar-nos seu calor. Gostaria de dormir lá, naquele lugar, e flutuar sobre um mar interior, até o infinito, lá onde não existem barreiras, nem palavras a serem ditas.

Mas naquela longa noite havia alguma coisa ainda no coração de José da família de Arimatéia, algo que imperiosamente queria contar...

Capítulo 9
Ao redor da taça

ENXERGÁVAMOS POUCO NA CASA DE ZAQUEU. ERA COMO SE A claridade amarelada da pequena chama que lá vivia quase permanentemente fosse aspirada pela pedra e pela palha do teto. A pedido de José nos sentamos em círculo ao redor da tímida lâmpada. De cada um de nós só aparecia o brilho do olhar e algumas rugas deformadas pela luz fugidia e dançante
Nosso companheiro desejava que orássemos? Meu corpo, saciado com as novidades do dia, não sentia mais força. Eu gostaria só de me encolher contra Simão e fechar os olhos, mas há horas belas demais para que deixemos à vestimenta de nossa alma a liberdade de ditar sua lei. Há horas demasiado luminosas para que simplesmente as deixemos passar.

José enfiou a mão num saco amarrado à cintura e de lá tirou um pó que espalhou rapidamente ao redor da lâmpada.

— Devo falar-vos ainda sobre *Ei a Wallach* — disse com voz firme, enquanto espalhava o pó. — Ou melhor, devo falar-vos daquele homem, do "filho das veias da Terra" que reina sobre as charnecas e os pântanos dos arredores. Durante todo o tempo que passei a seu lado, nasceu entre nós um sentimento de profunda amizade que logo me levou a pensar que ele devia

O Caminho dos Essênios

fazer de sua terra uma embaixada da palavra de Kristos. A vontade, a clareza de espírito que aquele novo companheiro manifestava a cada dia só conseguiam fortalecer minha sensação inicial. A responsabilidade pela ação sobre a qual quero falar-vos agora é somente minha. Não sei se então o Mestre agiu por meu intermédio, se me inspirou alguns gestos, mas ouso esperar que sim, porque a certeza dos motivos e da necessidade de minha decisão jamais me abandonou.

— Queres dizer que não agiste segundo um pedido expresso de nosso Irmão Jeshua? — perguntou Zaqueu.

— O que dizes é verdade... quanto a tudo o que vos contarei agora. Compreendei bem que nosso Irmão nos legou um tesouro e que entre as jóias desse tesouro estão a responsabilidade e o livre-arbítrio. Quando Ele expressou o desejo de que alguns de nós fossem para regiões distantes, não fez outra recomendação a não ser a de espalharmos o amor; não o Dele, mas o Amor absoluto. Ele não nos legou dogmas a serem implantados aonde fôssemos. O dogma é sempre imposto pela linguagem acanhada dos homens, a linguagem de suas carcaças. O que Ele quis exprimir através de nós foi a grande linguagem do Espírito que reanima os espíritos e não a aparência deles.

Esta força, deveis compreender, passa pela escuta interior e por sua aplicação no exercício da liberdade.

O homem não se torna Homem quando se contenta em querer crescer com o que se fabrica e se digere por ele, no lugar dele. Ele se faz ele mesmo e reencontra seu lugar no Plano do Pai se planta e absorve por si próprio seu alimento desde que sua vontade seja um reflexo e a justa continuação da vontade da Criação.

Assim, meus irmãos, após uma longa noite de oração, cheguei à certeza de que se não há dogmas a comunicar, pode entretanto, haver estruturas a sugerir. O universo do Sem Nome é a própria negação do caos. Todos os grandes ímpetos

163

de consciência que vivemos na presença do Mestre nos provaram isso, como se houvesse necessidade!

Quando falo de estruturas, refiro-me às temporárias, que durem talvez o tempo necessário para que uma civilização possa nascer, respirar, morrer e aceitar o que faltava aos homens num determinado momento de seu despertar. Sei que estas coisas vos perturbam, são noções estranhas à imensa maioria das almas deste mundo. Falo dos povos como falaria de um ser e de seu avanço. Mas na verdade, não é assim mesmo? Tudo funciona à imagem do Todo. As leis que impelem a poeira e o Sol até o último Fim são as mesmas.

Assim, há algumas luas pedi ao "filho das veias da Terra" que reunisse homens em quem ele depositasse mais do que uma simples confiança.

Disse-lhe, e poderia assim ter cumprido minha função: "Reúne os homens do teu povo capazes de melhor encarnar o ideal de Kristos, aqueles cujos olhos sabem mergulhar nas estrelas, mas que têm raízes bem plantadas nas profundezas do solo. Eles devem ser o fermento de uma nova cepa de homens que deverá brotar sobre imensos territórios. Mas não os escolhas realmente... deixa que eles mesmos se escolham porque assim a ordem do mundo é concebida desde sempre. Não há almas eleitas, há almas que têm a coragem de se eleger! Faz o chamado pronunciando as palavras do Kristos, depois deixa o tempo agir e retirar o limo de todas as vontades que se apresentarem.

Eu te abrirei o fundo do meu coração. Parece-me indispensável criar a partir daqui uma Fraternidade de homens capazes de fazer respeitar apenas com sua presença as mais simples leis de amor e de tolerância.

Os homens destas charnecas e de todas as terras que percorri para chegar a ti são rudes demais, e seus sacerdotes, se têm olhares de luz, são sábios demais, e muito afastados da

O Caminho dos Essênios

linguagem despojada de que o coração necessita.

Os que virão a ti deverão ser semelhantes na aparência a todos os homens da tua região. Pouco importa que carreguem a espada e o facão, se eles dão segurança e ainda geram respeito. Que façam somente a promessa de jamais, jamais mesmo, brandirem sua lâmina para o alto sem serem obrigados a isso. Do fundo da minha consciência eu só poderia conceber duas razões para tanto: a defesa do oprimido e a proteção última de sua própria vida. Eles deverão, acima de tudo, sentir-se sacerdotes do Kristos no íntimo do seu coração! Se assim deve ser, que essa Fraternidade de homens não possua bens, como os de Essânia que acompanharam o Mestre."

Agora, Zaqueu, Míriam e Simão, escutai-me. Mais de quarenta se apresentaram ao longo dos dias para cumprir semelhante tarefa... e quarenta definharam sob os golpes do orgulho, do poder, do desejo ou da debilidade, sobrando não mais do que onze.

Diante de todas as implicações do relato de José, levantei-me e uma pergunta me queimava os lábios.

— Devemos compreender, José, que suscitaste a criação de uma Fraternidade de sacerdotes-guerreiros?

— Não, Míriam, e vós também, meus amigos, não interpreteis minhas palavras nesse sentido.

Trata-se de uma Fraternidade de sacerdotes, mas não guerreiros, com certeza. Eles precisam ser sacerdotes no sentido primordial do termo; devem servir de ponte entre a luz revelada pelo Mestre e as baixezas de nossa Terra; devem ser evocações constantes do "sagrado" que se esconde por trás de todas as coisas. Mas eles não podem ser guerreiros, porque não há guerra a travar e principalmente não pode haver, pois se trata da força que estamos encarregados de propagar. Existem simplesmente injustiças a evitar e seres a proteger. Assim, se aqueles homens vierem a sacar a espada, isso deve acontecer

Anne e Daniel Meurois - Givaudan

sem ódio e sem o ardor corrosivo da agressão. Lembra-te do Mestre quando, com um chicote, derrubou os balcões e expulsou os mercadores do adro do Templo! Nem sempre violência é brutalidade, nem a cólera é inseparável do ódio! O verdadeiro sábio não ignora que deve utilizar a linguagem daqueles a quem se dirige. Há almas que ainda são como o granito na superfície do solo, e não toleram que alguém se dirija a elas com a leveza de uma pluma.

José se interrompeu bruscamente e todos sentimos necessidade de conter a respiração. Fora, na aldeia lá embaixo, cães tinham começado a latir de maneira incomum.

Zaqueu empurrou a frágil porta do abrigo e apuramos os ouvidos. O alarido dos cães aumentava e o passo de um cavalo sofreado parecia agora misturar-se a eles.

Nosso anfitrião se levantou então e evidentemente inquieto precipitou-se para fora sem uma palavra. Incapazes de compreender, juntamo-nos a ele, nós também mudos. A noite ainda estava clara e logo vimos sua silhueta curvada sobre o murinho perto dos loureiros.

— Calai-vos — disse ele, como se conseguisse decifrar todas as nossas perguntas contidas. E mal falou com voz abafada, seu olhar mergulhou no vácuo, na direção de alguns telhados que a custo percebíamos.

Os cães continuavam a latir e havia mesmo barulho de cavalos...

— São bem uma dezena, por certo — cochichou Zaqueu.

— A última vez que ouvi isso em plena noite, foi quando chegou um bando de ladrões. Nada pudemos fazer, eles queimaram a maioria das casas e deixaram muitos mortos.

— Serão romanos, talvez?

— É bem raro que venham aqui e certamente não a esta hora. Ninguém se atreve a viajar em plena noite!

Ficamos parados assim por longo tempo, sem acrescentar

166

O Caminho dos Essênios

palavra ao que fora dito. Que devíamos fazer? Sacar a espada, como fariam aqueles homens de cuja existência José acabara de falar? Disse a mim mesma que Simão, Levi e Iscariote[1] teriam agido assim antigamente... com freqüência andavam armados e às vezes muito próximos dos zelotas. Naqueles instantes de tensão, eis que eu quase começava a compreendê-los! Embaixo, nas vielas, nada de luz, nenhum chamado, ninguém brandindo uma tocha. Enfim, contrariando a expectativa, os cães se acalmaram e só alguns relinchos subiram ainda até nós, decuplicados pelo eco que a montanha devolvia.

— Teremos a resposta amanhã — disse Simão —, se houvesse alguma coisa a temer, já estaríamos sabendo.

Quase tivemos vontade de rir, achando que ele tinha razão, voltamos com passos tranqüilos para a casa de Zaqueu. A pequena chama com cheiro bom de óleo espesso continuava lá, vacilante mas transmitindo paz, no centro da peça.

José tinha pressa em retomar sua narrativa e mesmo que devêssemos passar assim a noite, aquelas horas eram tão belas, tão plenas da presença do Mestre para que as deixássemos escapar.

— Tirando o "filho das veias da Terra", são portanto onze os que pronunciaram o voto de Fraternidade — continuou nosso companheiro. — Os símbolos são de seres de uma outra Terra, aos quais às vezes podemos pedir assistência, as formas devem ser suas aliadas. Convoquei então todos esses homens a se reunirem regularmente ao redor de uma mesa de pedra quadrada, cuja existência alguns conhecem, no fundo de um labirinto subterrâneo próximo a *Ei a Wallach*. Lá eles organizarão o estabelecimento do seu reino e tomarão todas as decisões na direção do equilíbrio. Lembrei-lhes que o quadrado representa uma base estável para todas as coisas, mas que aquele quadrado um dia deverá se estender num círculo, atraindo para si

---

1 — Pedro, Mateus e Judas.

a fluidez da abóbada celeste, para que uma água flua entre a Terra e as estrelas.

Percebi então que uma compreensão semelhante das coisas lhes fora transmitida por um bardo e que a rota que eu lhes propunha já estava meio traçada neles. Mas vede, meus irmãos, como Kristos o imprimiu em nossa memória, eu lhes fiz ver que, com seu rei, eles eram doze e que a luz do doze, se traz em si uma espécie de acabamento e perfeição, engendra também uma morte, a necessidade de uma passagem e de uma transmutação!

Hoje, digo-vos, meu coração está feliz, pois aquele a quem chamo "filho das veias da Terra" veio um dia pessoalmente anunciar-me a decisão que devia tomar.

— Vou pôr uma décima terceira cadeira ao redor da mesa — garantiu-me ele. — Mas acho que ela ficará vazia por muito tempo. Só quero vê-la ocupada por um homem cujo coração seja semelhante à taça que trazes contigo sempre. Se existir, esse homem saberá conduzir este reino até o ponto de encontro com a substância do Awen. Duvido que eu mesmo veja isso acontecer um dia, mas a cadeira vazia nos lembrará nossa expectativa, nossa esperança e também nosso ideal. É bom que um objeto às vezes possa falar-nos, pois nossa memória e nossa vontade são tão frágeis!

Assim que se expressou dessa forma, soube que estava certo e acrescentou:

— Se um dia alguém for capaz de sentar-se naquele lugar, dize-lhe que sua chegada foi sem dúvida gerada por todos vós... será também a prova de que vosso amor foi tão forte que conseguiu criar um pensamento capaz de agir neste mundo.

A pequena lâmpada de Zaqueu espalhava seus últimos clarões com dificuldade. Acabou por se extinguir em meio ao silêncio, quando nosso companheiro pousou sua mão sobre a mão de José.

O Caminho dos Essênios

— Esta taça de pedra — dize-nos —, que pretendes fazer com ela?

A escuridão era total e tudo se passou como se, dotada de uma vontade secreta, sua própria densidade retardasse a resposta à pergunta de Zaqueu.

— Sua destinação exata ainda me escapa. Sei simplesmente que onde quer que vá eu levo comigo alguma coisa que não é humana no sentido que o entendemos. Sei também que o pensamento de Kristos continua mantendo seu poder dinamizador. Por isso sua radiação pode abalar a alma de mais de um homem. É um espelho, sabeis? Um espelho tão belo como a água de um lago que nos obriga a ver em paralelo a imagem que nos comprazemos em ter e a imagem do que fundamentalmente somos... tudo amor no coração do Pai. É uma imagem às vezes insustentável e que abala nossa estrutura. É uma chama que mostra não apenas toda a sujeira da nossa alma mas também o que nos agrada pensar a nosso respeito e que é o último reduto da vaidade.

Oh, meus irmãos, não imagineis principalmente que se nossa pequena lâmpada se extinguiu de repente foi apenas porque o óleo acabou. Sempre existem sopros que não enxergamos!

Ouvimos José se mexendo e depois sair tateando até uma extremidade da peça. Ninguém ousava fazer qualquer comentário. Sob nosso teto só havia o ruído de alguns utensílios tirados do lugar e o roçar de tecidos. Lá fora, porém, uma coruja piava há bastante tempo ao longe e dava a impressão de conversar com seu eco.

— Ei-la — murmurou José esgueirando-se de novo entre nós.

Senti Simão pegar minha mão e lembro-me ainda de que disse a mim mesma que aquela noite não acabaria; ela tinha gerado uma força tão mágica, um amor tão claro cujo nome não sabemos... Sabemos apenas que existe quando o vivencia-

169

mos, como um olho que se abre em nós!

— Ei-la! Não é necessário contemplá-la. Na verdade, basta-nos saber que ela está aqui, no meio de nós. Não passa de um pedaço de pedra talhada, mas...

Compreendemos que José tinha um nó na garganta e não queria continuar falando por mais tempo.

— ... eu mesmo já não olho para ela há muito tempo. Não me atrevo mais... ela desperta tantas coisas!

Na escuridão do aposento, a voz de nosso companheiro suspendeu aqui seu vôo. Ela nos deixou bruscamente a sós, conosco mesmos e aquela Presença. Eu quis então visualizar aquela Presença, a pequena taça de pedra escondida nas dobras de um quadrado de linho branco, o receptáculo tão discreto de toda a alegria do Mestre!

O tempo passou, logo senti minhas têmporas pulsando, depois todo meu ser se transformou num tambor. Eu parecia uma pele estendida sobre a qual pisavam os peregrinos na entrada do templo de Heliópolis. As paisagens do país da Terra Vermelha e as colinas áridas da Judéia começavam a desfilar em mim e cada uma de suas pedras parecia querer martelar minha alma.

Eu não sabia mais onde estava... tudo se modificara tão de repente! Onde estavam minhas pernas, minhas mãos? A vida tinha-se retirado, só havia o vazio! No entanto, que Paz lá embaixo, bem no fundo daquele tumulto da alma! Eu precisava ir até ela, tocá-la... mesmo que só com a ponta dos dedos! Então, com a rapidez do raio, vi uma grande cortina rasgando-se e abrindo-se.

Vi-me numa sala enorme, toda branca, tão límpida, tão cheia de luz que suas paredes eram quase transparentes. Havia também duas filas de colunatas que se erguiam na direção de um teto tão alto que eu não lhe captava a realidade

— Míriam...

O Caminho dos Essênios

Uma voz insinuou-se em meu centro, viva e fresca como um regato na montanha.

— Míriam...

Comecei a distinguir uma silhueta a alguns passos de mim, ela própria tão imaculada que parecia saída da matéria daquele lugar.

— Míriam... — repetiu de novo a voz, despertando agora uma onda de recordações.

Avancei na direção da silhueta. Eu sabia... só podia ser ela! Vi seu rosto, suas mãos, seus pés nus que sempre pareciam roçar de leve o solo... a mãe do Mestre!

— É Seu coração que te é oferecido, Míriam. Aquele a cuja carne dei forma é meu irmão e meu esposo em espírito perante o Eterno. Recebe a presença desta taça como aceitas o fluxo de amor que brota do Seu coração. Ela é Sua essência completa que perdura entre vós. Ela é forma e símbolo porque Ele mesmo é forma e símbolo; porque vós também deveis manejar a forma e o símbolo, a matéria e a idéia divina que lhe dá forma.

Vê, Míriam, esta pedra escavada no fundo do teu ser. Ela aparece aí do mesmo modo que surge na origem de todos aqueles que não pensam mais na sua existência. O coração é uma taça. Meu irmão, o Kristos, estará de novo entre vós no dia em que centenas de milhões de seres tiverem compreendido isso. Será quando a humanidade, abandonando suas diferenças formar uma vontade única, um coração único, como um receptáculo. É preciso chamar para ser ouvido, Míriam... é preciso também fazer a metade do caminho.

Respira agora o perfume que esta taça exala, eu digo claramente o perfume, porque não é cheiro de sangue. Jamais houve sangue que deveria ser bebido, nem sacrifícios. Tudo se cumpriu no amor e o amor é apenas doação e alegria. O sacrifício, compreende bem, é uma mortificação, uma frustração. A taça do Kristos representa o inverso disso, ela é o total desabrochar das faculdades de amar e de viver do homem que se reencontrou.

Vejo alguns que revolvem a terra e suas rochas para fazê-la sua... se começarem a revolver a si mesmos, voltando ao lugar de onde eles vêm, verão que ela os aguarda lá. Haveria tantas coisas a dizer, Míriam, mas na verdade a compreensão é tão simples!

De repente, senti um estalo horrível em mim e a impressão insuportável de estar caindo no meu corpo como no fundo de um precipício. Eu estava outra vez em plena escuridão, a nuca tensa, minha mão na de Simão e lá fora alguém gritava com voz rouca:

— José, José!

Todos saltamos e adivinhamos que nosso companheiro escondia às pressas seu precioso fardo. José murmurou algo incompreensível; depois, parecendo recompor as forças, de repente, disse:

— Conheço esta voz!

Não nos movemos. Lá fora, ruídos de passos apressados e ranger de gonzos multiplicavam-se. José então levantou-se, passou por cima de nós, fez a porta de nosso abrigo girar e saiu. A claridade esbranquiçada da lua que veio roçar nossos corpos entorpecidos foi quase uma agressão.

Houve explosões de vozes, de surpresa, de alegria ou de medo, não sabíamos mais nada, mas todas acabaram de tirar-nos de nosso torpor.

Encontramos José diante de quatro ou cinco silhuetas, entre as quais uma longilínea e aparentemente muito austera, de um sacerdote de Kal. A princípio só percebi uma série de abraços interrompidos por trechos de frases apressadas. Afastado, de olhos arregalados diante daquele espetáculo, estava um homenzinho atarracado, de calças pretas; era da

O Caminho dos Essênios

aldeia lá de baixo e segurava uma tocha com uma chama nauseabunda.

Logo foram feitas as apresentações. Nossos visitantes vinham das terras do norte, de uma região onde José tinha ficado antes de partir para Ei a Wallach. Aquilo parecia, explicou um deles a Simão, um enorme rochedo [2] brotando no coração de uma profunda floresta. Depois, por milhas e milhas as terras se misturavam com areia, e a areia com as águas salgadas, em intermináveis faixas pantanosas.

Sobre aquele rochedo fora erguido um templo de pedras onde uma gigantesca fogueira era constantemente alimentada. As tradições afirmavam que um ser de luz descera lá em tempos remotos e teria dado ao nosso mundo o equilíbrio de suas formas.

José voltou-se para nós, o olhar mostrando inquietação:

— Partirei logo que o dia clarear. Minha alma e meu corpo, no entanto, gostariam de descansar junto a vós. É minha irmã quem envia estes homens. Mais de um ano após nossa chegada à Terra de Kal, ela veio encontrar-me num determinado lugar. Teve que fugir do nosso país. Lá embaixo as ordens de Roma tornam a vida dos nossos cada vez mais difícil. Falaram-me em massacres, mas não tenho detalhes.

Agora, é mais ao norte que ela está em perigo, é o que eles vieram dizer-me. O comando romano teria conseguido levantar a população contra ela e seus dois filhos que a acompanham.

O sacerdote cuja cabeleira clara era desmesuradamente longa saiu de sua reserva e se aproximou de José para participar da conversa. Meu olhar fora atraído por seu peitoral de metal dourado que lembrava o desenho de um machado de duas lâminas acima de um círculo. O homem era magro e jovem ainda. Sua voz, no entanto, lembrava a de um velho. Certamente era a voz de um ser modificado por jejuns e inten-

---

2 — O atual Monte Saint-Michel.

Anne e Daniel Meurois - Givaudan

sos confrontos consigo mesmo. Alguém que devia ter sofrido na carne, mas não se deixara apanhar pelas areias movediças da amargura. Por isso seus olhos murmuravam tantas palavras de bondade e humildade.

Ao dirigir-se para nós, José o apertou com força entre os braços, segundo o costume do nosso povo.

— Eis meu irmão — disse ele —, mais um irmão! Os homens que o acompanham ajudam-no a organizar uma rede de comunicação discreta, que liga uma aldeia a outra, uma região a outra. Isto facilitará a viagem do pensamento do Mestre e de todos os que o propagam também! Nosso objetivo é revelar uma trama imensa, até agora invisível, mas desde já tecida por milhares de almas que estão à espera umas das outras.

O druida começou a sorrir ouvindo aquelas palavras. Meditava, depois começou a expressar-se numa língua que nos pareceu áspera e da qual José precisou ser intérprete.

— Bem antes de nos termos encontrado, fui instruído por um bardo chamado Myrdrinn. Ele também percorria terras inteiras. Por ocasião de nosso último encontro, disse-me:

"Eis que há mais ou menos quarenta anos as estrelas me falaram, e depois de tê-las ouvido muito, bem compreendi que milhões de almas da mesma família tinham tomado corpo naqueles dias pelo mesmo motivo, com o mesmo destino."

Hoje sei porque guardei estas palavras mais do que outras.

Então, com meus companheiros, com toda a força do meu coração, resolvi fazer o possível para voltar a unir os membros daquela família; acho que finalmente compreendi que aquela família não devia se transformar numa espécie de fraternidade que se reúne secretamente e se expressa numa linguagem particular, só conhecida por ela!

— Sim — continuou José —, se é chegada a hora de nos

174

O Caminho dos Essênios

lembrarmos de todos os nossos encontros e de todos os votos que trocamos, não devemos crer que estamos criando uma nova fraternidade, a Fraternidade de Kristos. Eu vos digo, esta sempre existiu e toda forma de vida está ligada a ela, mesmo no fundo da negligência mais pegajosa.

Não sei mais como terminou aquela conversa, nem quanto tempo ficamos lá sob as estrelas, entre o pio da coruja e o crepitar da tocha. Tenho apenas a lembrança de um vento tépido, que nos empurrou para os abrigos do rochedo e da erva seca que pusemos no chão para servir de cama. E depois, principalmente, sob minhas pálpebras de chumbo, aquela presença da mãe do Mestre que, entre coisas tão complicadas, continuava a ressoar no centro da minha cabeça.

"Haveria tantas coisas a dizer, Míriam, mas na verdade a compreensão é tão simples!"

Capítulo 10
Espadas vermelhas sobre vestes brancas

JOSÉ, DA FAMÍLIA DE ARIMATÉIA, NOS DEIXOU CONFORME HAVIA anunciado, tão repentinamente como chegara.

Alguns dias mais tarde, nós também abandonamos os abrigos da "grande fenda". Nosso lugar não era lá. Não devíamos nos agarrar demais àqueles rochedos quentes nem nos afeiçoar muito à agradável segurança de Zaqueu e seus companheiros.

Talvez nosso irmão terminasse seus dias entre eles. Talvez! Uma voz secreta me levava a crer que não voltaria a vê-lo.

Mas com o vulcão adormecido que tínhamos no coração, pouco importava. Antes de mais nada, devíamos partir! Mais uma vez os caminhos se abriam.

Simão queria descer novamente até as terras do sul. Elas tinham para ele um travo amargo. Ele não conseguia imaginar que não encontraria lá, finalmente, alguém a quem estava destinada sua preciosa carga de pergaminhos.

— Eles às vezes me queimam o ombro — dizia quando estávamos a sós. — Ainda não captei o alcance de seus escritos, mas vejo-os como um elo numa grande corrente que nos ultrapassa e nos projeta além dos séculos

O Caminho dos Essênios

Quando retomamos o caminho dos extensos planaltos, depois o das florestas densas, a natureza nos recebeu outra vez vestidos de branco.

Ao anúncio de nossa partida, nossos amigos da aldeia nos presentearam com uma ampla veste imaculada. No dia de nossa despedida nós as pusemos emocionados, mas acho que sem orgulho. A partir daquele instante, compreendi porque nos foram oferecidas.

Sob o outono que estendia seu manto ocre, aconteceram jornadas inteiras perdidas entre fetos, pinheiros e castanheiras. Todas as tardes, quando nossos passos diminuíam, sentíamos prazer em seguir com o olhar a curva do sol que avermelhava as colinas. Na hora em que ele desaparecia atrás da linha das florestas, um velho ritual de Essânia ressurgia em nós e sentíamos imensa felicidade estendendo-nos com o rosto contra o chão, a cabeça voltada para seus últimos raios. Era nossa maneira de alimentarmos nossas próprias brasas e ligar-nos à Força que nos permitira caminhar até lá.

Daquelas longas jornadas, nenhum cansaço ficou registrado em nossa memória; o avanço silencioso de nossas duas silhuetas era regularmente pontuado pelo encontro com bandos de porcos selvagens ferozes como javalis e manadas de cervos que fugiam à nossa aproximação.

Um entardecer, quando tínhamos recusado o convite de um grupo de caçadores e suas mulheres, vimos um bando de dez ou doze animais, a cabeça baixa e o torso largo. Pareciam cães enormes, que se divertiam escoltando-nos na orla da floresta. Deviam ser os lobos de que nos tinham falado, mas que ainda não víramos. Lembro de ter-me surpreendido discutindo espontaneamente com eles no silêncio de minha alma.

Eu caminhava atrás de Simão. A erva queimada ainda estava alta e abríamos caminho através dela com largas passadas, resmungando por causa do pólen que voava. No entanto, meu olhar não se afastou logo dos animais; curiosamente eu não sentia o menor medo. Sem refletir pus-me a chamá-los de "meus irmãos" e comecei a vê-los quase como peregrinos. E sem dúvida eram peregrinos! Merece outro nome quem, animal ou homem, está plenamente em sua vida, nem mergulhado na direção do futuro nem ruminando o passado, mas encarnado até a ponta das unhas, presente na correção dos seus gestos, centrado na orientação do seu coração?

Eu não podia deixar de amar aqueles estranhos peregrinos, testemunhos de uma outra vida, de uma outra consciência tão verdadeiras quanto as nossas. Será que um dia o homem se lembrará afinal dos tempos em que sua alma respirava como a do animal, da planta e da pedra?

"Oh, não são fábulas", Zérah afirmara à pequena Míriam. "Achas que o homem sempre foi homem? A vida é a vida de sempre. O amor é amor por toda a eternidade, mas o homem que vês e que te fala neste momento só se chama homem por um breve instante. Ele deverá tomar outra forma, entendes? Tudo isso porque a Vida é um pensamento que cresce, cresce mais e sempre. Não há nada demasiado pequeno ou insignificante para que ele não o habite e que o impeça de fazê-lo crescer.

Essa Vida, Míriam, é sobretudo uma consciência, é a consciência. Podes chamá-la de 'Sem Nome' ou 'Eterno' ou não lhe dar nome algum, não tem importância. A única coisa que importa é respeitá-la e procurar compreender por que vives um pouco nela, em toda parte. E em toda parte quer dizer exatamente em todo lugar!"

Foi-me difícil captar o olhar daquelas criaturas na orla da floresta. Mas quando consegui, num segundo de fulgor, soube que Zérah falara a verdade. De onde poderia vir aquela chama num olhar? De lá onde a terra sumia? Do grande fundo do universo? Mas não havia fundo! Ela vinha exatamente do

O Caminho dos Essênios

mesmo impulso que me fazia respirar. Parecia-me que, se um dia eu não a amasse mais, ou devesse forçar-me a amá-la, eu não estaria mais reconhecendo minha própria origem.

Perdemos facilmente uma página no Grande Livro da Vida! Tão misteriosamente como tinham vindo, os lobos desapareceram, com a discrição de todos os seres que estão incorporados à natureza.

Às vezes a montanha estava seca e arroxeada e nos perdíamos em imensidões de urzes, lá onde as veredas dos pastores se desfiavam. Então, como única esperança, espreitávamos no horizonte a fumaça que sempre subia das aldeias. O céu logo se tornou mais pesado e as estrelas raramente apareciam. Quando acontecia de Lua-Sol piscar alguns instantes, atrás das ramagens de nossos abrigos improvisados, era uma festa, uma alegria simples mas que reavivava lembranças persistentes.

Como aquela Terra de Kal nos parecia deserta! Extensões tão grandes para tão poucos homens... estes tão diferentes, com tal variedade! Por que, então, chamá-la "Terra de Kal", quando lá a natureza mostrava tantas faces e os seres quase nada sabiam de seus semelhantes de uma milha a outra?

No entanto, diante de um conjunto tão belo quanto esparso, devia existir alguma coisa que sugeria aquela sensação confusa de unidade! Algumas vias secretas, itinerários obrigatórios para um determinado acabamento das coisas? Contudo, quanto mais nossos passos desciam para o sul, mais nos parecia que o ar se enchia de azul e branco e achávamos estar nos aproximando de "nossas" praias.

Assim, continuamos incansavelmente durante semanas, sem outro plano definido, a não ser confiar no que encontraríamos. Na verdade, não paramos em nenhum dos lugarejos pelos quais passamos. Uma força nos obrigava a descer sempre.

Um dia, uma linha imprecisa de um azul escuro desenrolou-se no horizonte, ao longe. Era o mar e com ele uma série de grandes espaços prateados, os pântanos. As últimas cigarras ainda vibravam no cerrado e longas faixas de aves pernaltas e mudas estiravam-se sob o leito de nuvens. Rapidamente nova trilha nos levou à meia-encosta de uma espécie de pico recoberto parcialmente por pinheiros. Uma costa de terras arenosas estendia-se a nossos pés, onde apareciam, um depois do outro, os contornos informes de pequenas aldeias lacustres.

— Se estais indo para Nemesus, é por ali...

Um cavaleiro se aproximara por trás de nós, silenciosamente. Apenas o som claro de sua voz nos anunciou sua presença e fez com que nos voltássemos. Instintivamente estremecemos. Era um romano. O homem estava altivamente ereto sobre sua montaria e lhe alisava a crina com força. Sem dúvida estava viajando desde o amanhecer, pois tinha enrolado seu manto púrpura atravessado no peito e o couro escuro da sua roupagem estava coberto de poeira. Seu rosto ostentava um largo sorriso e os olhos brilhavam. Estava visivelmente encantado com a reação de medo que acabara de provocar.

Respondemos que sim, com um sinal de cabeça. Então, com um humor tagarela, ele continuou:

— Tendes um bocado de caminho pela frente daqui até lá! Mas, em vosso lugar, eu não iria pela costa. Há confusões lá embaixo. E se aceitais meu conselho, não estais vestidos para ir lá!

Simão deu alguns passos na direção do homem:

— Que significa não estar vestido para ir lá?

— Vamos... não sei de onde vindes, mas não estais querendo dizer que ignorais o que está acontecendo!

Sem dúvida nosso mutismo foi eloqüente, pois o romano bateu na montaria para aproximá-la de nós. Pude distinguir melhor o seu rosto. Era a face de um homem maduro, com rugas profundas que sugeriam longas rotas, disciplina e com-

O Caminho dos Essênios

bates. Parecia, também, o rosto de um homem bom e naturalmente alegre.

— Caso realmente não o saibais, há um bando de homens parecidos convosco que semeia a desordem por onde passa, inclusive Nemesus. Eles incitam o povo à rebelião contra César por causa de um deus qualquer... e, acreditai, não hesitam em brandir a espada! Estas palavras tiveram sobre nós o efeito de um raio. Não parecia possível que os nossos tivessem conseguido chegar lá. Devia haver algum engano. Além do mais, pensei imediatamente, o que significam uma veste branca e cabelos longos? Certamente são os sacerdotes de Kal que pegaram em armas!

Mas como se lesse meu pensamento, o romano continuou:

— Eles atravessaram o mar há mais de um ano; digo-vos, eles se parecem convosco. Conheço alguns companheiros meus que já vos teriam acorrentado se vos vissem aqui! Não tendes armas?

Simão fez um sinal negativo com a cabeça.

— Não sei o que quereis, mas eu vos digo: passai pela montanha se quiserdes ter alguma chance de evitar aborrecimentos. Saudações.

Com isto o soldado reergueu o queixo com um gesto seco e reassumiu toda a dignidade de um oficial romano. Bateu com uma correia no pescoço do cavalo e passou por nós num trote miúdo, indo pela trilha estreita no flanco da montanha.

Ficamos lá alguns instantes, completamente atordoados. Simão acabou encontrando uma grande pedra sobre a qual depôs seu saco de pano e sentou-se. Uma porção de idéias nos assaltaram, como um enxame de moscas. Pareciam dúvida, cólera, revolta e repulsa, enfim. Cada um de nós, no entanto, queria formulá-las além das palavras, num silêncio que sentíamos dever cultivar.

181

Depois dos longos meses de paz junto a Zaqueu, a dor e a perturbação afloravam de novo. Eu sentia necessidade de deixar florescer em mim uma velha prática de nosso povo que não tem idade, um apelo ao Grande Oceano de Plenitude. Como todo o amor do mundo, era preciso tecer uma esfera toda azul, como o ouro das terras invisíveis. Era preciso dar-lhe forma acima da cabeça e fazê-la descer pouco a pouco até o coração do feixe traçado pelo espírito, a chama frontal, depois até o centro da cabeça e por fim, lentamente, até o côncavo do estômago pois, se lá se enraíza o centro dos temores, lá também pode abrir-se o ovo da serenidade que deseja encarnar-se.

Simão levantou-se:

— Seja lá o que for, devemos ir adiante. Mesmo que seja apenas por este encontro e por esta notícia que tenhamos vindo até aqui, devemos ir. Não podemos fechar os olhos.

Com o coração um pouco mais em paz, mas cheio de interrogações, retomamos o caminho. Tínhamos resolvido continuar até a próxima aldeia, cujas formas já se recortavam não longe dali sobre uma encosta, depois pensaríamos. Além do mais, ainda teríamos tempo de evitar a planície se fosse necessário.

Como pareceu estranha aquela descida na direção dos telhados de pedra que percebíamos no rumo de um pequeno bosque de oliveiras e tamargueiras. Devíamos temer uma chuva de pedregulhos ou será que podíamos esperar almas receptivas como uma taça?

"... mas não há alma que não tenha sede", dizia o Mestre com freqüência. "Mesmo no fundo de vossa recusa, todos vós tendes sede. Na verdade, por que Meu Pai teria vos dado um corpo, se não fosse para responder ao chamado de vossa alma?"

Nossos primeiros passos na aldeia nos gelaram de horror. Por todo lado havia corpos no chão da única viela, a maioria

O Caminho dos Essênios

mutilados e exangues. Nem mulheres e crianças tinham sido poupadas. O massacre devia ter acontecido na véspera, porque o sangue que recobria os corpos já estava seco e absorvido pela terra. Só um cachorro andava por lá ganindo, farejando todos os casebres.

A náusea tomou conta de mim. Simão e eu tínhamos visto uma vez uma carnificina igual àquela há muito tempo, quase num outro mundo, em Genesaré.

Tínhamos que tomar uma decisão: ou passar rapidamente ou nos demorarmos lá, para ter certeza de que não havia ninguém precisando de socorro. No fundo de nós, não era questão de escolher. Não podia haver duas soluções. Os olhos de Simão e os meus se encontraram uma fração de segundo e começamos a empurrar uma após outra as portas das habitações. Dentro, quase sempre era o mesmo espetáculo horrível, corpos sem vida em meio a uma desordem indescritível. E no entanto era preciso continuar. De repente, na penumbra de um aposento bem baixo onde a palha era armazenada, vi Simão saltar de lado, como se tivesse sido agarrado pela parede:

— Nem mais um passo!

Uma voz raivosa saiu da escuridão que acabara de engolfar Simão. Fiquei petrificada. Alguma coisa que eu não conseguia distinguir pôs-se a remexer na palha. Vi a silhueta de Simão reaparecer aos poucos. Estava firmemente seguro por alguém que encostava um facão na sua garganta. Era um homem baixo e rechonchudo. Transpirava por todo corpo e tremia, com os membros extremamente tensos

— Por que voltastes? — gritou.

Por um instante Simão tentou livrar-se, mas o homem, agora encostado à parede, o imobilizava, mal lhe permitindo articular algumas palavras.

— Que dizes? Nunca estivemos aqui... explica-nos. Estamos andando há semanas... não sabemos o que aconteceu. Acredita em mim, tudo o que queremos é paz.

Tudo o que recebemos como resposta foi um riso sarcástico. Tomado por uma tensão que aumentava, o homem transpirava e ofegava mais ainda.

Meu olhar finalmente se acostumara à penumbra e agora eu o via melhor, tinha uns cinqüenta anos, era calvo, o rosto estava afogueado, os olhos dilatados. Não passava de um monte de medo e ódio que nada parecia poder apaziguar.

— Vês que não estamos armados — disse-lhe, tentando reunir as forças que me fugiam. — Dize-nos apenas o que aconteceu aqui. Se não pudermos ajudar-te, partiremos...

O homem voltou a gritar.

— Ajudar-me? Se não fosse todo este horror, eu só poderia rir do que me dizes! Ajudar-me! Vistes aonde nos levastes? Vós e os outros é a mesma coisa... embora nunca tenhais vindo aqui!

Se não houvesse aquele facão na garganta de Simão, sem dúvida eu teria caído no chão, desfalecida. Já que o romano falara a verdade, não havia mais nada a compreender. Assim, éramos apenas uns poucos tentando fazer viver todo o amor que o Mestre revelara em nossos corações.

Se todos os outros tinham esquecido, em que poderiam ajudar José, Zaqueu, Marta, Simão, Míriam e alguns outros cujos nomes se dispersavam como folhas ao vento? Era o fim do sonho de um bando de alucinados cheios de orgulho?

— Escuta — disse Simão tentando acalmar a respiração —, não estou entendendo bem o que nos contas, mas se foram os nossos que engendraram este massacre, não conseguirei mais usar esta veste. Se tua vontade é tirar-me a vida, permite-me ao menos saber por quê.

Sem refletir, levei as duas mãos ao rosto, talvez para extrair um pouco da energia que estava fugindo. Minhas pálpebras se fecharam na palma das minhas mãos, por apenas um segundo,

O Caminho dos Essênios

mas um segundo tão bonito! O tempo para que o rosto do Mestre aparecesse, fugidio mas aureolado de uma enorme paz! Não esquecerei jamais Seu olhar, naquele instante, era igual ao que me dirigira quando carregava aquela barra de madeira pelas vielas de Jerusalém. Um olhar que era um sorriso, através do qual Ele dizia:

"Vês, Míriam, por que chorar? O sonho de que cada dia é feito permitirá enfim que acordes se aceitares sua matéria pelo que ela é: uma chance de compreender. Não, não te deixes apanhar pela dor, passa através dela..."

Um fluxo de paz desceu então sobre mim, como se um dedo de luz tivesse me coberto com um manto de silêncio.

Naquele momento comecei a amar o homem do facão. De repente não era mais um ser ameaçador e raivoso que dominava Simão, mas alguém dilacerado, que chorava sem lágrimas e só conseguia gritar de medo.

Foi por causa de milhares de situações iguais àquela que Kristos veio ao nosso encontro. A felicidade jamais gera violência.

"Se afastas de ti o braço que sabe apenas brandir a espada, nutres um pouco mais seu apetite feroz. Portanto, ama. Ama o mal não por temor, mas por amor ao amor."

Eu guardara estas palavras outrora, às margens do mar da Galiléia, e somente agora as descobria.

Sem dúvida algo se produziu nas radiações de nossos corpos que se entrechocavam. Nossas muralhas caíram. O homenzinho de rosto afogueado baixou o facão e caiu em pranto. Finalmente relaxou e eu o vi arrastar-se atrás dos feixes de palha, lá onde a escuridão era mais densa.

Simão foi logo ao encontro dele e compreendi que ficariam juntos por muito tempo. Saí então do casebre escuro, procurando em vão algum lugar lá fora para descansar os olhos.

O cãozinho preto que tínhamos visto veio em minha direção, muito agitado. Ainda o sinto puxando as dobras da minha roupa. Ele só pedia uma coisa: derramar amor sem restrição, sem perguntas, sem condições e receber pouco. Poderia pelo menos ser tão belo assim o que eu tinha para lhe oferecer? Quantos homens, surpreendi-me pensando, souberam conservar a alma tão simples como a daquele animal em sua longa ascensão rumo à consciência?

Viajar de vida em vida, eu tinha certeza, não poderia ser como andar na direção de algo para ganhar alguma coisa, mas andar em si, percorrer nossas cascas para finalmente aceitar perdê-las. Nos meandros de nosso espírito, sempre é fácil sofrer por amor, enquanto é tão difícil simplesmente amar.

A jornada à nossa frente era longa e saí um pouco da aldeia para fugir daquele pesadelo. Encontrei uma bela pedra redonda e azulada entre as tamargueiras. Sentei-me lá e o cachorro pulou nos meus joelhos e ficou encolhido. Finalmente Simão veio ao meu encontro. Havia muita doçura em seus olhos, como se sua inquietação acabasse de ser apagada por uma compreensão, uma aceitação a mais.

— Consegui falar longamente com ele — disse-me, ajudando-me a levantar. — É o único sobrevivente e quer que o deixemos a sós. Faz questão absoluta de enterrar todos os seus.

Disse que os romanos estiveram aqui ontem. Todas as aldeias dos arredores e esta começaram a sublevar-se contra a presença deles e de sua armada há mais de seis luas. Então os romanos reagiram, para dar um exemplo. O resultado aí está, diante de nós. O mais grave é que parece que foram alguns irmãos que os incitaram à rebelião. A descrição que ele me fez é preocupante. Há pouco mais de um ano eles percorriam a região. Só as palavras desse homem, seu sacerdote, me dão esperança. Estranhamente elas misturam o metal e a luz. Mas posso afirmar-te, Míriam, que o nome do Mestre Jeshua foi pronunciado aqui muitas vezes. Ele é familiar a esse homem

O Caminho dos Essênios

e tão terrivelmente carregado de implicações que ele não quer mais ouvi-lo.

Retomamos a trilha ao longo da costa entre os espinheiros e as ervas cinzentas de cheiro muito forte. Se era sabedoria ou loucura, eu não sabia, mas não conseguimos evitar a longa planície da costa e seus pântanos. Um chamado irresistível nos obrigava a caminhar naquela direção. Tínhamos que compreender.

Não tínhamos percorrido uma milha sequer ao longo de uma pequena torrente quase seca, quando um grupo de homens desceu a colina à nossa direita. Como nós, usavam a longa veste branca e tinham uma cabeleira abundante; como nós, finalmente, sua pele era da cor do pão crestado ao sol. Calculamos bem uns vinte.

— Saudações a vós — disse com voz cansada mas entusiasta o primeiro que se aproximou de nós. — Que o Mestre vos abençoe! Juntai-vos a nós... não deveríeis estar viajando sozinhos por aqui.

Certamente o homem vinha de nossas colinas, de nossos desertos. Sua língua era a nossa; seu timbre doce, espontâneo e cadenciado ao mesmo tempo não podia enganar.

Sem nos dar tempo para responder, continuou:

— Desde quando estais aqui? É estranho que ainda não tivéssemos nos encontrado. Nós partimos de Cesaréia há pelo menos vinte luas!

— Não fiques admirado, há anos percorremos todas estas montanhas distantes do mar.

Dizendo estas palavras, instintivamente levei a mão direita ao coração, conforme nosso velho costume. O homem, que se mantinha à frente dos outros, retribuiu-me com um sorriso meio frio. Finalmente também levou a mão ao coração, depois levantou-a até a boca.

Era a saudação dos irmãos nazaritas. Fiquei aliviada e

cheia de dúvidas ao mesmo tempo. Que estavam fazendo lá? Será que o Mestre também os enviara? Nós sempre os conhecêramos como muito próximos dos zelotas, tão intransigentes quanto aos fundamentos de suas crenças e tão dispostos à revolta!

— Sei... — acrescentou o homem cujo sorriso se congelara.

— Já suspeitávamos um pouco de vossa presença. Alguns dentre vós, mulheres principalmente, deixaram rastros por aqui.

O grupo se aproximou. Ficamos tristes ao observar seus cinturões de couro, os gládios e os largos facões que pendiam com abundância ao longo de suas vestes de linho branco.

Foi assim, portanto, que aqueles homens se apresentaram a nós: cobertos de metais, com um brilho feroz nos olhos. Neles voltávamos a ver a energia de certos monges guerreiros que nos últimos tempos haviam procurado aproximar-se do Mestre.

Fiquei impressionada com as finas tranças com que alguns tinham enfeitado sua cabeleira e que jamais víramos neles antigamente.

De uma parte e de outra, ninguém sabia o que dizer; nós nos debatíamos na sensação confusa de nos encontrarmos, mas com uma alegria forçada, sem nos compreendermos, com a certeza de que tudo devia ser redefinido.

Pouco a pouco, porém, penetramos no seio do pequeno grupo e houve alguns abraços. Observamos, então, que alguns estavam feridos e todos pareciam ter sofrido duramente na carne. As palavras trocadas logo caíam na banalidade, sem dúvida sufocadas por um vago temor de chegar ao essencial.

Depois, bruscamente, um dos nazaritas dirigiu-se a Simão:

— É pelo rabi Jeshua que estás aqui?

— É por Kristos...

Houve um momento de silêncio que alguém rompeu com um riso, sem a menor dúvida calculado.

O Caminho dos Essênios

— Não demoremos aqui — acabou dizendo o homem que parecia chefiar o grupo. — Pode haver tropas nestas paragens e não pretendo encontrá-las.

O conselho era sábio e subimos a colina até um bosquezinho situado a meia-altura que podia servir como abrigo momentâneo. Um vento forte levantou-se enquanto subíamos entre as pedras, varrendo nosso rosto com mil tufos de plumas arrancadas dos espinheiros. Quando ficamos fora do alcance de olhos estranhos, todos nos sentamos no chão; pequenos odres cheios de vinho ácido circularam e a conversa recomeçou. Levado por certo entusiasmo, Simão começou com as perguntas:

— Que dizem sobre o Mestre entre os nossos? Sua palavra está se expandindo?

Como resposta houve primeiro um murmúrio em nossa assembléia improvisada. Finalmente uma voz fraca, meio fanhosa, destacou-se:

— Oh, boa parte do povo que O seguia continua a dizer que Ele ressuscitou. Minha convicção, devemos reconhecê-lo, é de que nada fizemos para provar o contrário.

A resposta viera de um homem baixo, com ar doente, cuja barba escura desfiava-se até o côncavo do seu peito. Na verdade, era bem pouco talhado para o combate em que parecia ter-se engajado. Sua observação provocou alguns comentários divertidos, mas ele continuou:

— Não levem a mal nosso riso. Nós respeitamos a palavra do Rabi. O povo também a respeita e deve extrair dela sua força. É a sua chance de se sacudir e libertar-se de toda escravidão. Por muito tempo acreditamos que Saulo é quem iria dar aos homens toda sua energia e impor a todos a vontade do Eterno. Mas não... o próprio povo decidiu sobre seu rei e ele pode bem ser o rei de toda a terra. Os sinais são tão claros! O rabi Jeshua desafiou Roma e o grande Sinédrio como jamais

189

alguém o fez. Não recusaremos o gládio que Ele nos estendeu. Agora Sua palavra pode espalhar-se pelo mundo. Muitos estão prontos a ouvi-la para reconquistar sua liberdade!

Assim, nada havia mudado. Nas veias de nossos irmãos nazaritas havia ainda e sempre aquele velho fogo de revolta com um gosto de rancor tenaz contra Roma.

Gostaria de fechar os olhos, mas, ao contrário, eu devia mantê-los bem mais abertos, para que se expressassem, para fazê-los dizer tudo o que minha língua jamais conseguiria traduzir.

— Não estamos falando do mesmo homem — disse Simão calmamente. — Vós combateis por um chefe militar, ao passo que nós caminhamos com Kristos. Será que devemos ser tão estranhos uns aos outros, meus irmãos?

O chefe do grupo interveio:

— Como te chamas?

— Simão... mas isso não te dirá nada. Dize-me, porém, quem é esse Saulo, cujo nome acabou de ser citado?

— Esse rico descendente da família de Benjamim [1]... lembra-te, na entrada de Jerusalém víamos suas propriedades em todos os lados. Por muito tempo pensamos que ele podia muito, até o dia em que ficou claro que os romanos o tinham comprado. Enorme era seu gosto do poder pelo poder! Algumas honrarias e promessas de cargos... o povo não se enganou quanto a isso. Ao passo que o Rabi! É através Dele que as Escrituras se cumprirão e que a vontade do Todo-Poderoso ditará enfim Sua lei em todos os reinos.

— Foi Ele quem vos mandou aqui? — perguntei.

O homem voltou a cabeça na minha direção, depois franziu os olhos com força antes de me responder:

— Não sabemos onde Ele está, mas a marca que deixou sobre nossa terra fala por si só. Será que Ele conhecia a

---

1 — Saulo de Tarso, mais tarde conhecido como São Paulo.

O Caminho dos Essênios

extensão do Seu poder? Agora cabe a nós propagá-lo e fazê-lo adquirir sua verdadeira dimensão.

Simão levantou-se de um salto.

— Queres dizer que tudo o que estais empreendendo aqui deve-se exclusivamente à vossa vontade?

— A vontade que animava o Rabi vive em nosso peito, em nossos braços até. É tempo de compreenderes que não se fala aos homens com mel. Enquanto só entenderem a espada, a espada terá sua razão de ser.

Vi os dedos do homem se crisparem e pôs-se a remexer nervosamente em sua cabeleira. Enquanto isso, sua pequena tropa também se agitava. Alguns, no entanto, fingiam manter a calma, amarrando as grossas tiras de couro que prendiam suas sandálias com ar desligado.

— Achas realmente que eles só conseguem compreender a espada? — perguntei.

— O que achamos é que é preciso um reino, um imenso reino para que a paz possa começar a brilhar.

— Podes dizer-me se é vossa paz a que vimos reinar na pequena aldeia lá em cima? — arriscou Simão.

O chefe do grupo nazarita sobressaltou-se e foi ao encontro de Simão fora do círculo. A mão segurava o cabo de sua espada.

— Ouve bem, Simão das nuvens, respeito vossas crenças, mas estamos lutando por uma causa tão grande que não pode retardar-se diante de destinos individuais. Ao longo deste mar, sobre estas montanhas e além faremos descer a vontade revivificada do Eterno. Não vês a necessidade disso?

— Vejo, meu irmão, que repetes a eterna história de todos os que quiseram encarnar sua própria sede de poder. O Todo-Poderoso é o melhor pretexto de que uma alma humana pode fazer uso, digo-te sem raiva e sem ironia. Nós também desejamos um reino, sabes, uma única e grande terra. Mas em vez de abaixar a Força até o que de mais abjeto existe em nosso mundo, por que não elevar nosso mundo até ela?

— O Rabi pelo menos vos ensinou a falar! — exclamou maliciosamente um dos homens estirado no chão com uma falsa indolência. — Levar a terra rumo às estrelas — continuou ele — é uma bela imagem. Parai de sonhar e compreendei-nos bem os dois. O Rabi Jeshua era homem. É a Ele que seguimos, o homem que elaborou um gigantesco plano de liberdade. O misticismo de nossos pais já se enraíza deste modo. Por que correr atrás de um Messias cuja carne não será semelhante à nossa?

O vento que assobiava entre as árvores nos impôs um longo silêncio e aproveitei para juntar-me a Simão, que estava pondo o manto nos ombros. Alguma coisa se partira entre os nazaritas e nós. Nem Simão nem eu tivemos coragem de retomar a conversa. De que adiantaria retalhar a palavra do Mestre em trechos de justificativas? Não era questão de renegar a espada, mas como o "filho das veias da Terra" dissera por intermédio de José, não era mais concebível empunhá-la a não ser pela lâmina.

— Tento compreender vossas razões e admitir vosso ideal — murmurou enfim Simão, apanhando seu saco —, mas repito, acho que não falamos do mesmo homem. Vosso rabi não é o Kristos que conhecemos, ele está em vós, no que acreditais haver de melhor em vós próprios!

Alguns ergueram os ombros e outros puseram-se a rir abertamente. O chefe exclamou alguma coisa em tom seco e todos se levantaram em seguida. Houve quem esboçasse uma rápida saudação nazarita e nós os vimos descer o flanco da colina e finalmente sumir nas dobras do terreno.

Simão me puxou contra si. Aquilo significava que não devia haver aflição em nosso íntimo e também que, mais do que nunca, tudo devia ser claro. Há um amor para o qual não

O Caminho dos Essênios

existem subterfúgios. Se o percebemos claramente, sabemos que ele não admite que a alma serpenteie no caminho das mil desculpas.

Nós não queríamos lutar contra aqueles homens. Seria o mesmo que alimentar a diferença; não nos enganarmos de alvo, mas criarmos um alvo.

"Vês, Míriam", dissera-me um dia o Mestre, "na verdade, aquele em que a luz habita não tem uma meta, ele já atingiu a meta.

Assim, não caminhes em busca do amor brandindo seu estandarte para defendê-lo. Sê tu mesma o Amor, assim ele falará e ninguém conseguirá sufocá-lo...

Capítulo 11
Os jardins da esperança

FOI ASSIM QUE MERGULHAMOS RESOLUTAMENTE NO OUTONO E seus ventos carregados de perfumes ainda quentes. As semanas seguintes vivemos passando rapidamente de aldeia em aldeia, às vezes rejeitados por algumas, outras vezes recebidos de coração aberto por outras.

Nosso objetivo resumia-se então a bem compreender a situação presente. Diante dos acontecimentos provocados pela ação dos nazaritas, sentíamos a necessidade de nos localizarmos num ponto e afastar a presença daqueles outros "irmãos de branco" que conseguíramos assustar, para não dizer afugentar.

Compreendemos que na verdade eram poucos, mas sua determinação, ou seu fanatismo, tornavam-nos tão eficientes quanto um exército organizado.

Aquelas semanas alternadas entre cidades pantanosas e longas faixas de terra arenosa deram-nos a impressão de que nos movíamos num labirinto. Era ao mesmo tempo o labirinto da volta aos nossos questionamentos e o que nos impunha a natureza, devido à nossa maneira de viver. Por toda parte reinava a insegurança. Os habitantes das pequenas aldeias que atravessávamos declaravam-se infalivelmente contra alguém

O Caminho dos Essênios

ou contra alguma coisa, e exigiam que os imitássemos. Chefes de tribos se haviam engajado abertamente numa luta sectária, que opunha o Rabi Jeshua às forças romanas. Alimentavam assim uma fogueira perpétua de vontades duais, uma armadilha sorrateira em que não se podia cair.

Um dia, quando paramos no meio de um amontoado exótico de casas de pescadores, ouvimos falar claramente sobre um grupo de mulheres. A aldeia, se é possível usar este termo, tinha três quartos das casas construídas sobre a água. Feitas de juncos trançados, empoleiradas no alto de uma floresta de pilotis, com o tempo tinham adquirido o cheiro e a cor avermelhada das algas. Passava-se de uma a outra através de precárias passarelas, onde freqüentemente havia redes penduradas. Afastado dali, havia uma espécie de cais oculto por uma vegetação selvagem povoada por pássaros multicores. Parecia estender-nos seu madeirame meio carunchado, convidar-nos à oração, a um diálogo com nosso coração e com quem o fazia pulsar.

A oração, naqueles dias de inquietação e isolamento, sem dúvida continuava a ser nossa tábua de salvação ou nosso rochedo de ancoragem. A oração não era mais como as salmodias da nossa infância, em que o ritmo dos sons nos ligava a uma força toda construída, à tradição de um povo, reservatório de temores, de interrogações e vontades. Nossa oração era um diálogo, reinventado continuamente, com aquela parte de nós mesmos que não parava de nos aguilhoar, com o ar que respirávamos e no coração do qual residia o Amor do Todo. Foi assim que o Kristos não só nos ensinou, mas nos fez compreender e amar.

"A oração", dizia Ele, "é uma construção da alma que se une ao Espírito, é o contrário de uma esperança piedosa e geralmente fraca em que o ser se anula porque só conhece o monólogo do pedido."

Sentados à beira do cais, mal acabáramos de baixar nossos

véus de linho branco sobre o rosto quando ouvimos o barulho de passos, seguidos do rumor de folhagens sendo afastadas.

Vinham de um grupo de três mulheres e três homens que caminhavam tranqüilamente em nossa direção. Pela semelhança, pertenciam ao povo daquele litoral.

Vestidos com grossos panos desbotados, presos por tiras de couro habilmente trançadas, abordaram-nos com um ar em que a humildade se casava admiravelmente com a determinação e a altivez.

Seu objetivo era informar-nos sobre a chegada de um grupo de mulheres e de um homem nas suas praias. Já fazia muito tempo, afirmaram-nos, que eles, como nós, percorriam as pequenas cidades costeiras.

— Uma delas é negra — exclamou alguém — quase tão negra quanto as bolachas que a gente esquece nas brasas. A princípio tivemos medo dela, mas depois compreendemos que seu coração era mais branco do que o nosso...

O pequeno grupo parecia ter verdadeira devoção pelas pessoas de quem falavam e que tinham mudado toda a vida deles.

Quando um deles pronunciou timidamente o nome de Kristos, não restou mais nenhuma dúvida. Era o último conforto, a certeza infinita de que tudo podia caminhar no sentido inverso, contra as ofensas de homens muito pouco humanos.

Pusemo-nos novamente em marcha, agora nutridos pela secreta esperança de encontrar aqueles que, dentre os nossos, eram felizes simplesmente por estar lá para continuar testemunhando a Grande Presença e curar. Simão mostrou-se menos inquieto quanto a confiar sua preciosa carga.

Foram semanas e meses abençoados em que nos fundíamos só com o instante presente, sem nos fixar em lugar algum e parando sempre, no momento exato, junto a algum ferido ou a um ouvido pronto para escutar.

O Caminho dos Essênios

Simão e eu considerávamos quase nosso dever jamais passar duas noites no mesmo lugar. Era ao mesmo tempo uma precaução e uma forma de andarmos ativos por toda parte, fazendo a palavra do Mestre brilhar em todos os lugares.

Os irmãos nazaritas, com quem cruzamos ainda várias vezes, fingiam ignorar-nos, com certo desdém. Mas pouco importava. Vivíamos um daqueles momentos de graça milagrosa, em que o coração se torna quase uma parcela do sol.

Às vezes, no silêncio aveludado da noite, sob nossos telhados de galhos e panos estendidos, eu fazia reviver em mim os rostos de outrora, que pertenciam àquele tempo que agora eu chamava de "minha juventude". Quantos deles vieram ao meu encontro? Que sábia trama fora tecida por aquilo a que chamamos destino?

Jamais encontrei as pessoas de quem os pescadores nos tinham falado. Às vezes ficávamos sabendo que estavam a algumas milhas de nós, igualmente atarefados em prodigalizar cuidados, em fazer ecoar uma vez mais a voz do Kristos. Estava tudo certo assim.

Tínhamos banido totalmente qualquer idéia de obter um "resultado"; foi assim que nossa alma deixou de consumir-se em desafios pessoais inúteis.

Dos vales à beira do mar, de cidades a aldeias, de homem a homem, não havia nem sucesso nem derrota, mas uma força a encarnar-se muito além da traição das palavras.

Aquela vida de felicidade e de corações nus que conhecemos através de charnecas e pântanos acabaria num dia de céu baixo, quando senti os primeiros tremores de uma febre forte.

Caminhávamos então pelas colinas secas, a alguma distância da longa faixa azulada do mar. Entre os espinheiros de galhos cinzentos e os tufos de liliáceas, Simão percebeu uma minúscula cabana em ruínas, toda de galhos e barro seco. Levou-me para lá, era a única mão que nos fora estendida. No chão, o último ocupante havia arranjado uma cama precária de ervas e trapos, entre os quais o vento conseguia enfiar-se assobiando.

Foi lá que me deitei, atordoada por uma doença tão inesperada. Mais do que o repentino fogo que me atacara, foi o olhar interrogativo de Simão que me inquietou. Eu o via agitar-se, procurar em todas as direções e depois imobilizar-se no meu. Devo ter dormido por alguns instantes, pois me lembro de um manto descorado e pegajoso que atiraram sobre mim e que me afundou no chão. Quando recobrei a consciência, a cabana estava tomada por um cheiro acre e o rosto de Simão emergia da penumbra.

No centro de uma grande pedra, um resto de ervas mal se retorcia sobre umas brasas tímidas e meu companheiro murmurava uma velha ladainha do nosso povo, um canto grave que ressoava até nas profundezas do meu corpo. Ficamos assim por muito tempo, parece-me, sem forças para pronunciar uma palavra sequer.

Entretanto, através do meu olhar que ardia, pensei perceber uma mão pousada no meu flanco esquerdo. Foi tudo. Houve um buraco, no qual devo ter caído... o teto da cabana fugindo numa rapidez louca e minhas mãos buscando sem jamais apalpar nada. Brasa ou gelo, eu não sabia mais o que me assaltava. Num sobressalto, ouvi-me chamando Simão... depois, bruscamente, apareceu aquele longo corredor diante de mim... parecia talhado numa rocha tão bela, tão pura, branca como a lua das noites frias! Nenhuma dor em minha alma, nenhum movimento nas profundezas do lago.

O corredor desfilou e eu deslizava nele como uma bolinha rolando, perfeitamente lisa. O tempo todo parecia-me que eu conhecia sua saída. Lá devia haver uma relva tão verde como aquela sobre as colinas do mar da Galiléia... lembras, Simão? Simão!? Assim que gritei seu nome, um rosto, um corpo, uma luz inundaram meus olhos.

O Mestre...! Ele estava lá, sobre o orvalho de uma relva tão macia, tão brilhante a cada passo que Seus pés nus davam na minha direção!

Senti-me então colada ao solo, o rosto contra a terra, mas eu não sabia que solo nem que terra. No entanto eu estava de pé diante Dele, que me estendia as duas mãos, como se dissesse: "Vem".

Lembrar-me-ei para sempre da sensação do solo úmido sob a planta dos meus pés, do frescor sereno e contudo tão ardente do relvado. Só naquele instante tive consciência de que as paredes da pequena cabana tinham sumido para sempre. O Mestre nada dizia, olhava-me.

Percebia minha face como uma fonte, minhas mãos como raios de luz que ainda não sabiam aonde ir.

Atrás Dele, de Sua alta silhueta, reconheci enfim os cimos brancos e ocres das colinas da Samaria e da Galiléia, com suas combinações de rochas e de flores, de ervas selvagens e espinheiros.

— Acabou? — ouvi-me murmurar.

— O que foi que acabou, Míriam? Será que terminamos quando mal acabamos a semeadura?

— És tu, Shaddaï? Meu corpo está tão cansado!

— Tu o disseste, Míriam... aqui é o país da Outra Margem, um dos jardins de Meu Pai... tu abriste a porta!

— Mas estas colinas tão doces, estas casas, estas amendoeiras em flor, tudo é igual à nossa terra...

— Lembra-te, irmãzinha, o lugar é um espaço da alma, um estado da consciência. Se teu coração o ama, ele o constrói e dá forma à menor de suas pedras.

Eu me sentia só um Olhar, um Ouvido, pronta a receber todos os odores do universo. Queria tanto jogar-me nos Seus braços para que Ele me mandasse continuar, mesmo que fosse preciso recomeçar tudo, entrar de novo naquele corpo fatigado!

— Mas tu, Shaddaï... tu também estás...

— Não, Míriam, a terra dos homens continua suportando o peso do Meu corpo e continuará por muito tempo ainda; a missão de teu Irmão Jeshua não está concluída. Estou aqui porque Me transferi para o espaço do teu coração. Não Me chamaste tanto nos últimos dias?

No segredo de suas páginas, uma alma sempre sabe o tempo que determinou para si; então ela se deixa levar como uma folha que cai ou como uma espiga de trigo que é ceifada.

É aqui que poderás servir ao plano do Kristos, de agora em diante. Aqui, ou de preferência no centro de ti mesma, no Centro!

Uma espantosa onda de amor me varreu então, me pulverizou em todas as direções do universo e tive a certeza de estar totalmente presente em tudo o que eu sentia. Meu corpo era o corpo dos mundos, uma nuvem de lantejoulas de ouro numa incrível expansão.

Depois, bruscamente, veio uma onda de dor muda. Bem lá embaixo, abaixo de mim, desenhava-se a imagem de uma pequena cabana batida pelos ventos. Diante de sua porta estava Simão. Estava bem longe e no entanto tão próximo, e eu via seu olhar vazio. De repente ele se voltou e entrou na cabana. Agora estava junto a um corpo sem vida, entre um amontoado de panos e folhas secas.

Gostaria de murmurar-lhe que aquilo não era verdade, que eu estava lá, bastava pousar a mão no seu ombro... mas alguma coisa me puxou para trás, uma luz que falava como a paz!

— Não temas — dizia ela —, ele vai seguir seu caminho... assim decidiste ao tomar corpo sobre esta Terra... mas lembra-te também, nenhum laço pode ser partido, nenhum!

A luz continuou puxando-me para trás. Simão e nossa

O Caminho dos Essênios

pequena cabana sumiram, guardados no fundo do meu coração numa alegria indescritível. Depois, suavemente, tudo se acalmou; houve um movimento no centro de mim mesma que nem percebi, uma espécie de fardo que acaba de ser tirado, a alma cheia de Amor e da incrível sensação de compreender... enfim! Havia em mim, ao redor de mim, um espaço branco, dourado, nem sei bem. Ondulava como uma brisa de primavera e vivificava como o ar do cimo das montanhas. Em silêncio, Ele falava e eu bebia Suas palavras que parecia conhecer desde o princípio dos tempos.

Então, inebriada e terrivelmente lúcida ao mesmo tempo, folheei o grande livro de uma vida fundida à Vida.

A voz dizia: "Há sobre a Terra dos homens, desde a aurora das auroras, uma história incrível e maravilhosa que flutua no centro dos seres. É uma história de que muitos esqueceram o nome e o significado. E uma história, Míriam, precisa sempre reanimar-se; por isso precisamos compreendê-la, porque ela tem sua razão de ser e nos aproxima do alvo. Não diante de nós, sabe, mas dentro de nós!

Há na terra dos homens um combate desde a aurora das auroras. Um combate, sim, mesmo que esta palavra assuste! E esse é o erro, ele é que deve ser extinto.

São múltiplas as raças de homens que existem na Terra. Eles vêm dos continentes de outros mundos, como exilados que ainda querem brandir uma única força: o orgulho! Essas almas rebeldes são um fardo no curso dos sóis, uma fenda na harmonia das estrelas. Vieram para alimentar-se com sua própria desgraça, sem engendrar outros horizontes a não ser suas sombrias limitações. Por isso o Espírito de Kristos veio na minha carne, porque não existe Terra tão tenebrosa que o Amor desvie dela o seu olhar.

Por isso milhares de almas marcaram encontro em torno da Sua presença e continuarão a desempedernir cada consci-

Anne e Daniel Meurois - Givaudan

ência, cada coração... por todos os encontros que virão! Das inúmeras diferenças nascerá a Unidade, tão perfeita que ainda não conseguimos imaginá-la.

Por isso, cada aflição não deve ser vivida como um castigo; para que a idéia do Bem e do Mal se casem e se encarne a Terra do meio, a terra que é céu e rocha, depois Amor além do denso e do sutil.

Escuta, Míriam, os homens criarão mais uma religião a partir da Palavra que Ele pôs em meus lábios. Eles ainda não pararam de falar por conta própria. Inventam tantos regulamentos que ninguém é capaz de viver das Leis. Sejam quais forem os ruídos que percorrem a Terra, não há, nem haverá, porque não pode haver, qualquer religião do Kristos. Existirá a religião dos homens que pensarão compreendê-Lo e que não perceberão que sua visão é superficial. Sempre se construíram cultos, mas eles envelhecem, apenas um pouco mais lentamente do que as pessoas. Ainda os construirão, até a Grande Sede! A Revelação é progressiva, e não se pode concebê-la de outra forma. Ela não exige o que lhe impõem; nada de alucinação necessária, nada de sangue a ser derramado, nem amor imposto à custa de palavras... apenas a vontade de compreender o que jamais será dito num livro: Amar além do que conheceis do amor.

Tua vida é uma gota de paciência, entre outras; testemunharás um dia de abertura a fim de que ela sirva de marcha para a tolerância. Tu lhes dirás que não existirão escritos para englobar a totalidade d'Aquele a quem servi e da Força a quem Ele também servia. Dirás que minha vida continuará sendo um enigma enquanto insistirem no enigma de sua própria vida, enquanto se entregarem à paixão por histórias e interesses, deixando de lado a História do coração e da humanidade.

Tu lhes dirás, enfim, que há irmãos meus no centro do

O Caminho dos Essênios

seu centro e além dos cumes brancos, que eles deverão receber.

Aqueles irmãos, eu te afirmo, são da Raça dos Homens que colocaram sua alegria acima dos dogmas.

Como tantos outros, irmãzinha, vive, para que nos dias do Princípio não se diga mais 'eu sei', mas 'eu aprendo', 'eu compreendo', 'eu existo' e finalmente 'eu amo'..."

Assim, entre a Terra e o Sol virou-se uma página do caminho de Míriam.

Livro II

Capítulo I
Andanças

HÁ DIAS QUE PARECEM NOITES; NESSAS NOITES A ALMA HUMANA passa chorando sobre si mesma, presa na teia da sua visão estreita.

Eu tinha sepultado Míriam sob um monte de pedras entre as silvas, bem no alto da colina onde seu coração deixara de bater. Não me revoltava. Entre o povo de Essânia o que sinistramente chamamos de morte não era mais injusto do que o nascimento. Respondia a uma lógica estranha aos homens, mas que estes deviam saber entremear com fios de ouro. Não me revoltava, mas me encontrava brutalmente à beira de um abismo que jamais quisera imaginar.

Naqueles tempos, quem se aventurasse fora dos caminhos entre os tufos de lavanda varridos sem cessar pelo vento, perceberia um homem ofegante, que não conseguia afastar-se de um pedaço de terra onde não havia mais nada a fazer.

Aquilo continuou assim por longas semanas, com a convicção de que Míriam estava bem em alguma parte, prosseguindo sua tarefa sob um outro Sol, consciente também de que eu não estava mais lá.

"Isto é que é o amor?", eu me dizia. "Pode acontecer

O Caminho dos Essênios

que ele consiga ressecar nosso corpo e corroer nosso coração quando não tem mais frutos para colher ou um céu azul para partilhar? Sempre falta alguma coisa ao amor para que ele se transforme em Amor." Como todos os seres desta terra, pensava na presença que se afastara, mas só falava a mim mesmo. O que eu considerava amor só podia chamar-se dor. Como todos os que se enclausuram na solidão, recusava-me a ver os horizontes que a Eterna Luz achava que eu ainda devia percorrer.

Como não existe nada gratuito ou insignificante, porque não há obstáculos a superar nem muros a escalar que não tenham sua razão de ser, que estas linhas consigam apontar seu aguilhão para quem hoje guarda a imagem de Simão adormecido.

O acaso e a injustiça são as justificativas dos que não conseguem compreender, porque permanecem num vale, seu próprio vale.

Na pequena cabana que eu quase transformara em santuário, acordei uma noite, sobressaltado.

— Se te nutres de ti mesmo — disse uma voz possante em meio a meu sono —, mergulhas no oceano da imobilidade. Quebra a muralha e empurra a porta!

Era uma ordem.

Estupidamente, com o espírito ainda embotado, empurrei a porta da cabana com o pé. O céu oferecia sua abóbada límpida e eu o examinei com os olhos, procurando esquecer minha cama de folhas secas. Lua-Sol cintilava tal como antes acima da linha escura dos cumes, ela que eu quase tinha esquecido. Pouco a pouco sacudi-me do meu torpor. Será que ela me dera um sinal, com seus irmãos vestidos de nuvens? Certamente eu não abrira a porta certa, mas pelo menos eu a via de novo e me lembrava.

Fiquei assim até o alvorecer, a respiração suspensa e o

205

espírito emergindo de uma espécie de bruma, atarefado em desmontar o mecanismo do egoísmo astuto com sua ferrugem.

— Teu desânimo, Simão — continuou outra voz insistente, que se insinuava até a superfície de minha consciência —, é o de um homem que se demora sobre sua própria imagem. A alma e o coração que aprenderam a ver não podem se permitir baixar os olhos. Desde o início dos tempos houve e haverá horas em que se pede aos homens que não sejam meros humanos como habitualmente. Em todo ser da tua raça a cada passo se expressa um pouco do mineral, do vegetal e do animal, quase tanto como o humano. Jamais te perguntaste se o anjo que está por chegar podia, ele também, ter direito a falar? Tu não o pediste apenas como uma promessa, mas como um possível presente nem que fosse por um dia, uma hora? Superar-se nada mais é do que ir ao encontro de Si, do que freqüentemente desdenhamos num futuro enevoado.

Quando os primeiros raios de sol vieram lamber meu rosto através dos galhos do meu abrigo, reuni os últimos pertences de Míriam a que tinha me apegado como se fossem relíquias. Fiz um montinho lá fora, sobre algumas brasas que ardiam desde a véspera. As chamas brotaram imediatamente e tudo desapareceu no alto do céu em longas fitas de fumaça branca.

Senti então uma felicidade intensa; explodia em mim um incrível hino ao Amor por Míriam, pela vida. E surpreendi-me dizendo em voz alta sobre a colina:

— Pronto, agora és livre, eu te reencontrei!

Naquele dia a muralha desmoronou e foram serradas as barras da minha prisão mental. O efeito não tardou a se fazer sentir. Pela primeira vez após mais de uma lua, silhuetas humanas se desenharam sobre a encosta da colina vizinha. Vinham na minha direção. Os visitantes tinham ouvido falar de um homem e uma mulher que curavam feridas e cuidavam dos doentes. Nas aldeias vizinhas, muitos sofriam, disseram

O Caminho dos Essênios

eles... seria uma epidemia? Aquele apelo foi a última sacudidela que me fez endireitar a coluna vertebral. O nome de Iesus foi pronunciado, um nome que há muitos, muitos dias, ninguém fizera ressoar aos meus ouvidos.

Meus visitantes, dois homens, o haviam pronunciado desajeitadamente e tive a sensação de que o atiravam em meu rosto quase como um desafio. Foi, ao mesmo tempo, uma chicotada e uma carícia. Respondi imediatamente, apanhando no chão da cabana meu saco de pano grosso e meu manto de lã.

Segui meus visitantes pelos caminhos pedregosos e vi então o início de uma nova vida, de povoados a aldeias, de pântanos a charnecas.

Às vezes a voz de meus mestres do Krmel sobrepujava o canto estridente dos pássaros e o ruído do vento nos pinheirais. Ela me distraía da ferida que, apesar de tudo, eu ainda tinha no coração. Eu pensava em Moshab falando do amor humano às crianças que éramos então, atrás das muralhas onde jamais viram uma mulher entrar:

"A história do amor entre homem e mulher é a de uma grande saudade. Sabei que o ser humano vestido de carne é macho e fêmea nas profundezas de sua raiz. Ora, a raiz é espírito e o espírito que nos anima é andrógino, à imagem do Sem Nome.

É o afastamento, a separação do Sem Nome que quebra a unidade primordial e dissolve a união original. Assim, cada espírito faz nascer duas almas que ficam vagando através dos mundos e das terras; a primeira com roupagem de Lua, a outra com enfeites de Sol. Eis porque cada Lua procura seu Sol, eis porque cada Sol chora por uma Lua cuja imagem ideal ele guarda nas dobras do coração. O amor humano é muito belo, em sua tentativa de recriar o único vaso do Espírito. Deveis saber, porém, que ele não passa de uma lembrança, da

Anne e Daniel Meurois - Givaudan

nostalgia de um outro Amor muito mais bonito, de brilho tão incomensurável que nenhum de nós pode sequer imaginar.

O homem e a mulher que se buscam assemelham-se ao olho esquerdo e ao olho direito de um mesmo rosto. Eles devem aprender a olhar exatamente na mesma direção, sem que um deles supere o outro. Deveis saber, enfim, que são chamados a fundir-se num único olho; serão, assim, a Lâmpada Única que brilha na fronte do ser realizado, daquele que se lembrou e se reconheceu.

Na imensidão dos mundos, meus irmãos, existem miríades de almas que viajam juntas, e se encontram de era em era; nós as chamamos almas-companheiras. Elas formam grandes famílias que navegam através do tempo a fim de aprender quem são, às vezes amando-se, às vezes ferindo-se.

Não vejais nelas almas-irmãs. Aquelas só se reencontram no dia do grande despertar do Coração e da Consciência. São duas vezes o mesmo ser e o casamento sela o fim do seu pacto necessário com os mundos da carne. Esse casamento é a última transmutação de onde se prepara a germinação do Homem."

Caminhei assim por várias luas, entre montanha e mar, ajudando as pessoas de Kal onde quer que me chamassem. Dos apriscos a aldeias lacustres, era tempo de epidemias e boa parte dos meus dias foi dedicada à colheita de ervas medicinais.

Desde então comecei a sentir uma presença ao meu lado, ou melhor, dentro de mim, tão profunda, mas muito discreta também. Nos momentos de fadiga e aflição, ela se manifestava como um impulso melodioso. Era também uma nova certeza e uma força desconhecida que me faziam pôr os pés onde era necessário. Reconheci nisso a marca de Míriam e os cuidados que eu prodigalizava eram nutridos de paz. Míriam me dava o tom exato para cantar e afinar a lira dos corpos doentes; ela quase colocava minha mão nos pontos onde se originavam as doenças.

O Caminho dos Essênios

Foi também a época em que um grupo de pequenos chefes guerreiros tomou-se de amizade por mim. Estranhamente, talvez cansados dos banhos de sangue, alguns tinham-se afastado dos irmãos nazaritas, os quais foram forçados a se refugiar cada vez mais nas montanhas.

A primavera foi alegre. As amendoeiras em flor e os olivais meio selvagens que se estendiam ao longo das encostas evocavam as cores da minha infância e os cabelos ruivos daquela que corria por lá.

Não voltei a entrar na cidade de onde tínhamos fugido anos antes. Seu colégio de rabinos ainda destilava um gosto amargo em minha garganta. Sem dúvida eles não estavam preparados para aceitar. Além dos destacamentos romanos que controlavam todos os que usavam a veste branca, algo mais me impedia de atravessar as portas de Nemesus [1]. Era como se uma vez mais a palavra do Kristos devesse primeiro inscrever-se no coração do povo humilde dos campos antes impor-se à consciência das autoridades.

"Vós muitas vezes me questionais sobre reino", dissera-nos um dia o Mestre, sobre as encostas que dominavam a extensão azulada de Tiberíades, "mas sabeis o que é um reino e o que é um rei?

Um reino, segundo a vontade de Meu Pai, é a encarnação da alma-grupo de todo um povo. É a continuação, o prolongamento de suas aspirações e das necessidades que ele deve passar. Na verdade, não é o rei [2] quem o governa, mas a massa dos homens que o habitam e lhe dão vida. É esta massa que gera o rei tal como ele é, que lhe pede, mesmo que ela não o saiba, que viva o que ela tem a viver; ela o forma para abrir o caminho por onde deve passar. Na verdade, Eu vos afirmo, todo ser que pensa dirigir um povo será sempre servidor desse

---

1 — A atual Nîmes.
2 — Entenda-se por "rei" todo dirigente de uma nação.

povo. É o meio pelo qual a lei de distribuição das forças e a eqüidade devem exprimir-se. É o vínculo pelo qual os homens e as mulheres aceitam ou recusam as mil possibilidades de seu avanço. O rei se nutre dos pensamentos de seu povo. Ele cumpre, assim, desígnios misteriosos para a consciência humana. Portanto, meus irmãos, todo ser que se investe de autoridade para governar um reino toma sobre seus ombros o peso do passado de seus habitantes e os confronta com as conseqüências de sua pequenez ou de sua grandeza. O Reino de Meu Pai não é desta Terra. No entanto, Eu vos afirmo, Ele estende Sua luz a todas as terras. Para isso, na verdade, Ele convoca todos os construtores de povos a elevá-los até aos primeiros raios do sol. Meus amigos, sabei enfim que o belo e o justo pedem para ser encarnados. Não façais simples promessas a se desdobrarem sob outros céus..."

Ao longo de minhas caminhadas solitárias, pus-me a pensar que os escritos que José me confiara deviam destinar-se a ampliar conceitos semelhantes, para facilitar sua implantação sobre os horizontes de Kal. Tinham um traçado muito antigo e inúmeros contornos diferiam um pouco dos que estávamos acostumados a decifrar ou utilizar correntemente.

Tinha tal respeito por eles que não me parecia certo penetrar no seu conteúdo total sem que previamente me fosse indicado. Apenas o que José dissera apressadamente e depois as grandes linhas que ele próprio escolhera em sua rota, me levavam à conclusão de que seu conteúdo possuía uma força capaz de apressar a coesão dos povos de Kal, e tecer-lhes um ideal comum, formado de luz, como uma proposição possível para a consciência que estava por vir.

Num amanhecer frio, à saída da aldeia de pedra e palha, notei três mulheres caminhando apressadas, puxando um asno que carregava dois cestos. Elas estavam vestidas conforme o costume da região, com longas vestes cor de terra e de mel, túnicas

O Caminho dos Essênios

de lã grossa, e a cabeleira presa por uma faixa de pérolas. Quando chegamos a pouca distância, paramos. Olhamo-nos. Sob os cabelos de azeviche, uma delas tinha a pele tão morena que fazia lembrar as mulheres queimadas de sol do país de Pha-ra-won. Eu examinava aquela face um tanto magra, de pupilas tão claras, que me falava. Era um rosto dos nossos, inúmeras vezes encontrado nas vielas de Jerusalém, mil vezes visto sob as oliveiras ao lado do Mestre.

Contudo, o rosto das outras duas era um sorriso só; por trás das tramas de suas rugas via-se o azul e as pequenas casas de teto achatado. O nome Betânia flutuava na minha memória.

Ao fim de alguns instantes de emoção, os braços se cruzaram sobre os corações e nós éramos apenas uma explosão de alegria. Era uma festa, um novo sopro de esperança e de certezas.

A mais morena chamava-se Sara. Explicou-me que tinham sido obrigadas a deixar precipitadamente suas colinas da Judéia. As atividades que empreendiam em favor do Mestre expuseram-nas a grandes perigos, tanto de parte dos romanos como de uma parcela da população, que não compreendia e as acusava de blasfêmia. Era ali que permaneceriam, elas, cuja natureza igual à do solo as transformava em fermento... mesmo que os homens não o quisessem!

Passamos o dia juntos, sob umas árvores fora do caminho, acompanhados em nossas confidências pelas crianças e pelos cães da aldeia que tinham acorrido em massa. Pouco nos conhecêramos no meio da multidão que outrora cercava o Mestre, mas os olhares furtivos e cúmplices trocados naquele tempo eram hoje testemunhos de um só coração e de uma única vontade vibrante.

Depois cada qual seguiu seu caminho, o olhar nutrido de um pouco mais de paz que na véspera; elas rumo às aldeias vizinhas, eu na direção do poente, onde elas tinham sabido da presença de Míriam de Magdala. As indicações eram vagas, dadas por uma caravana de mercadores que vinha do nordeste. Estes não puderam deixar de comentar a fama de uma mulher parecida com eles, bem lá embaixo, nas colinas e florestas. Mas ao longo das trilhas que se agarravam às primeiras montanhas, o homem que eu era se interrogava sobre a oportunidade de tal aproximação. Era justo voltar ao ponto de onde tínhamos vindo, continuar o caminho e ir mais longe ainda do que a Grande Fenda? De que serve percorrer uma terra em todos os sentidos se não há uma lógica para guiar cada um de nossos passos? Não, Simão não devia fugir do que podia parecer solidão. Não haveria solidão se ele percebesse seu lugar. Não existe solidão para quem tem a humildade de aceitar o papel que a vida lhe propôs, sem procurar a ação que só irá satisfazer o orgulho.

Isolei-me por algum tempo num abrigo de pastor, afastado de qualquer olhar. Eu precisava de uma verdadeira luz, não daquela ilusória, trazida pela carne que se põe a refletir.

Empurrando a porta baixa da casinha, prometi a mim mesmo que só sairia de lá firmemente munido de uma tocha. A tocha da minha verdadeira rota.

Seguir as veias da Terra fora, até então, o guia soberano de nossas caminhadas ou paradas. A dificuldade agora residia no fato de saber se algumas linhas de força aceitariam minha presença, tal como minha vontade pretendia.

Ao entrar no abrigo, eu alimentava a secreta esperança de receber um sinal do Mestre ou a mão estendida de um irmão invisível. Enganava-me. Aquilo era voltar minhas expectativas para o exterior, não tentar atender ao que estava claramente inscrito no fundo do meu ser. Como acontece a todos os que se questionam na hora das escolhas, uma rede de brumas mentais ameaçava abater-se sobre mim.

O Caminho dos Essênios

"A introspecção", repetiam-nos com freqüência durante nossas práticas entre as altas muralhas do Krmel, "deve ser uma tarefa cumprida pelo coração. De outra forma, é uma vontade de julgamento que a arrebata. E essa vontade não ama, divide, classifica segundo as normas de um determinado tempo e de certa moral, depois fabrica para si razões que são obstáculos às decisões serenas."

Restava-me um portal, o da confiança. Foi sob ele que me decidi enfim, levado pela convicção de que meu primeiro ímpeto era o certo.

— É estranho — lembro-me de ter murmurado na escuridão úmida da pequena construção com cheiro bom de palha.

— Por que o espírito humano, dotado de todo um poderio mental, gosta de brincar consigo mesmo? Existe em nós um hábil mecanismo, um reflexo tenaz que nos faz sentir prazer em discursos complexos, em contorcer os conceitos e as palavras a fim de extrair deles pretextos, desculpas, argumentos. Será que a simplicidade assusta?

Retomei pois meu caminho sob os bosques mais depressa do que tinha pensado. Entre os castanheiros de folhas ainda tenras e à sombra de altos pinheiros, meu avanço foi rápido. Eu aproveitava todas as indicações de nomes de vilas que se inscreviam como marcos dos quais não podia me livrar. Nada mais. A maioria das aldeias que encontrei eram fortificadas. As pedras juntavam-se às estacas de madeira escurecida pelo fogo e subiam em paliçadas intransponíveis. À sua imagem, os homens que lá viviam tinham a carapaça rude. Mais que todos com os quais até então eu partilhara minha existência, eles amavam a luta e o vinho, sem jamais preocupar-se com o que animava sua vida. Bastava-lhes assistir periodicamente aos rituais celebrados pelos sacerdotes da região e submeter-se a algumas superstições para dar à sua consciência uma sensação de tranqüilidade. Sua natural indolência e a calma soberania

213

de seus sacerdotes tinham, parecia-me, embotado sua alma. A lei do mais forte imperava. Havia um código de vida que estranhamente consistia em adotar uma determinada concepção de felicidade e que ocasionava, de certa maneira, um desleixo com relação aos Campos Eternos.

Para aqueles povos, esquecidos no fundo de suas florestas, o universo era fechado, acabado e determinado até nos menores detalhes. Bastava-lhes respeitar e perpetuar os costumes religiosos e sociais para merecerem mais tarde grandes extensões de luz onde corriam manadas infindáveis. Assim adquiriam seu direito à eternidade. Já que a lei o prescrevia, era assim. Quando comecei a transmitir-lhes a palavra do Mestre, não imaginava a que ponto a noção de uma alma que trabalha para seu aperfeiçoamento lhes era estranha.

Sem dúvida, no fundo aqueles homens e mulheres não eram menos dotados de bondade e luz do que muitos outros; mas a beleza de um coração que se purifica punha-os diante de indagações novas e sem resposta.

Eu os julguei iguais a blocos de pedra, que um escultor teria que desbastar com fortes golpes de martelo. Seus sacerdotes, silhuetas atarracadas com os ombros cobertos por peles de animais, longos cabelos puxados para trás e amarrados em cauda, receberam-me friamente. O ensinamento que o Kristos nos permitia passar exigia de quem o recebesse que aceitasse considerar as imundícies de sua alma como uma realidade. Era demais para eles. Ao perturbar a calma de um coração e as bases de uma consciência antes que a hora tenha soado, tudo o que colhemos é rejeição e violência.

"Afaste um véu se uma ponta dele se levantar", nos haviam ensinado, "jamais o rasgue".

Às florestas sucederam-se as extensões desérticas das planícies pedregosas e caminhos intermináveis, escondidos entre as giestas, onde se adivinhava o sulco de carroças puxadas por

O Caminho dos Essênios

bois. Regularmente eu era ultrapassado por emissários romanos, às vezes por caçadores com longas tranças, que perguntavam qual era meu destino. Para me alimentar, só dispunha de presentes com que me retribuíam os cuidados que prodigalizava aqui e ali, pelas aldeias. Naquela estação a natureza não era nada generosa. Ela só me presenteou com a beleza de suas flores, que às vezes cobriam milhas inteiras com um delicado tapete branco e lilás.

Enfim apareceu uma região em que a terra e a água pareciam ter-se misturado para sempre [3]. Nada mais era senão uma imensa floresta que recobria rochedos ocres e encostas com relevos bem marcados; uma infinidade de rios, às vezes muito largos, serpenteavam e se perdiam secretamente. O espetáculo era de uma beleza inusitada, uma visão infinitamente doce, a sensação embriagadora de uma terra virgem onde a vida é intensidade.

Ao fim da primeira manhã de caminhada, compreendi que lá os pântanos eram incontáveis e levaria muito tempo para chegar à próxima localidade cujo nome eu sabia.

Notei um conjunto de cabanas de pedras amarelas de onde saía um fiozinho de fumaça branca. Lá morava um homem com uma longa túnica de pele e sua mulher. Alguns porcos e galinhas ciscavam e chafurdavam num lodaçal malcheiroso a pouca distância da habitação. Sem dúvida à vista do meu cansaço, eles me acolheram com grande bondade enquanto, numa língua difícil aos meus ouvidos, tentavam dissuadir-me de ir à aldeia cujo nome devo ter conseguido pronunciar desajeitadamente.

Contra toda expectativa e ao fim de palavras intermináveis ao redor de uma espécie de cozido de farinha de castanhas, entendi que correra um rumor segundo o qual uma estranha mulher se instalara na região. Mas já fazia dois anos

---

3 — O futuro Périgord, bem mais irrigado do que atualmente.

e, aliás, eles nem sabiam se era verdade. De qualquer modo, afirmaram-me com grandes gestos, eu ainda estava muito longe. O homem sugeriu que eu precisaria de um barco. A mulher, pensava ele, morava numa praia.

Com aquelas informações, fiquei vários dias descansando na casa deles em troca de pequenos trabalhos no terreno que cultivavam. Depois recomeçaram as longas caminhadas pela floresta. Eu procurava um caminho no alto das colinas. Talvez ele me permitisse ver mais depressa o grande rio que eu desejava encontrar, evitando, assim, o lodo dos pequenos vales. Após noites úmidas suportadas em abrigos ao acaso e aldeias atravessadas às pressas, descobri largos meandros do que para mim era um rio.

Parecia uma majestosa fita prateada que se estendia suavemente aos pés de cálidos penhascos cor do sol. Em muitos pontos o rio se dividia em vários braços e formava ilhas cobertas de grandes árvores. Na direção do horizonte, lá onde o rochedo se tornava menos selvagem, bandeirolas brancas subiam da terra rodopiando. Era sinal de uma grande cidade, rumo à qual decidi dirigir-me.

Cheguei naquele mesmo dia. Vi que uma ponte enorme constituía seu coração, sem dúvida até sua razão de ser. Minha chegada passou despercebida, porque nas ruelas uma festa estava no auge. Havia um mercado que parecia estender-se ao burgo todo e, entre os balcões, a maioria já no chão, uma multidão circulava cantando ao ritmo de um enorme tambor e de sinetas com tinidos agudos.

A alguma distância de mim, acima das cabeças, acabei por distinguir a efígie negra de um touro avançando aos solavancos sobre uma plataforma carregada por alguns braços. Seus chifres foram pintados a ouro e os que formavam o centro da procissão, sem dúvida um colégio de sacerdotes, tinham o rosto oculto por um longo véu vermelho. Sua postura era

O Caminho dos Essênios

marcial e a multidão, exuberante nos gestos e nos cânticos, criava um violento contraste ao lado deles. Era a festa de At, um dos deuses criadores, disseram-me. O tumulto prolongou-se até o entardecer e eu bem que gostaria de estar sob o teto de um celeiro.

— Não, não — responderam-me no dia seguinte, a minhas perguntas sobre "uma mulher estrangeira que estaria por lá". — Não está por aqui, não ao longo deste rio. O grupo de aldeões a quem me dirigira fora unânime. Ninguém ouvira falar de tal mulher por lá. Em compensação, no outro rio, sim, talvez... já se falara de alguém que conversava com os deuses da natureza e preparava estranhos óleos! A certeza de que se tratava realmente de nossa irmã de Magdala imediatamente tomou conta de mim.

"O outro rio" foi avistado após um dia de marcha na companhia de um homem com ar bonachão que puxava seu asno carregado de grãos. Próximo às suas ribanceiras a floresta tornava-se ainda mais densa; tinha um cheiro bom de húmus e ervas selvagens, cheias das seivas do céu e da terra. Sobre musgos e liquens, as árvores pareciam ter mil anos e em alguns pontos nosso caminho desaparecia numa confusão de folhas que se entrelaçavam como cipós. Conhecendo minha intenção, meu companheiro de um dia me levou até um pequeno cais carcomido que avançava bastante água a dentro. Ao seu lado, uma porção de troncos de árvores acumulara-se há meses.

— Vê! — disse o homem, apontando alguma coisa naquele amontoado.

Entre cascas e folhas decompostas percebi uma espécie de embarcação modesta, ou melhor, uma jangada já meio corroída pela água.

— Antigamente era usada para a pesca; podes pegá-la!

Foi assim que o curso de um rio me levou tranqüilamente,

217

naquela primavera tecida de interrogações e certezas. Mais uma vez a confiança mostrava-se uma grande construtora dando-me aquele presente. Não sei quanto tempo passei sobre minha jangada, reforçada às pressas com galhos e um bom lastro de fetos. Com a ajuda de uma vara, pus-me a guiá-la regularmente, ora bem, ora mal, de meandro em meandro. Uma quantidade de aldeiazinhas desfilava sobre aquelas margens agrestes. Em sua maioria eram de barro seco e pedras achatadas. Pareciam mais moradas de bois ou de porcos que de homens. Outras, mais raras, constituíam verdadeiras praças-fortes entrincheiradas nos rochedos que às vezes se projetavam na água. Estas mostravam-se mais povoadas e foi numa delas que obtive as últimas informações necessárias para meu avanço meio às cegas.

— Sim — gritou-me, do alto de seu promontório fortificado, um homem vestido com tiras de couro trançadas e que segurava um arco —, pode ser que a pessoa que procuras esteja a uma milha daqui. Verás, o rochedo forma uma espécie de ilha no braço do rio.

Quando minha jangada atingiu o lugar que ele havia descrito, era quase noite. Uma grande fogueira crepitante ardia no flanco do penhasco e fazia dançar na penumbra as aberturas de algumas grutas.

— Pronto — murmurei. — Se esta é a vontade de Kristos, é aqui que continuarei a servir.

Capítulo 2
A gruta dos óleos

MÍRIAM DE MAGDALA CONTINUAVA A USAR A VESTE BRANCA. Mais do que antigamente, as longas mechas ruivas de sua cabeleira em desalinho escondiam os traços de seu rosto. Quando apareci diante dela no flanco do rochedo, após uma subida perigosa por escadas de corda, ela me reconheceu imediatamente e cruzou as mãos sobre o peito em sinal de saudação.

— Simão... eu não poderia imaginar que viesses até aqui!

Na hora me senti meio bobo, sujo e ocupado demais em recuperar o fôlego para pronunciar qualquer palavra.

Então dei alguns passos na sua direção e vi que ela também não sabia o que dizer nem o que fazer. Acho que naquele momento ambos abandonamos a idéia de acrescentar o que fosse àquele reencontro. Bastava que ele existisse, sem porquê nem como, sem justificativas. Lá, na cavidade do rochedo suspenso acima d'água, não havia Míriam de Magdala nem Simão, mas simplesmente duas almas que se encontravam, e ainda guardavam dentro de si as mesmas cenas nas mesmas ruas de Cafarnaum.

— Míriam... — finalmente consegui articular.

— Eu sei... — interrompeu-me ela imediatamente. — Ela veio me ver a noite passada, quando a lua estava escura. É bom que tenhas conseguido chegar até aqui, foi ela quem te trouxe.

Sua voz penetrou em mim. Era uma voz grave, extraordinariamente cálida e suave, mas com timbres às vezes ásperos, como as colinas da nossa terra.

Não lhe perguntei nada. Bastava-me saber que a trama continuava a tecer-se, o fio não fora rompido.

— Não faz mais de dois anos que estou aqui — disse Míriam. — Percorri tantos caminhos e este abrigo pareceu chamar-me para um trabalho mais longo!

Segurando-me pelo braço, ela me conduziu ao longo de uma série de grutas de proporções desiguais. Algumas eram naturais, outras escavadas pela mão do homem, mas todas ficavam quase a pique sobre o rio que serpenteava mais embaixo. Em alguns pontos passava-se de uma a outra por pesadas passarelas de madeira e cordas que se projetavam no vácuo. Era uma arquitetura improvisada, através da qual a engenhosidade humana casava-se magnificamente com as propostas da natureza.

Após alguns passos, percebi enfim que não estávamos sós. Homens e mulheres, uma dezena talvez, tinham assistido à minha chegada, ao nosso encontro. Mostraram-se silenciosos, discretos, mas agora começavam a manifestar sua presença, a interrogar Míriam e seus olhos se fixavam na minha direção. Suas roupas diziam que eram da raça de Kal. Resumiam-se a grossas túnicas de couro e lã. Seus cabelos caíam nos ombros, em tranças longas e malfeitas.

Paramos na entrada da mais importante das cavidades. Ela também se prolongava por uma espécie de balcão dominando o rio. Lá crepitava o grande braseiro que eu avistara.

O Caminho dos Essênios

Parecia que tinham posto um tronco de árvore inteiro para queimar e este projetava sua claridade até sobre a água.

Agora a noite caíra e as folhagens enredadas em balaustradas ao acaso contribuíam para tornar o lugar mais selvagem, mais secreto ainda. Os morcegos voavam em legiões e não fosse a presença de algumas mulheres atarefadas ao redor de grandes caldeirões sobre um leito de brasas, eu facilmente acreditaria estar numa região entre o céu e a terra, fora do nosso mundo.

— Foram eles que construíram tudo isto — disse Míriam, apontando para seus companheiros. — Eles viram seus pais serem massacrados nos vales. Não notaste a luz singular que se desprende destes rochedos? Ela não engana. Por causa dela eu quis parar aqui. Porque isso mostra que ela quer falar aos corações. É o sinal sagrado que o Mestre sempre nos pedia que procurássemos. Não é a vontade dos homens ou rituais de seus sacerdotes. É uma oferenda da natureza, uma delas, agora eu compreendo. Eles também, como o rochedo, ou talvez por causa dele, têm ao redor de si uma certa luz que não engana. Por isso comecei a ensinar-lhes que eles também eram dos nossos.

Dos nossos! Se o Mestre estivesse aqui, me repreenderia por estas palavras. Que hábito horrível este de querer separar!

Sempre o velho reflexo que nos faz dividir entre os outros e nós, e que subentende de modo bem claro que a dualidade ainda nos manobra insidiosamente. Sem cessar, Simão, eu me repito: há uma só família... compreendes?

Não soube o que responder. Parecia-me que só conseguiria dizer banalidades diante do enorme sonho de que a humanidade precisava despertar, o sonho dos olhares que não são convergentes e das palavras que separam.

— Os nossos, os vossos...! — consegui enfim exclamar.

— O próprio Kristos não pensa "os meus", pois se Sua força

habita em nós é porque Ele vive em cada um de nós, na sua totalidade. Ele se reconhece até na erva que cresce ao longo dos caminhos!

A poucos passos do braseiro, sentamo-nos numa pedra. Uma mulher pequena e redonda, de olhos vivos, veio servir-nos uma tigela cheia de sopa com o auxílio de uma enorme colher de madeira.

— Míriam — falei então —, não sei a razão profunda da minha vinda aqui. Só posso oferecer-te o que sou, como o desejares...

Míriam deixou-se invadir por um imenso sorriso e pôs sua tigela fumegante no chão.

— A razão eu a conheço Simão. Se tua força está disponível, tu me ajudarás a orientar as aptidões destes homens e destes rochedos numa direção bem precisa.

Desde a mais tenra infância sempre me espantou o número de homens que sofrem em sua carne, e a enorme quantidade de almas que torturam a si próprias.

Só comecei a compreender o mistério destas coisas quando os irmãos de Essânia começaram a me instruir sobre a natureza das diferentes matérias que constituem o corpo humano, como a maioria delas escapa a nossos olhos e interferem umas sobre as outras.

Quando o Mestre tomou Seu lugar na minha vida, descobri certos elementos capazes de aperfeiçoar a arte que os anciãos de nosso povo me tinham ensinado: a elaboração dos óleos e dos bálsamos.

Através dessa arte, Simão, vi que o ser cuja alma se obstina demais em rezar, finalmente aprende a rezar; vi também que diante do dom do óleo até as carapaças mais duras se desfazem. Da mesma forma que me foi dado receber esse conhecimento, chegou para mim o tempo de comunicá-lo. Há dois anos, chegando diante deste rochedo num pequeno barco,

O Caminho dos Essênios

ouvi no meu peito uma voz que dizia algo como: "Míriam, será aqui..."

Hoje o que vês aqui está às vésperas de transformar-se num bethsaïd. Precisei de todo esse tempo para instruir estes homens e estas mulheres e elaborar outra vez todos os óleos com os quais eu trabalhava em nossa terra. Agora, estamos prontos, é urgente que tudo isto possa ser aberto. Mas vem ver antes...

Míriam levantou-se decidida e se dirigiu a uma borda da rocha que se desenhava como uma trilha agarrada na muralha. A noite estava escura e eu não distinguia os tufos de vegetação que pendiam ao longo da parede e me fustigavam o rosto. Nosso trajeto foi curto; logo estávamos diante de uma tocha que crepitava, plantada numa fenda do rochedo.

Ela exalava um odor acre e assinalava a entrada de uma verdadeira sala arrumada dentro da própria montanha. Míriam apanhou a tocha e entramos após ter afastado uma pesada cortina. Imediatamente fomos envolvidos por um perfume penetrante. Era uma presença singular, carregada de uma vida intensa e na qual sentia-se flutuar mil manifestações da natureza.

— Vê — disse Míriam brandindo a tocha em todas as direções —, há mais de cinqüenta!

O lugar não era grande, mas cheio de pequenos jarros de argila e recipientes de pedra, alguns dos quais pareciam vedados com cera.

Míriam então confiou-me a tocha e levantou com extremo cuidado a tampa de um dos vasos para que eu aspirasse o conteúdo. Ao clarão da chama, vi um líquido amarelo ouro, quase tão espesso quanto o mel. Desprendia-se dele um perfume forte, algo indefinível e enfeitiçante, que me fazia mergulhar na lembrança de nossas ruelas de outrora. Fugidiamente ela reavivava segredos e cultos e fazia ressurgir sabores esquecidos.

223

Míriam de Magdala mergulhou nele a ponta de um dedo e em seguida aplicou no meu pulso esquerdo com um lento movimento circular.

— Este óleo, Simão, vejo nele a Transparência do Éter. Ele é o receptáculo total do universo vital que nutre cada manifestação de nosso mundo. A planta que lhe serve de base põe aqui um pouco de sua alma e a da terra onde ela cresceu. É a união dessas duas almas que lhe dá sua aparência. O que ela dá de sua própria alma, a planta o recolhe junto ao que o Sol tem de mais pesado; o que ela oferece da alma da terra, a planta o recolhe do que a Terra tem de mais leve. Todo óleo é conseqüência de uma permuta. Por isso ele é, ao mesmo tempo, pesado e fluido, porque reúne o que nós facilmente achamos que é oposto. Na verdade, não é mais uma proposta de união, um cálice que permite que os mundos se interpenetrem, ou seja, que possamos fazer dele um grande rio que os percorra todos!

Agora, Simão, é preciso saber o que se põe nesse cálice. É precisamente aqui que a grande comunicação com a Natureza intervém. A linguagem do Amor, que mantemos com o corpo denso do Pai, permite apenas a compreensão da especificidade da alma vital própria de cada planta que nele vem juntar-se. Eis a raiz da compreensão que estou tentando fazer que refloresça aqui.

Para tanto, deve nascer uma comunidade de homens e mulheres dispostos a tudo oferecer a fim de aliviar o peso da humanidade. Assim, a palavra do Mestre também pode avançar. Queres ajudar-me, Simão?

Ainda me lembro da alegria que aquela pergunta despertou em mim.

— Precisas mesmo de uma resposta, minha irmã? — exclamei com força. — Tu bem sabes...

O Caminho dos Essênios

Foi assim que resolvi pousar meu velho saco de pano grosso. Por um ano ou dez, pouco importava. O essencial era continuar a abrir caminho, ainda e sempre. A revolução das consciências e dos corpos, eis tudo o que queríamos. O óleo, tal como o vivia em seu coração Míriam de Magdala, devia transformar-se, através das inúmeras elaborações a que ela o submetia, numa entidade à parte, transmutadora.

Eu às vezes a ouvia horas inteiras, na companhia daqueles a quem instruía metodicamente. Ela lhes falava de um ovo que devia eclodir e da necessidade de entender sua gênese, sua sublimação e finalmente seus diversos níveis de existência ou de prolongamentos. Quando surgia uma oportunidade, ela não deixava de compará-lo ao Kristos.

— Falo do óleo — dizia —, do óleo que ainda não conseguimos elaborar. Meus irmãos, vós bem o sabeis, ainda estamos no estágio dos óleos. O que desejo oferecer ao Mestre será a reunião de todos os outros mais alguma coisa, infinitamente luminosa: será o Kristos do mundo vegetal. Ele "será", mas sei também que Ele já "É". Basta simplesmente ajudá-Lo a revelar-Se através de um chamado do fundo do nosso coração. É Ele quem prepara o terreno.

Crede, o Kristos da planta é o aliado do Kristos dos homens. Toda consciência é o prolongamento de outra, depois o germe de mais outra. Tudo depende do nível sobre o qual a própria essência do Sol se condensa.

Um dia, quando construíamos muros de pedra para melhor proteger dos ventos a entrada de alguns de nossos abrigos, Míriam se aproximou de mim para me ajudar a amassar o barro com que devíamos preencher os buracos da parede.

— Há muitas coisas sobre as quais preciso te falar, Simão... mas não sei se é hora. Tantas coisas foram ditas a meu respeito pelo povo de Jerusalém! Algumas vezes as ruas

225

estavam tão cheias de conversas...

— Nenhum de nós acreditou nelas, Míriam. Bastava-nos ver-te tantas vezes ao lado do Mestre e de Sua mãe.

— Confesso francamente que minha forte independência não simplificou em nada a situação. No entanto, se consegui me fazer aceitar entre as Irmãs do Templo do Fogo, foi desobedecendo a meu pai, José. Foi lá que durante anos aprendi a amar, depois a preparar os bálsamos e os perfumes. Sabes que entre nós as mulheres não tinham o direito de falar muito sobre essas coisas... mas eu não sei mais onde fica o "entre nós" e também não acho mais que as horas e os dias sejam os mesmos de antigamente.

Às vezes chego a me perguntar se o povo de Essânia ainda existe. Por trás de sua preocupação com a pureza, havia ainda uma muralha a mais, talvez um nome, seu nome, tão pouco ligado a este mundo.

Lembras-te como alguns de nós acusaram o Mestre de abalar seu edifício? Ele não achava pertencer mais ao nosso povo, aliás, a nenhum povo.

Também estavas presente no dia em que Ele gritou diante dos romanos: "Sou de todos os povos e minha morada é no coração de cada um de vós!" Alguns, mesmo entre os nossos, riram abertamente!

Míriam falava assim enquanto amassava o barro com força. E, na onda de suas palavras, eu captava uma força que jamais suspeitara nela.

— Acho que devo falar-te um pouco do Templo do Fogo — acabou por me dizer à meia-voz. — Promete simplesmente só falar dessas coisas num tempo em que uma página tiver sido virada.

Levei a mão direita ao coração.

— Não éramos muito numerosas no templo. Este mostrava-se muito discreto na montanha à saída de Jerusalém e

O Caminho dos Essênios

não nos permitiam entrar lá antes do nosso décimo terceiro aniversário.

Para falar a verdade, era preciso que fôssemos mulheres; só as mulheres, afirmavam as que nos ensinavam, representavam uma ponte permanente entre o mundo das forças vitais e o nosso. Só elas, nos diziam, eram dotadas da capacidade natural de extrair do ar, em cada instante de sua vida, uma quantidade importante de energia sutil, orientá-la e, a cada lunação, jogar fora suas cinzas. Esta faculdade bastava para torná-la um ser sensitivo, uma terra de trocas entre o reino dos ventos de luz e o mundo das formas.

Para tanto, ensinavam-nos a abrir nosso coração a fim de nele receber sem cessar a presença do Eterno. A lâmpada da concavidade de nossos peitos estava dilatada e só podíamos irradiar alegria. Os antigos, que conheciam esse fenômeno, nos chamavam de filhas da alegria.

— Eu conheço esse nome, Míriam. O velho Zérah, que nutriu toda minha infância, às vezes o pronunciava. Com ele, referia-se a algumas de nossas irmãs das Estrelas [1] cujas nuvens às vezes nos visitam. Zérah dizia sempre que aqueles que compreendem só conhecem as palavras da alegria e a partir de então não necessitam de nenhum abrigo.

Míriam então ajoelhou-se e com a água de um cântaro começou a lavar as mãos.

— Eu não tinha sido instruída sobre isso — disse ela, mergulhando seu olhar no meu —, mas aprendi que o corpo de uma mulher, mais do que qualquer outro, podia condensar forças capazes de abrir a matéria e metamorfoseá-la, a matéria dos óleos, por exemplo.

Devo ter parecido um pouco surpreso, porque ela explicou com um largo e divertido sorriso:

— Não, Simão, o que me ensinaram não é nenhuma

---

1 — Ishtar ou Lua-Sol (Vênus).

Anne e Daniel Meurois - Givaudan

prática de magia. Simplesmente ajudaram-me a reconhecer o amor que existe num coração e associá-lo às leis sutis do corpo humano. Isto assusta muita gente, porque o corpo é um templo que nós desdenhamos e uma ferramenta que os artesãos do Eterno rejeitam! É uma força que nos comprazemos em tornar muito estreitamente humana, ao passo que ela é um verdadeiro prolongamento da força divina num ponto preciso do seu despertar. Mas, perdoa-me, as palavras com freqüência complicam as coisas. Quero dizer-te que para rematar os óleos e os bálsamos que nossos ancestrais nos ensinavam a elaborar, devíamos aprender, junto com o domínio dos nossos pensamentos, o domínio dos gestos. O corpo humano concentra em si, em alguns pontos, forças espantosas que é preciso saber reconhecer e utilizar com amor e exatidão. Para que essas forças vitais atingissem o máximo de sua radiação, devíamos praticar algumas danças perfeitamente determinadas, em que a fantasia da alma que se compraz em satisfazer-se não podia interferir. Neste domínio, aquilo constituía a primeira marcha física de nosso aprendizado. Depois, quando nossos corpos estavam impregnados pela compreensão sagrada de uma dança, ensinavam-nos a reproduzir e a concentrar os mesmos movimentos com as mãos e os dedos. Lá também, Simão, não era permitido o mínimo desvio da lógica dos gestos ensinados. Aquilo não nos pesava, porque sabíamos e sentíamos bem que nada havia de arbitrário neles [2]. Cada um de nossos dedos é a manifestação de qualidades do Eterno. Da mesma forma o são algumas partes precisas da mão e do pulso. No momento em que pomos essas zonas ou os dedos em harmonia uns com os outros e lhes permitimos executar os sinais certos, eles se transformam em captadores dos grandes rios de luz, que nos rodeiam e tão raramente vemos. São eles e todo o amor que

---

[2] — Esta prática pode ser comparada à dos mudras orientais. Nós a encontramos também, em estado embrionário, nos ofícios cristãos.

228

O Caminho dos Essênios

os faz se moverem que dotam o óleo de seu último princípio regenerador.

Às vezes também nos ensinavam a associar aos nossos gestos uma pedra, cuja cor e pureza de transparência eram escolhidas em função do destino exato do óleo, que em seguida era oferecido aos bethsaïds de nosso povo. Foi assim que pratiquei, até o dia em que tomei consciência do que animava o coração do Mestre.

Hoje, depois que Kristos falou em mim, do mesmo modo que eu só procuro um Óleo, estou em busca do único Gesto que resume e transcende todos os outros. Eles existem, porque alguma coisa em mim os viu, esse Óleo e esse Gesto. Essa coisa partiu ao encontro deles, aqui mesmo.

— Míriam, não achas no entanto que o fogo que vem do coração possa brilhar mais forte do que o mais puro de todos os bálsamos?

Sei bem que nosso povo sempre utilizou ungüentos e óleos para curar o corpo e reconfortar a alma; mas depois que o Mestre falou, é concebível que ainda seja necessária uma força exterior ao ser humano e ao seu amor? Isso não significa retroceder diante do aperfeiçoamento que é exigido de nosso coração?

Míriam de Magdala apertou os olhos e pôs-se a rir, arrepanhando com uma só mão as longas mechas do seu cabelo.

— Estou rindo, Simão, porque estou feliz... vejo que Ele não falou em vão, porque caminho tanto ao Seu lado que vejo sempre, passo a passo, a profundidade das pegadas que Ele deixa!

Tua pergunta, eu também a fiz, meu irmão. Mas pareceu-me que, para não cair na trama da preguiça dos homens, deveríamos também descobrir as sutilezas do orgulho. Não se pode ensinar o homem a caminhar mais rápido do que o seu passo. Quantos hoje podem apresentar seu coração repleto de

Anne e Daniel Meurois - Givaudan

amor, nu, na ponta dos dedos? Não é um ser ou uma luz que fale em seu lugar que desejo oferecer a todos que cruzarem meu caminho; é um intérprete para certas palavras que eles ainda gaguejam, um bastão para que se apóiem mas que não conseguirá impedi-los de avançar. Meus óleos falam a única língua que alguns podem aprender e compreender. Eles desaparecerão, depois reaparecerão, incansavelmente, enquanto a presença do Awen, como o chamam os irmãos daqui, não puder estender-se à maioria das almas.

Nos meandros de nossos abrigos semelhantes a ninhos de águias, os dias e os meses passaram depressa. Durante algumas luas Míriam preparara certos óleos, ajudada por alguns de seus novos companheiros. Depois veio o tempo em que começamos a acolher doentes, cada vez mais numerosos, numa grande cabana de madeira construída um pouco afastada da falésia e da água. Quanto a mim, pus-me a subir incansavelmente as mil sendas limosas que levavam às aldeias vizinhas. Era preciso ajudar aos que não podiam deslocar-se. Míriam me confiou seu asno, presente de um pequeno chefe de tribo, e assim os óleos viajaram, em frascos de argila, por toda a região. A fama do seu poder curativo tornou-se logo tão grande que foi fácil falar do Mestre que nos tinha enviado.

"Haverá momentos em tua vida", tinham-me dito entre os muros do Krmel, "que verás homens e mulheres te apresentarem a chave do seu coração. Fica atento a esses momentos. Não terás o direito de abusar deles, pois são sagrados. Também não terás o direito de deixá-los escapar, pois uma porta que se entreabre por si mesma também pede que a empurremos um pouco mais. Às vezes, verás que não se deve hesitar em fazer os gonzos girarem, já que alguns gostam que lhes falemos em voz alta; mas saberás, acima de tudo, que a tolerância e a doçura fazem esses gonzos desaparecerem por si sós."

A dificuldade, para o povo humilde que se apresentava em

O Caminho dos Essênios

nosso bethsaïd, era não formularmos dogmas e leis outras que não as do Amor. Diante de relatos das ações do Mestre e do eco de Suas palavras, inúmeros esperavam que lhes ditássemos uma regra de vida com seus tabus, suas proibições, suas obrigações absolutas. Os poucos sacerdotes que nos visitavam regularmente também diziam muitas vezes que não compreendiam. Estavam prontos a reconhecer a divindade do esplendor de Kristos, mas reclamavam rituais que enriquecessem os deles. A simplicidade do Amor sem "mas", a nudez da alma que aprende a entrar em contato com sua fonte sem um intermediário obrigatório era uma noção que poucos admitiam.

Sempre foi difícil estender aos homens um espelho que mostra a imperfeição de seus trajes. A palavra de Kristos é semelhante a tal objeto. Ela lhes devolve a imagem do que eles são sem artifícios; ignora as carapaças e exige autenticidade. É aí, diz ela apontando para o coração do homem, é aí que tudo acontece. A Essência está aí... ao redor só há a manipulação das construções mentais e escudos de individualidade.

Junto a Míriam, nosso pequeno grupo não cessava de ensinar, aos que nos escutavam, como romper as cadeias. Era preciso extirpar o velho reflexo de medo diante de uma Divindade que viam como tão exterior ao seu ser e que sancionava seus menores gestos.

— Amai o Amor porque é o Amor — disse-lhes Míriam um dia, sentada num ponto qualquer à margem do rio. — Não se pratica o Amor por medo do Mal, se for assim, é um arremedo dele, nada mais. Aliás, não se pratica o Amor, a gente se identifica com ele. Assim o ensina o caminho que seguimos.

Uma de minhas tarefas, em breve, consistia em manter contatos estreitos com os sacerdotes da religião de Kal que viviam nos arredores. Por sorte, eram homens sábios. Entretanto, eu temia que o povo, abalado em suas crenças, viesse simplesmente a rejeitá-los. Nossa meta não era dividir,

231

Criando um enfrentamento, mas abrir horizontes.

Falei da minha preocupação com dois velhos que usavam a veste de pano branco e celebravam seus rituais nas profundezas da floresta, às vezes a sós, outras diante de uma assembléia de aldeões.

— Sabemos — respondeu-me um deles cofiando a longa barba com os dedos — que as respirações da Lua e do Sol estão se acelerando. Sabemos que a palavra do teu Mestre contém a nossa e reconhecemos também que ela fabrica palavras que não conhecemos. Por isso respeitamos teu caminho e o acatamos. Mas ouve, os anciãos da nossa raça souberam mostrar aos homens a divindade da natureza. Toma cuidado para que, revelando a esses homens sua própria divindade, não os faças esquecer as pulsações de sua nutriz, aquela sobre a qual dão seu primeiro passo a cada manhã.

Agora escuta ainda... o lugar onde tu e os teus viveis, antigamente era chamado de "região da vida profunda". A estranheza dos tempos fez com que não a habitássemos mais. No entanto, nós ainda conhecemos lá cada rochedo. Eis o que vou te dizer e facilitará o trabalho de tua Irmã: bem no alto da parede, hoje talvez em baixo de espinhos e musgos, conhecemos uma rocha que transpira água. Procurai lá, é uma água de saúde. Vem de uma fonte que na verdade não é uma fonte. Talvez devêsseis escavar a pedra para melhor recolhê-la.

No fundo de sua floresta, como árvores nodosas mas ainda cheias de seiva, os dois velhos haviam conseguido falar diretamente ao meu coração. No seu refúgio de verdura, em meio a decocções e objetos rituais, eles nos estendiam uma tocha, sem preocupar-se com a autoridade que poderiam perder.

Dois milênios depois, sua presença, talvez meio austera mas tão calma e tão luminosa, ainda impregna minha alma com um odor de sabedoria.

O Caminho dos Essênios

Segundo suas indicações, a "rocha-fonte", como a chamávamos, foi encontrada depois de ser limpa das ervas. Incorporada à parede, era imponente e ressudava uma água discreta, que se perdia entre os pedregulhos do chão. Um de nós, com mil precauções, aumentou a pequena taça cavada outrora no seu centro e boa parte da água foi, assim, canalizada. Ela continuava lá, inesgotável, como uma dádiva do Invisível exalada pelo coração do rochedo, mesmo nos dias mais quentes.

Nós a púnhamos sobre as feridas dos doentes que moravam conosco ou dos que simplesmente nos visitavam. Era forçoso reconhecer que ela irradiava uma luz parecida com a dos óleos. Numa tarde de verão, quando estávamos orando na entrada do maior de nossos abrigos, Míriam de Magdala voltou-se bruscamente para mim.

— Meu irmão Simão — murmurou ela —, talvez eu tenha compreendido. Essa água que o rochedo nos oferece, vejo claramente que a Terra a busca no Sol. Meus olhos ainda são filhos da lua; as plantas que banhei nela estão plenas de sua radiação de prata. Será preciso escolher entre o Sol e a Lua? Eu não posso! O que devo fazer é casá-los... assim será alcançado o Grande Sol, aquele que contém os dois, que não produz sombra!

Durante algum tempo, só vimos Míriam muito rapidamente. Ela sequer voltava aos amontoados de grandes pedras onde dormia no fundo do abrigo. Sua única morada era a gruta dos óleos.

Estávamos nos dias mais quentes do verão quando ela se aproximou de mim com uma luz clara e inusitada nos olhos. Seu rosto não era mais o mesmo. Mostrava aquele espanto que a gente manifesta no cume de uma montanha onde se descobrem horizontes inexplorados. Sua silhueta também parecia ter mudado. Não era mais simplesmente a de uma mulher que

233

tinha visto, mas a de um ser que acabava de tocar com os dedos a realidade absoluta.

Naquele momento percebi-a como uma fonte, quase como uma outra imagem do Mestre que se aproximava.

— Por que continuar a só contar o tempo por luas, Simão? — disse ela com uma voz quente e discreta. — Precisamos ir ao fim de nossa mutação. Queres seguir-me? Acho que hoje porei um pouco de carga nas tuas costas...

Capítulo 3
História de Míriam

NÃO LONGE DO ABRIGO DO ROCHEDO ONDE ESTAVAM GUARDADOS os jarros de óleo e as taças de ungüentos, existia um compartimento muito discreto. Raramente entrávamos lá. Era ali que Míriam cada vez mais se retirava para concluir sua tarefa. O lugar era protegido das bordas do precipício e da água por uma grande rocha. No alto da rocha fora fixada uma taça de metal grande e pesada, onde permanentemente eram queimadas ervas odoríferas. Muitas vezes observávamos as nuvens de fumaça branca que se desprendiam de lá. Elas constituíam uma oferenda que fazíamos ao espírito de Vida onipresente na natureza, e prolongavam também as orações de nossos corações.

À sombra da enorme rocha chegava-se ao lugar onde Míriam trabalhava, passando por uma sólida porta de madeira, bem baixa, firmemente ajustada à muralha. Quando passei pelo umbral de novo, depois de vários meses, meus olhos tentaram por muito tempo descobrir algum contorno na escuridão do ambiente. A luz vacilante de uma minúscula lâmpada a óleo mal me ajudava a andar por lá. Era como se a densidade das paredes a absorvesse.

Só um fino e delicado feixe de luz vindo de fora atingia o chão em determinado ponto. Apenas a claridade branca que ele espalhava permitiu-me, ao fim de alguns instantes, mover-me e assistir a um estranho espetáculo.

No chão da gruta haviam sido escavados, sem lógica aparente, inúmeros pequenos buracos com as bordas alargadas. Alguns se comunicavam entre si por finos canais igualmente escavados na pedra, outros ficavam isolados.

Sem dar-me tempo para qualquer pergunta, Míriam puxou-me na direção de uma parede e apontou para um canal também feito no chão, porém mais longo e mais fundo do que os outros. Nascia sob uma das paredes da peça e terminava numa das taças do solo, aparentemente a de bordas mais largas. Debrucei-me sobre ela instintivamente.

— É a água da rocha-fonte — disse Míriam. — Antes de mim outros seres pensaram em captá-la até aqui. Só tive que remover a terra e o limo que se haviam acumulado nos buracos e nas fendas do chão. Agora suas propriedades vêm juntar-se às dos óleos. Consegui finalmente casar seus respectivos princípios e obter uma substância de vida. Vê...

Míriam de Magdala tinha entre as mãos um pequeno recipiente de pedra cinzenta mal polida cuja tampa retirou.

Inclinei-me para ver melhor e sentir o cheiro. Lá havia um líquido espesso, cor de âmbar e exalando um perfume sutil, totalmente desconhecido para mim.

— É o Óleo — falei —, o Óleo último que procuravas?

— Acho que sim, Simão, foi não fragmentando mais a vida nem em minha cabeça nem em meu coração que eu o encontrei.

Vê este raio de Sol que vem varrer a pedra... ele nutre um por um os buracos do solo em que repousam óleo e plantas conforme os períodos do ano e as horas de nossos dias. A Lua também age assim. Eu lhes selecionei os influxos. A água inter-

O Caminho dos Essênios

veio num momento preciso do trabalho, em que a alma vital do óleo pede para ser revelada pela Outra Luz. Nesse instante final, o óleo morre e dá lugar ao seu Kristos. Ele nos mostra a porta que devemos abrir em nós, abandona seu nome e suas resistências, porque também as plantas que o compõem igualmente se acham consumadas.

Oh, Simão... para que os homens pensam que nasceram? Uns imaginam que nasceram para mudar a terra, outros para vender, para curar feridas, outros ainda para comandar, sei lá o que mais! Tão poucos se acreditam feitos para a Vida! Todos atravessam a Vida identificando-se com apenas uma de suas cores, raros são os que deixam a Vida fazê-los evoluir. É isto que quero dizer-te, é isto o que o Mestre me revelou no trabalho com este óleo.

Não é preciso dizer-me "é tudo?" porque eu responderei: "é Tudo".

Havia fogo e água nas palavras de Míriam. Eu os senti quase fisicamente revoluteando no espaço do pequeno aposento e quando pararam de ressoar, um longo silêncio baixou sobre nós. Uma vez mais eu compreendia que toda a vida de um homem deve tender a encarnar o que é mais do que a sua vida, mais do que ele crê que seja sua vida.

Alguma coisa em mim gritava que a verdadeira doença do homem residia no fato de transformar-se numa imitação de si mesmo, uma réplica desbotada de sua própria natureza, que se perpetua através dos tempos por preguiça, por egoísmo.

Curiosa doença a de se acreditar encarnado quando só o que evidenciamos é uma sombra! Encontrar-se é ver em si o Espírito que se prolonga num corpo e não mais sentir-se como um corpo em busca do seu Espírito.

Meus olhos estavam fixos nos buracos no chão e seu estranho entrelaçamento. Quando os levantei, Míriam já estava sentada a um canto, numa espécie de banco escavado na própria

Anne e Daniel Meurois - Givaudan

rocha. Havia lá alguns tecidos de lã. Sem dúvida era naquele lugar que ficara velando enquanto a Obra se elaborava.

Ela acrescentou então um pouco de óleo à sua lâmpada que estava apagando e compreendi que desejava falar. Míriam olhou na minha direção, mas não era a mim que ela enxergava. Ela via a Memória do Tempo e um presente que ainda não tinha se manifestado.

— Simão, o que ainda tenho a dizer-te não serve para os ouvidos de hoje...

Ela se afastou um instante, depois recomeçou num tom mais firme e decidido:

— O que vou te confiar ainda me obriga a falar de mim, mas na verdade minha pessoa aqui interessa muito pouco.

Meu coração e minha memória, hoje, são como cofres, meio cheios demais, sem dúvida, mas cujo conteúdo pode modificar muito a história dos homens.

Sabes que sou da família de Arimatéia e Eliazar é meu irmão. Sabes o que fiz para ser ensinada pelos de Essânia. Hoje sem dúvida compreendes melhor porque o Eterno pôs a alma de meu pai no corpo de um rico notável. Todos somos pontes entre duas margens, entre dois modos de ser. Deves agora saber que desde a minha saída do Templo dos óleos eu me apaixonei por um homem... Saulo.

— Saulo?

— Sim, Simão, é mesmo quem estás pensando! [1] Lembrate de como era poderoso e respeitado em toda a Judéia, até pelos romanos. Seja como for, meu pai ajudou nossa união. Era na época em que ele começava a receber à sua mesa estranhos Irmãos de branco e de olhares tão claros... vinham das areias de Heliópolis. Era no tempo, também, em que eu estava fascinada pela altivez e pelo entusiasmo de Saulo. Além do mais, percebi

---

1 — Saulo de Tarso, futuro São Paulo, iluminado no caminho de Damasco.

O Caminho dos Essênios

que secretamente ele nutria esperanças de representar nosso povo junto aos romanos. Não era ele herdeiro de Benjamim? E os chefes das outras tribos pareciam acalmar-se... Entretanto, uma vez celebrado o casamento, sua atitude mudou rapidamente. Onde eu vira altivez e nobreza, não via mais que arrogância e orgulho. Logo compreendi então que nosso casamento fora para ele apenas uma forma de aproximar-se de José, meu pai e da sua influência junto aos romanos. Sabes também que somos da tribo de Davi. O plano de Saulo acabou mostrando-se em toda sua clareza.

Rapidamente ele me deu um filho, a quem dei o nome de Marcos para satisfazer o gosto de seus amigos. Depois nossa vida não passou de uma série de desentendimentos. Saulo tornava-se violento e só parecia preocupado em seduzir aqueles que governavam nosso país, sacerdotes, soldados e mercadores. Então, Simão, fiz uma coisa que uma mulher não pode fazer em nosso mundo de homens. Eu o deixei, fugi para longe de Jerusalém, lá onde meu pai tinha outra casa, em Migdel [2], onde havia amendoeiras perto do lago, sem criados nem discussões confusas. Tive que abandonar Marcos. Para mim, foi o começo de uma outra vida. Sabes a reputação que tem, em nossa terra, mulher que abandona o marido!

Durante longos meses quase não me atrevi a sair de nossa casa em Migdel, atormentada pelo medo de ser apedrejada. Só meu pai, Marta de Betânia e alguns outros que sabiam onde eu estava iam visitar-me. José, meu pai, me compreendia e garantia que cuidaria da educação de Marcos, que o levaria em suas viagens de negócios ao país de Pha-ra-won e além.

Minha existência começou a ficar apenas um pouco mais calma. Durante anos, voltei-me de novo para os irmãos de branco e para os ungüentos. Foi assim até o dia em que um

---

2 — Magdala.

239

rumor estranho começou a correr pelas ruas do pequeno porto de Migdel.

Imaginas o que se seguiu, Simão... Era o Mestre pisando em nosso solo. Rapidamente eu quis saber e logo soube que era o Grande Rabi branco, cujas palavras e atos sacudiam tanto os espíritos.

Saulo, de quem meu pai regularmente me dava notícias, também sabia quem era Ele ou pelo menos pensava saber! O Rabi pertencia à família de Davi e era o ferro da lança! Disseram-me que Saulo, assim que soube que alguns zelotas e uma parte do povo queriam transformá-Lo em libertador de nossa terra, declarou-se seu inimigo pessoal. Se nosso povo devia ter um rei para tratar com os romanos, só poderia ser ele, meu marido, percebes?

Pensei que o relato de Míriam ia parar, porque sua voz estacou bruscamente na penumbra como um fluxo doloroso que se esgotou.

No chão reluzente, o leve cintilar amarelado das taças de óleo atraía agora toda a minha atenção. Acho que o véu de silêncio que se teceu por um instante não era verdadeiramente um véu. Palavras mudas brotaram no vácuo de nossos espíritos. Não eram perguntas nem respostas, mas simples pérolas de esperança trocadas.

— Ignoro exatamente a razão de tudo aquilo — recomeçou Míriam de repente, com voz menos grave e mais serena —, esta existência está a serviço de um desígnio que ultrapassa nosso entendimento!

— E o Mestre? — perguntei.

— O Mestre, Simão! Sabes, como eu, que Ele jamais teve inimigos em seu coração! O nome de Saulo não Lhe era mais difícil de pronunciar do que o dos irmãos mais próximos. Acho que Ele já o amava como não podemos imaginar... e ainda o ama. Não existem palavras para isto, Simão, não há conceitos

O Caminho dos Essênios

para falar do Ser que é a Vida em estado puro. Como pode sentir-se ferido quem está além da idéia de combate? Sabes que eu O ouvi gracejar quando saiu da frente de Pilatos e Lhe puseram o madeiro nas costas?

Desde o momento em que meus olhos encontraram os Seus pela primeira vez, para mim foi como se tudo tivesse sido dito... a partir daquele dia, tudo o que tento fazer pelos homens e pelo chão que nos sustenta nada mais é do que um impulso do coração!

— Mas, Míriam — perguntei-lhe —, teu pai jamais te havia falado do Mestre antes? Ele conhecia desde sempre sua existência!

— Ele apenas contou a vida de um jovem que o tinha acompanhado numa viagem e era membro da nossa família, mas quando lhe perguntávamos alguma coisa ele sempre fugia do assunto.

Compreendes, Simão, era como se dentro do seu coração ele preservasse um vaso cheio de um perfume precioso. Ele receava levantar a tampa antes da hora, com medo de que o perfume perdesse sua força. Lembro-me do pequeno ancoradouro de Cafarnaum. Havia lá, perto da água, uma fila de tamareiras sob as quais éramos inúmeros a ouvir as palavras do Mestre! E o Mestre levantava tantas ondas na multidão reunida! Não sabíamos se era o Sol ou alguma borrasca incrível que nos penetrava, mas a cada vez que nos separávamos não éramos mais os mesmos...

No dia em que, no meio da multidão, Ele pegou minha mão para levar-me para perto de Eliazar e de seus próximos, confesso que meu coração bateu diferente. Mas eu nunca quis ser igual a todas aquelas mulheres que às vezes se acotovelavam ao redor Dele. Eu devia viver por Ele e não para Ele; não com meu olhar fixo no Seu, mas com o olhar Dele no meu... e em cada um dos nossos.

Quando consegui admitir isso, estabeleceu-se entre nós uma estranha cumplicidade, uma verdadeira ternura que não agradou a todos, tu sabes. Aquela ternura, aquela fraternidade absoluta, permitiram-me compreender a que ponto Sua alma era transparente e presente por inteiro na menor de suas palavras. Ele não era mais homem, Simão... ou então o que entendemos por humanidade não passa de uma cópia grosseira do que existe em algum lugar. Não sabemos muito sobre isso.

Mas é preciso que te fale principalmente de meu filho, Marcos [3]. Não o vejo há muito tempo e se ele me volta sem cessar à memória é porque o Mestre me falava dele com freqüência.

— Então Ele o conheceu?

— Tu também, tu o conheces, Simão. Ele era ainda jovem e por prudência só seguia o Mestre de longe, para evitar a cólera de Saulo. Portanto, ele estava lá, na noite em que foram prendê-Lo em Getsêmane. Ele fugiu imediatamente e foi informar-me de tudo [4].

Mas ouve bem, porque tudo isto te diz respeito...

Dei alguns passos apressados na penumbra, depois juntei-me a Míriam em seu banco de pedra. Eu queria me afastar dos ruídos do exterior que se insinuavam até nós. Lá fora, bem lá em baixo, sobre a água, devia haver mercadores em grandes barcas improvisadas que, como de hábito, ofereciam confusamente algumas leguminosas a quem quisesse ouvi-los. Seus gritos e as batidas dos remos sobre o rio agora faziam parte do nosso mundo.

— Sim, Simão, isto te diz respeito — continuou Míriam —, ou melhor, diz respeito aos que receberão os textos de que estás encarregado.

O Mestre atribuía grande importância ao fato de Marcos

---

3 — Trata-se, nos textos canônicos, de "Marcos, o menor".
4 — Ver o Evangelho.

O Caminho dos Essênios

ter nascido da união das famílias de Davi e de Benjamim. No seio dessas duas famílias — disse-me Ele —, há muito tempo, os Anciãos da Terra Vermelha e também nossos Irmãos das Estrelas fizeram um repositório em que cada coisa, conforme o modo como a vemos, tem o brilho da prata ou o esplendor do ouro.

Tudo aconteceu nas salas subterrâneas de Heliópolis. Alguns do ramo de Benjamim captaram a radiação prateada de Lua-Sol, enquanto outros, da família de Davi, foram sensíveis à ressonância solar de suas palavras. Toda a história da tradição de Essânia e dos irmãos nazaritas tem sua origem nisso.

O Mestre a seguir ensinou-me que, ao sair do país de Pha-ra-won, as duas tendências ainda continuaram unidas. Quando mais tarde uma parte dos descendentes de Benjamim foi banida da raça de Abraão [5], ela permaneceu na Terra de Canaã para que a Tradição oral de Heliópolis continuasse a viver.

Grandes templos dessa Tradição foram então construídos às margens do Mar Branco [6]. A coexistência entre os diferentes portadores da palavra secreta da Lua e do Sol implantou-se.

Mas a terra tal como os homens a imaginam é pesada, meu irmão... e o que pensamos compreender da Lua é mais pesado do que o que chegamos a sentir do Sol!

Os irmãos de Essânia e os nazaritas misturaram-se nos mesmos lugares em torno dos mesmos preceitos e todos os homens os confundiram. No entanto, só a tendência guerreira oriunda de Benjamim manifestou-se aos olhos do povo. Houve combates e muitas intransigências...!

O Mestre me afirmou que aquela situação se prolongara

---

5 — Ver a Bíblia. A tribo de Benjamim teria sido banida por seus costumes, ou seja, uma transposição humana e essencialmente sensual de Vênus (Ishtar-Lua-Sol).

6 — Mar Morto.

por cinco decênios antes do Seu nascimento entre nós. A sensibilidade solar de Essânia, então, recusou-se a ocultar por mais tempo seu amor à paz e à tolerância. Rapidamente ela deixou os refúgios às margens do Mar Branco para semear com um sopro novo os velhos muros do Krmel e construir todas aquelas aldeias que conhecemos.

Minha história, Simão, teria parado aí se não houvesse na Lua alguma coisa do Sol e se este não conservasse em si alguns raios da Lua.

— E é sobre esta terra que devemos reuni-los... não é isto o que queres dizer, Míriam?

Míriam ergueu os olhos para mim e pôs-se a sorrir docemente. Com a mão descobriu uma parte do rosto tapado pelos cabelos.

— É nosso papel, não o sentes? Nossa voz e nosso coração podem difundir isso... Mas para a Terra de Kal é preciso alguma coisa mais, alguma coisa inscrita na força vital do corpo e que nós não temos.

A força vital, bem o sabes Simão, é a sede de uma memória [7]... e o mundo dos homens sempre obedece a essa memória, ele ainda não sabe livrar-se dela.

Daqui por diante, se o Sem Nome quiser, Marcos vai percorrer o caminho que começamos a traçar. Ele é de Benjamim e de Davi, lembras? Em suas veias fundem-se dois mundos que beberam na mesma fonte, embora até aqui tenham-se manifestado de forma diferente. Existe um Sol acima de tudo isso que ilumina o firmamento; e o astro do dia não é nada comparado com ele! Foi para falar desse Sol que o Mestre veio, para que os dois corpos de uma mesma Tradição, suas duas compreensões sejam unidas e sublimadas!

Logo, vês, não haverá mais Irmãos de Essânia e Irmãos nazaritas. Não devemos perpetuar uma Tradição nesta terra,

---

7 — Trata-se de uma memória etérea.

O Caminho dos Essênios

devemos, sim, renovar o conhecimento da aurora dos Tempos que reconcilia o homem com o Homem. Não é preciso abandonar a espada, como acreditavam os anciãos de nossas aldeias, mas é preciso deixar de brandi-la aos céus! Devemos pegá-la pela lâmina e plantá-la direto na terra!

— Como o filho das veias da Terra...

O relato de José voltava-me à memória com a rapidez de um raio. Tudo agora se desenhava claramente! Então, Essânia de agora em diante seria quase um nome a mais! Era, por enquanto, a única lembrança a superar. Não seria mais que uma ilhazinha no oceano da nossa consciência, uma enseada de paz que era preciso trocar definitivamente por águas mais profundas e mais azuis.

Naquele dia, nascia uma nova certeza em mim, mais forte, que insinuava sua tempestade. Ela derrubava um muro que insidiosamente se ocultara e crescia lá, onde doía.

— Eis porque Marcos deve falar ao coração de nossos irmãos da beira do mar, Simão — acrescentou Míriam. — Eles e seus rabinos devem estar prontos para ampliar a união que minha alma já engendrou com a de Saulo. Teu papel agora é começar a remover as grades de suas consciências. Eles vivem do orgulho de serem o povo eleito pelo Eterno... mas não existe povo eleito. Só almas que se elegem em terras propícias conforme os ventos do Sol. Estas não renegam as regras da carne, já que são os dedos com os quais o Invisível se expressa e cresce.

Estes pergaminhos que carregas sem cessar e não te atreveste a decifrar, lê-os agora, meu irmão; eles iluminarão o caminho que aceitaste seguir conosco.

Quando saí da gruta dos óleos, o céu estava em fogo e o ruído dos gafanhotos nas urzes era quase uma agressão. Enchia tudo, até o espelho em que a alma costuma se mirar. Só tarde da noite abrandou e resolvi desenrolar as folhas amareladas

Anne e Daniel Meurois - Givaudan

guardadas no meu saco de pano.

No fundo de um abrigo de pedra e madeira meio suspenso no rochedo, a claridade vacilante da minha lâmpada de barro dançou até o alvorecer. Ela iluminou primeiro a história que eu conhecia em parte, as andanças da tribo de Benjamim após ser banida da terra de Canaã, depois assumia um tom profético ao anunciar a chegada de um rei meio peixe ao país de Kal.

Era um afresco incrível que se desenrolava sob meus olhos, uma história sem começo nem fim, que unia passado e futuro e só mostrava detalhes de uma realidade onipresente.

Para quem havia caligrafado os caracteres que eram lidos com dificuldade, tudo parecia evidente. O destino e a liberdade dos povos se misturavam e se transformavam numa gigantesca peça teatral em que era preciso que todo homem redescobrisse seu papel e ampliasse e enobrecesse suas escolhas.

Quem seria aquele rei meio peixe que as linhas evocavam? Com os chifres de seu capacete, o profeta fazia com que se parecesse com um touro [8]!

Quando o céu se tingiu de negro e as brumas do rio começaram a me fazer tremer, não consegui mais manter os olhos abertos, deixando as imagens flutuarem sobre a tela da minha consciência.

Eu me via de novo num barco, há muitos e muitos anos. Lá estavam o Mestre e Eliazar, Simão Pedro jogando sua rede e três homens cujo nome esqueci e que baixavam o véu. Ao longe, as montanhas verdes e lilazes da Galiléia dançavam sob o sol e a Grande Silhueta branca falava de amor e de confiança, como de um mel que nutre o coração.

"Na verdade, aquilo a que estamos destinados conta muito pouco, meus irmãos. Deixem aos que lêem as estrelas a preo-

---

8 — Hoje podemos ver aqui, sem dúvida, o personagem de Meroveu, fundador da dinastia merovíngia a quem as lendas atribuem um nascimento semi-aquático.

O Caminho dos Essênios

cupação de manter suas contas. Que vos importa saber de que será feito o amanhã? Amanhã já chegou. Sois tantos a perguntar-Me qual o caminho para chegar a Meu Pai! No entanto, Eu vos digo, não há caminho algum. Cada um de vós é o caminho no qual corre a vida de Meu Pai. Não levanteis aí barragens. Vosso lugar será sempre o lugar certo, se dele fizerdes uma embaixada de Minha Paz. Que nada vos aprisione e que tudo vos estabilize. Sede, enfim, meus amigos, o peixe que foge das redes do pescador e o touro da confiança dos princípios do mundo. Assim tudo se cumprirá!"

Capítulo 4
Uma retirada forçada

EIA! EIA! O GRITO DO RAPAZ VAQUEIRO ENCHIA A FLORESTA E SUA longa chibata riscava o ar num movimento ritmado. A carroça em que estávamos rangia, avançando lenta pelas trilhas do caminho que serpenteava até a aldeia mais próxima. Os bois, numa nuvem de moscas, balançavam a cabeça indolentemente, imperturbáveis. Éramos quatro, agarrados de qualquer jeito ao banco da carrocinha de bois: um rapaz, um companheiro da comunidade chamado Elric, Míriam e eu. Desde que soubéramos que uma grande assembléia de bardos ia acontecer a meia jornada de caminho, a decisão fora tomada rapidamente: tentaríamos nos apresentar lá, a fim de esclarecer nossa posição o mais oficialmente possível.

Assim que os primeiros casebres se desenharam em seu ninho de verdura, fomos obrigados a abandonar nossa junta de bois e seu condutor. O caminho se tornava repentinamente tão atravancado que se poderia pensar que toda a região marcara encontro lá. Homens e mulheres surgiam de todos os lados, das profundezas de mil sendas que brotavam da floresta e se aglutinavam. Ninguém conseguiu nos dizer a origem e a finalidade daquela reunião. Ficamos sabendo apenas que os

O Caminho dos Essênios

bardos a tinham convocado de uma hora para outra e que era importante.

Assim que entramos na pequena paliçada de madeira que servia de limite simbólico à aldeia, capacetes rutilantes e ferros de lanças apareceram acima da multidão de cabeças. Devíamos render-nos à evidência, os romanos estavam lá. Na ruela estreita e fervilhando de gente, eles haviam postado uma sentinela a cada vinte passos, observadora impassível e responsável pela ordem. O fluxo barulhento do povo logo nos levou a uma esplanada, uma espécie de praça levemente circular, ao redor da qual as habitações se agrupavam. Cachorros e crianças corriam por todo lado, enquanto um grande número de homens e mulheres já estava sentado na grama seca. No fundo da praça, contra uma grande construção de madeira, outros capacetes e outras lanças brilhavam ao Sol, aguardando com aparente bonomia os acontecimentos.

Quando aparecemos, houve um incontestável movimento na assembléia. Míriam de Magdala e eu trocamos um breve olhar. Que devíamos pensar? Mas não havia mais tempo para descobrir. Dedos já apontavam em nossa direção e olhares curiosos se imobilizavam sobre nós. Não eram olhares hostis, simplesmente inquietos e interrogativos. As almas simples sempre receiam o que não conhecem.

— Só tenho medo do medo — murmurou-me Míriam ao ouvido, quase em tom de gracejo. — Sabes quantas injustiças e horrores ele pode causar?

Um homem de cabelo desgrenhado e vestido de couro trançado avançou em nossa direção.

— Sois aqueles da rocha-fonte? — disse ele, agarrando-me pelo cotovelo. — Deveis ir para lá, nossos sacerdotes e nossos chefes querem ver-vos. É um pouco por vossa causa que estamos aqui. Então, já que vós também percorrestes o caminho...

Foi como se nos vibrassem um golpe na nuca. A idéia de

249

que pudéssemos ser em parte o motivo de uma reunião como aquela nos deixou quase pregados no chão. Tudo tinha sido tão calmo em nosso rochedo até então! Nossas relações com o pessoal da região pareciam tão claras, tão despidas de segundas intenções!

Antes que pudéssemos esboçar o menor gesto, um homem forte, de bigodes impressionantes irrompeu, com um olhar inquieto. Usava uma espessa túnica vermelha desbotada e colares de medalhas misturadas com pequenos ossos lhe pendiam no pescoço.

— Não esperávamos estranhos — resmungou com ar sombrio. — Desejamos que vossa presença não venha a complicar muito as coisas. Vós semeastes idéias esquisitas entre muitos dos que vedes aqui. Isso pode ser perigoso... para vós e para nós!

Tive vontade de fechar os olhos. A história mais uma vez iria repetir-se? O Mestre nos tornara subversivos para sempre? Que tolice acreditar que só tocamos as almas com as palavras que Ele inspira em nosso peito e coloca em nossa boca!

— Vinde — continuou o homem, cujos cabelos estavam reunidos numa cauda grossa no alto do crânio. — Ficai pelo menos afastados. Tudo ia bem com os romanos, até essas idéias de louca liberdade e fraternidade absoluta que começastes a espalhar por todo lado. Muitos querem conhecer quem vos ensinou tudo isso. Querem viver no seu reino, querem instalá-lo aqui. Isso também não agrada a todo mundo! Então, digo-vos, é preciso decidir alguma coisa!

Não longe de nós, entre os movimentos da multidão, perfilava-se uma silhueta branca, com um manto púrpura. Uma insígnia sobre um dos ombros, brilhando ao sol, falava por si só. O homem parecia atento a tudo e nos olhava um após o outro.

De repente, enquanto tentávamos esgueirar-nos para fora do círculo da assembléia, um clamor levantou-se da multidão

O Caminho dos Essênios

como uma onda bramindo forte, que não víamos chegar.

— Ide! — gritou o homem que ainda me retinha pelo cotovelo.

Então, não sei ao certo o que aconteceu; fomos empurrados em todas as direções. Mal tive tempo de perceber um destacamento de legionários, escudos e lanças em punho, avançar para o lado oposto da praça, lá onde tinham começado a gritar palavras incompreensíveis e corriam em nossa direção. O homem da túnica vermelha me empurrou violentamente e Míriam foi levada sem contemplação por uma viela que se abria diante de nós. Só me lembro das paredes de madeira desfilando, dos alpendres de barro seco em que tivemos que entrar, dos celeiros atravessados sob o cacarejar de galinhas. E aquela poeira toda voando... aqueles cães que passavam entre nossas pernas, aqueles gritos que pareciam seguir-nos!

Depois, bruscamente surgiu um buraco sob os troncos de madeira atrás de uma espécie de aprisco meio desabado. Caímos lá, com os pés na lama.

Míriam, segura contra a parede pelo homem da túnica vermelha, tinha o rosto arranhado pelos espinheiros. De olhos esgazeados, tentamos a custo acalmar nossa respiração. Acima de nossas cabeças, a alguns passos ainda corriam... e lá embaixo, na praça ao longe, homens e mulheres gritavam. Um ruído de armas se entrechocando chegava até nós, um tilintar insuportável.

Ficamos assim no fundo do buraco até o cair da noite, mudos e petrificados em nossos pensamentos. O homem que nos acompanhava também nada dizia; parecia aguardar alguma coisa precisa e não se preocupar com o resto, com o sofrimento na praça, com todas as dúvidas que nos assaltavam. Enfim, na escuridão crescente, nós o vimos esboçar um sorriso, depois relaxar seu corpo taurino.

A coruja já piava há muito tempo quando subimos para o

ar livre. A floresta estava a dois passos e nada enxergávamos; no horizonte além dos vales, a lua tímida deixava-se velar pelas árvores.

Atrás daquele que se mostrava nosso guia, esgueiramonos então de árvore em árvore, meio curvados. Não pude impedir-me de dar uma olhadela atrás de nós. Por entre dois casebres ainda se podia avistar um canto da praça; uma grande claridade indicava uma fogueira, silhuetas romanas armadas andavam de um lado para outro.

Éramos três e eu ia atrás. Elric desaparecera no tumulto há muito tempo. Quanto à nossa junta de bois, era improvável que a recuperássemos. Foi o início de uma longa caminhada na floresta, apressada e dolorosa para nossos pés nus que tropeçavam em tudo; o ruído de cada galho quebrado parecia ressoar além.

De tempos em tempos cortávamos caminho, depois nos embrenhávamos de novo nas forragens, desalojando manadas de cervídeos e famílias de roedores.

Sob o húmus gorduroso e o sílex, o solo pareceu subir cada vez mais. Estávamos no flanco de uma colina onde brotavam misturados pés de zimbro e carvalhos. Era uma confusão quase impenetrável onde reinavam soberanos as trepadeiras e os liquens.

Uma vez chegados ao topo da colina, nosso guia, que andava com a leveza e a lentidão do urso, parou e nós conseguimos recuperar o fôlego.

— É lá embaixo — decidiu ele, resmungando e estendendo um braço para um ponto na escuridão. — Há umas cabanas. Podeis ficar lá alguns dias, sem dúvida será melhor. Vereis, conheço lá um sacerdote meio solitário. Aliás, ele há muito tempo queria encontrar-vos.

O resto de nosso caminho foi rápido. Logo, no ponto mais profundo da floresta, sob os ramos de velhas árvores, perfila-

O Caminho dos Essênios

ram-se os contornos de três cabanas de pedra, ligadas umas às outras, como era comum encontrar na região.

A maior mostrava uma entrada bem baixa, uma espécie de painel de madeira sumariamente desbastado a machado, onde batia um raio de luar.

— Mansel, oh, Mansel! — nosso guia bateu na porta vigorosamente, com a palma de sua mão carnuda.

A princípio não houve resposta; depois, como o homem sacudia de novo a porta, finalmente a vimos entreabrir-se com uma espécie de estertor.

— Sou eu, Mansel. Trouxe aqueles que querias ver. Houve problemas na aldeia... é preciso que os abrigues por alguns dias, o tempo necessário para que tudo se acalme. Eles te contarão!

Um rosto miúdo e calvo, enrugado como uma maçã velha e com uma longa barba grisalha, apareceu no umbral da porta.

— Entrai, entrai todos!

— Vou voltar imediatamente — disse o homem da túnica vermelha —, senão lá embaixo vão me procurar!

Quando já estava dando meia-volta, Míriam pegou-o pelo braço.

— Por que nos ajudaste assim?

— Hoje somos muitos a querer ajudar-vos assim — respondeu ele após hesitar um pouco. — Vós agitastes muitas coisas aqui, talvez sem sabê-lo. Desde que os romanos tomaram a região, nós nos tornamos inertes. Não que eles sejam maus, mas...

— Mas não entendestes nada... nós não queremos nenhuma revolta.

— Mulher, não sei bem quem és, mas quando se pronuncia certas frases que vão direto ao coração, deve-se esperar que todo o corpo fique agitado. Gosto das tuas idéias. Somos muitos a entendê-las e a gostar delas, mas não te esqueças de que são perigosas para uma determinada ordem de coisas. A escravidão não é mais tolerável e o Amor cujo nome soletras não vive de meias medidas. De agora em diante é preciso reconstruir tudo e haverá ranger de dentes!

Com estas palavras, o homem embrenhou-se na noite e a porta da cabana de pedra se fechou sobre nós.

— Acomodai-vos — murmurou o velho tateando na escuridão e estendendo-nos algumas peles —, amanhã será dia...

A umidade do lugar nos tirou do sono mais cedo que desejávamos, sem dúvida. Estávamos quase tremendo quando nosso anfitrião empurrou a porta sobre o ar fresco do amanhecer. Enregelados, cada qual fez suas abluções sem comentários. Depois nos reunimos a fim de agradecer àquele a quem chamávamos "o anjo da manhã", aquela face do Sem Nome que renova as correntes de vida a cada dia que surge. Só então começamos a falar com o velho que nos oferecia seu teto. Ele dizia ter-se separado outrora de seus irmãos druidas. Seu ser, afirmava ele, o atraía para uma visão mais "una" da vida. No meio da grande arquitetura da natureza, ele não via os humanos como seus irmãos os concebiam. Enxergava um corpo imenso, em expansão contínua, como uma consciência que se desdobra; cada corpo ou cada órgão punha-se a pensar, a crescer e, por amor, não mais diferenciar-se daquele corpo inteiro. Então eles não seriam mais dois nem três, voltavam a ser Um, porque na verdade sempre fora assim antes que o orgulho e o egoísmo se intrometessem...

— Na origem do meu povo — confidenciou-nos ele — não havia idéias definitivamente estabelecidas. Ninguém se arriscaria a afirmar que nosso universo fora concluído de uma vez por todas ou que o Espírito tivesse fechado as portas. A vida de cada um era uma experiência da Grande Vida na matéria. Ninguém acreditava, mas todo mundo tentava saber. Hoje, são cada vez mais numerosos meus irmãos que se põem a crer e

O Caminho dos Essênios

que "sabem". Alguma coisa que eu não quero está se petrificando. Por isso o que me falaram de vossas palavras encontrou eco em meu coração. É como se vosso Kristos viesse reanimar uma velha lembrança que estávamos começando a esquecer. A conversa rapidamente se deslocou para o lugar onde Mansel morava e cuja paz profunda nos perturbava. Nada de muito espantoso no meio daquela floresta tão secreta: rochedos, musgos e três cabanas de pedra habilmente construídas, como centenas de outras.

Diante de nossas primeiras perguntas, o velho contentou-se em sorrir, movendo com ar divertido suas espessas sobrancelhas. Depois levantou-se prontamente do tronco de árvore que era sua cadeira.

— Sabeis para que serviam estas cabanas? — disse ele, evidentemente feliz com o efeito que provocava. — Pois bem, para aqueles que construíram as primeiras delas, eram verdadeiros templos. Oh, não eram templos aonde acorria a multidão, nossos anciãos jamais gostaram disso... mas para uma pessoa, uma espécie de túmulo para olhar-se frente a frente.

Seguimos Mansel ao interior da construção em que tínhamos passado a noite. A luz do dia quase não entrava lá. As soberanas eram a pedra e a terra do solo, nada mais.

A cabana fora construída segundo um círculo perfeito, todo de pedras ásperas habilmente encaixadas até a altura de um homem. Depois sua circunferência ia-se estreitando até constituir uma abóbada completa, verdadeira obra de arte em que cada peça era solidária com as outras. O conjunto tinha o brilho e a intimidade de uma gruta e eu falei sobre essa sensação com Mansel.

— Mas é uma gruta! É um útero construído ao ar livre. Era aqui que antigamente alguns tentavam dar à luz a si próprios. Aqui eles amadureciam como a seiva que se prepara para jorrar das profundezas da terra.

Não havia então madeira fechando a entrada, mas uma grande pedra que se rolava quando o futuro sacerdote passava seu umbral.

Vede, uma das chaves do nosso conhecimento sempre esteve ligada ao fato de afrouxar o laço que prende a alma ao corpo [1]. Tão longe quanto remontam as lembranças de nossa raça, a configuração de um aposento como este facilita o fenômeno.

Mas hoje tudo isso se dissipou — acrescentou o velho com um sorriso amargo. — Não conheço entre nós um que tenha mantido o exato saber para orientar uma construção como esta. Porque não se trata apenas de empilhar pedras de determinada forma... não, as pedras devem ser escolhidas uma a uma, segundo detalhes bem precisos, e erguidas num lugar não menos preciso. Se não for assim...

Mas talvez seja melhor que tão poucos ainda saibam. Nestes tempos confusos, seria inútil que as almas pudessem, com tanta facilidade, desenraizar-se do corpo que as acolhe. Elas devem primeiro construir-se e deixar de se sentir prisioneiras neste mundo, a fim de serem autorizadas a deslocar-se entre as outras.

Agora, vede, estes lugares de vôo que atraíam as consciências em espirais de paz não são outra coisa a não ser simples apriscos ou abrigos para velhos como eu! Então começam a construí-los de todos os tamanhos, de todas as formas... às vezes até lá onde a terra os rejeita!

Na confusão de peles que juncavam o chão, Míriam andava ao redor da pequena peça circular. Acariciava com a mão as paredes frias e rugosas.

— Tudo o que me dizes, meu irmão, fala ao meu coração. O segredo do que chamamos de "vôo alegre" é caro ao povo de onde viemos. Digo isto pois é um grande segredo aprender a

---

1 — A prática de "desdobramento".

O Caminho dos Essênios

mergulhar em seu próprio oceano para lá contemplar o universo. Na verdade, aquele que foge da sua carne apega-se a ela mais firmemente ainda, porque só quem sente vontade de deixar a superfície do seu ser consegue reencontrar-se. Dois dias inteiros passamos assim ao lado do velho homem. Estávamos presos entre o desejo de voltar aos nossos abrigos para saber o que teria acontecido em nossa ausência e a vontade de prolongar a alegria de nosso anfitrião ao fazer-nos partilhar sua existência e suas esperanças. Ele vivia num extremo despojamento e à vista de sua roupa, que não passava de um trapo, qualquer um que passasse por ele num caminho o tomaria por mendigo. Mansel, no entanto, mostrava uma alegria autêntica e sua sede de conhecer o pensamento do Mestre sobre um assunto ou outro às vezes se expressava tão ingenuamente que achávamos muita graça.

Entretanto, na manhã do terceiro dia, quando nos preparávamos para agradecer-lhe pela acolhida, sua atitude mudou. Seu olhar tornou-se preocupado e suas palavras herméticas. Não era mais o mesmo homem que estava diante de nós, mas uma silhueta repentinamente curvada sob um peso indefinível.

— Minha irmã, meu irmão — gaguejou, empregando pela primeira vez aquelas palavras —, estais percorrendo nossa terra e todos os horizontes em nome do Amor de um Mestre que eu jamais verei. Eu vos abri minha porta e vós me abristes o coração, mas compreendei que alguma coisa ainda não foi dita...

O velho se deteve como se não ousasse ir mais longe, ou talvez receasse ter ido longe demais no recôndito da sua alma e de seu conhecimento.

— Segui-me — acrescentou por fim laconicamente.

Havia um brilho de sofrimento no seu olhar claro, quando nos levou à porta do abrigo encostado ao dele que ficara fechado desde a nossa chegada. Uma tábua pesada, embora já

Anne e Daniel Meurois - Givaudan

corroída pelo tempo, impedia tão bem o acesso que precisamos ajudar nosso anfitrião a movê-la. A peça que descobrimos era mais exígua e mais escura ainda do que a que conhecíamos. Um espesso tapete de folhas meio decompostas recobria o chão e exalava um forte cheiro acre.

De pé, Mansel empurrou uma parte para fora a fim de deixar à mostra uma grande pedra achatada, de contornos grosseiros. A seu pedido, apressei-me a fazê-la deslizar para o lado. Então, no escuro do pequeno aposento, um buraco mais escuro ainda se escancarou no chão da colina.

Não tínhamos nada para improvisar uma tocha, tanto que Míriam resolveu ir ao abrigo vizinho procurar duas lâmpadas de barro que conservavam ainda um pouco de óleo. Mas no fundo daqueles bosques o fogo era tão raro quanto o mais simples alimento; não sei mais ao fim de quanto tempo uma brasinha quis nascer de dois sílex e de um punhado de folhas secas.

O buraco no solo era relativamente estreito e Mansel continuava sem falar. Ficou decidido que eu entraria lá primeiro, depois viria Míriam e ele fecharia a descida.

Tinha me enfiado lá até a metade, quando senti a pedra e a terra das paredes desmoronar sob meus pés. Eu não conseguia segurar uma das nossas lâmpadas e só podia esperar encontrar imediatamente uma plataforma para imobilizar-me em cima dela e tentar ver o que acontecia.

A terra deslizou às minhas costas durante alguns segundos e, por sorte, com a ajuda dos cotovelos consegui estacar minha descida na estreita passagem. Acima da minha cabeça, o rostinho encarquilhado de Mansel mal se desenhava à luz cambiante da chama.

Lentamente, com medo de me deixar levar pelo declive, consegui erguer um braço na direção dele e agarrar a lâmpada que me estendiam.

— Não tenhas medo, não podes cair muito longe...

O Caminho dos Essênios

Confiando no conselho dele, fechei os olhos para me proteger das raízes e da poeira e deixei-me absorver pelo declive terroso e de repente mais abrupto.

Quase imediatamente meus pés encontraram as grandes pedras irregulares e frias de uma terra firme. Por sorte, a chama da minha lâmpada ainda continuava viva e vi que podia endireitar-me de novo. Ao meu redor, só parecia haver rochas, polidas e embranquecidas por tímidas concreções.

Alguns ruídos de pedregulhos rolando e a sensação de que um pouco de terra caía nos meus cabelos... eram Míriam de Magdala e Mansel chegando.

— A quem mais eu poderia mostrar isto? — disse nosso guia imediatamente. — No entanto, é preciso que eu encontre alguém assim como meu antecessor me encontrou...

Sua voz parecia um murmúrio, semelhante à voz que teme perturbar alguma força viva na quietude de um templo.

Quase tateando, o velho deu alguns passos diante de nós, depois começou a varrer lentamente as paredes da cavidade com a chama crepitante da sua lâmpada. O odor daquele instante mágico ainda perdura em minha alma [2], o cheiro absorvente do óleo misturado ao frescor de uma atmosfera virgem, da terra viva em contato com a pele...

Bruscamente uma mancha vermelha, depois escura, depois amarela por trás da claridade vacilante da chama...

— Eis as pegadas de nossos pais do templo de Atl — disse Mansel, com a voz ainda cheia de respeito. — Vede, estão por toda parte... suas orações estão pintadas aqui!

Então, sob os halos de nossas duas lâmpadas conjugadas, começamos a descobrir o que para nós era inverossímil: os contornos animados de animais pintados na própria rocha. Touros, cavalos, formas às vezes indefiníveis que pareciam dançar juntas uma gigantesca farândola. Era um afresco que se perdia

---

2 — Vinte séculos depois.

Anne e Daniel Meurois - Givaudan

na noite sobre um rochedo singularmente polido, verdadeira oferenda da natureza. Surgiam animais por toda parte, no teto, sobre os relevos mais inesperados das paredes e quanto mais penetrávamos no escuro, mais seu número aumentava. Ao fim de alguns instantes, sob a lâmpada de Mansel uma misteriosa silhueta desenhou-se sobre o rochedo, à direita. Tinha dois chifres finos na cabeça, semelhantes a dardos, e umas patas diferentes.

— É o sacerdote dos homens daqueles tempos — disse Mansel com repentina firmeza —, ou melhor, o desenho da força que ele representava, o conhecimento das duas faces da natureza. Ele era o iniciador dos grandes chefes de tribos, que vinham aqui em busca de luz e invulnerabilidade, pois a terra, nossa mãe, aqui palpita; podem-se escutar suas pulsações... com outro ouvido!

Os homens daquele tempo costumavam identificar sua alma com a de um animal, cujas qualidades admiravam. Quem me contou isso me ensinou que um pouco da força vital e da força do pensamento daqueles chefes misturavam-se ao desenho por ocasião de um ritual. Assim, constituía-se uma força que de geração em geração protegia toda a raça, nutrindo o poder mental e espiritual de seus chefes. Vós compreendeis que o seio deste rochedo não abriga realmente um lugar de culto, como poderíeis talvez imaginar, mas uma câmara de iniciação. Gerações de reis-sacerdotes vieram aqui conhecer-se, meus irmãos, através de diferentes cerimônias como o atestam estes traços. Conhecer-se era centrar suas capacidades no seu coração e viver no instante presente como o touro que se sabe nascido da Terra e do Céu, como o cavalo que se sabe feito de vento e de fogo [3].

---

3 — Pode-se, sem dúvida, imaginar aqui rituais xamãs, no decorrer dos quais alguns se projetavam em "animais-totem", conforme a expressão hoje consagrada.

O Caminho dos Essênios

Meus olhos os viram uma noite; eram parecidos conosco e brandiam nas mãos pedras que lançavam uma grande claridade em todas as direções. Alguns usavam vestes deslumbrantes e seus olhos brilhavam com um azul intenso! Não sei mais grande coisa, a não ser que a sabedoria deles superava a nossa e que devemos preservar-lhes a linguagem.

— Escuta, Mansel — disse Míriam —, um dia Kristos evocou na minha presença aqueles tempos antigos. Ele dizia que os povos de Atl procuravam estender-se sobre todas as terras, mas havia pequenos reinos que lhes resistiam, pois duvidavam da visão que eles tinham do mundo. Ele dizia que os povos de Atl se apropriavam dos ares sem ter merecido plenamente a terra e que sobre as montanhas de Kal houve lutas terríveis. Dizia, finalmente, que dois mundos tinham-se enfrentado e que Ele tinha vindo para uni-los.

"Eu sou o ar que reencontra a Terra", clamou Ele um dia no grande templo, "e Eu sou a Terra que acolhe o ar. Tudo o que existiu sob o Sol existiu por Meu Pai. Ele pôs em Mim Sua força para reunir o que foi desunido."

Não sei definir a sensação que as palavras do Mestre provocaram em mim, num lugar de nossa terra aparentemente tão distante de seu modo de ser, mas Míriam sabia que se a alma tem múltiplos caminhos, a Paz só tem uma via...

Lá, onde ela chama por sua luz, é preciso responder-lhe.

— Penetremos no coração de uma árvore — disse ela —, ou oremos por uma árvore, pouco importa, sejamos sobretudo coração e oração.

Então, no ventre dos rochedos cor de sol, houve três sorrisos pela felicidade e a esperança partilhadas.

Capítulo 5
Flávio

QUANDO AO CAIR DAQUELE DIA CHEGAMOS AO FIM DO CAMINHO que levava a nossos abrigos, a atmosfera estava em silêncio. O céu já tinha desdobrado seus véus dourados e nos deixamos seduzir pelas raras aberturas na abóbada escura e densa da floresta. Logo o que entre nós chamávamos de "nosso bethsaïd" apareceu na extremidade alta do rochedo que dominava o rio.

Ao redor de seus muros de pedra reinava habitualmente a agitação de nossos irmãos que atendiam às necessidades da comunidade e dos doentes.

Desta vez, entretanto, tudo parecia dormir. Um grande cântaro de argila jazia na encosta e utensílios estavam espalhados aqui e ali. Só o zurrar do asno de Míriam, que nos avistara do fundo do seu estábulo, dizia que a vida não se havia retirado totalmente do lugar.

Após os instantes de emoção na aldeia, estávamos preparados para tudo ouvir e tudo ver, tão claro estava que nossa presença acabava provocando confusão onde quer que fôssemos. Estávamos prontos a aceitar muitas coisas e no entanto um frio percorreu nosso corpo quando, ao empurrar a pesada porta do bethsaïd, vimos apenas uma fila de camas vazias e cobertas

O Caminho dos Essênios

abandonadas.

Nosso primeiro impulso foi dar alguns passos no aposento de teto de pedra e madeira. Um forte cheiro de ervas e óleo ainda flutuava lá e as janelas continuavam vedadas por grossos pedaços de pano. Míriam não falava. Nem a menor ruga em sua fronte, nem um sinal de dor no fundo de seus olhos, entre aquelas quatro paredes privadas de sua razão de ser. Nada nela exprimia revolta diante daquele abandono que parecia a negação de anos de trabalho e esperança. Simplesmente a vi sentar num banco de madeira e depois sorrir com olhos que viam longe.

— Não fomos nós que pusemos um pouco de bálsamo nas feridas aqui, Simão. Apenas erguemos um teto; quanto ao resto, quando o resto é o Essencial, devemos respeitá-lo e calar.

Não quero resignar-me, mas só compreender, pois há uma vontade em mim que sempre soará mais forte que o vento que me fechar as portas!

O que estamos vendo aqui não é nada, meu irmão, não é um impasse, nem um desvio! E se for um atalho para que nossos passos encontrem com mais exatidão os caminhos onde devem pousar? Tens em ti força para ver deste modo esta peça vazia?

Vê, quando o querer do homem toma o lugar da vontade do Sem Nome, há uma espécie de abcesso formando-se em sua alma. Dize que entre nós isto jamais acontecerá!

Não tive tempo de responder a Míriam; a porta rangeu e um grupo apareceu na entrada. Eram quatro ou cinco soldados romanos, capacete sob o braço, que pareciam tão surpresos quanto nós. Aproveitando o breve instante de estupefação, achei bom tomar a palavra.

— Onde estão nossos companheiros? — perguntei.

— Podeis levar-nos aos vossos chefes?

Minha firmeza era fingida, mas senti que ela nos dava a vantagem de não parecermos medrosos, nem submissos.

263

Depois de todos aqueles anos nas estradas, eu não queria mais humilhar-me como os que aceitam implicitamente assumir alguma falta para sempre. Além do mais, qual era nossa falta? Falar de amor e de liberdade? Não... eu queria olhar para os romanos de frente e fazê-los compreender, não queria mais desviar meus passos do ruído dos passos deles!

— Quem sois vós? — perguntou um dos soldados de modo brusco.

"Quem sois vós?" Como responder a tal pergunta?

Diante de nosso mutismo, os homens nos convidaram a sair com um gesto de mão eloqüente.

Sem acrescentar mais nada, o pequeno grupo nos fez marchar pelo caminho estreito que descia ao longo do rochedo até nossos abrigos. Lá, na volta daquelas curvas escalonadas ao correr dos degraus de madeira, apareceram os primeiros vultos armados. Era um conjunto de escudos bem ordenados que aguardava junto a um bosque. Finalmente passamos sob as primeiras construções de madeira erguidas contra o rochedo, ao nível do caminho e do rio. A partir de então, tudo mudou: a leveza do ar repentinamente se transformava em algo viscoso. Uns trinta soldados romanos encontravam-se lá formando três fileiras, diante de dois homens com um longo manto escuro, que estavam discutindo. Estávamos na entrada de um grande abrigo onde o fogo crepitava continuamente enquanto bem em baixo, no fundo, algumas manchas coloridas surgiam da penumbra. Eram nossos companheiros. Tinham-nos reunido e, ociosos, pareciam estar esperando alguma coisa. Vendo-nos chegar, ergueram-se como um só homem e se aproximaram da fogueira. Sob um dos longos mantos escuros reconheci um dos notáveis romanos, já presente na aldeia alguns dias antes. Nossos olhos se encontraram e acho até que tive forças para sorrir.

Elric estava lá, num canto. Com uma longa vara meio carbonizada, alimentava o fogo sobre o qual, no teto da gruta,

O Caminho dos Essênios

haviam pendurado um enorme caldeirão.

A despeito da presença dos soldados, ele se precipitou ao nosso encontro, enquanto algumas mulheres se atiravam nos braços de Míriam.

— Há dois dias que estão aqui — disse-me Elric às pressas. — Eles mandaram os doentes de volta para casa e não param de nos fazer perguntas sobre vós...

Com a parte plana da espada, um legionário não o deixou prosseguir mandando-o de volta para perto do seu fogo. Mas os homens de manto escuro já estavam diante de nós com suas couraças bem lustrosas e seus rostos de mármore.

— Não finjais não saber — disse o mais jovem —, sois vós quem procuramos. Onde estivestes todo esse tempo?

— Gostamos da floresta — retorquiu Míriam —, decididamente lá há menos espinheiros que nas aldeias...

O homem levantou os ombros, depois voltou as costas bruscamente para dar algumas ordens inaudíveis.

Na multidão de nossos companheiros levantou-se então um princípio de clamor, logo abafado. Compreendi o motivo daquilo quando senti a ponta de uma lança que me aplicavam na altura dos rins. Voltei-me para Míriam, ela também acabava de ser imobilizada da mesma forma.

A partir de então, tudo aconteceu muito rápido; foi impossível fazer o menor sinal aos nossos companheiros que ficaram lá, crispados, sobre o rochedo. Fizeram-nos dar meia-volta e nos empurraram na direção do grande abrigo, meio desabado, onde Míriam se habituava a deixar sua esteira sobre um pouco de palha.

Dois soldados iam à frente pela pequena trilha margeada por cabanas. Cada um agitava no ar uma grande tocha a fim de afugentar as nuvens de morcegos que roçavam nos rochedos e em nossas cabeças.

Enfim, não tardamos a compreender onde tencionavam

265

Anne e Daniel Meurois - Givaudan

levar-nos exatamente. Na entrada da cavidade havia uma série de argolas cravadas na muralha. Nós amarrávamos lá os animais de passagem. Desta vez não tínhamos mais ilusões, eles já tinham decidido nosso destino.

— É estranho — disse minha irmã de Magdala, quando já lhe amarravam os pulsos na rocha —, vivi cem vezes este instante no silêncio de minhas noites e cem vezes me perguntei se conseguiria amar o olhar do homem que me prenderia. Esta noite estou feliz, Simão, porque agora, aconteça o que acontecer, sei que eu posso.

Uma vez cumprida sua tarefa, os soldados nos deixaram sós, na presença de dois oficiais. Estes procuravam manter a postura ao subir pela trilha que corria diante do rochedo.

Finalmente um deles parou diante de mim.

— Não passa uma semana sem recebermos uma missiva de Roma nos chamando a atenção para indivíduos como vós! Que procurais exatamente? Aqui reina a paz. Faz muito tempo que acalmamos todos os que se matavam uns aos outros. É por isso que nos censurais? Para qualquer lado que nos voltemos, só ouvimos falar do nome desse Jeshua que repetis aos ouvidos de todos. O que Ele pretende? Para Ele é ótimo que estejais aqui, não?

Prendi minha respiração por muito tempo antes de responder-lhe. Era preciso que eu encontrasse o sorriso certo para pôr nos lábios, um sorriso sem ironia, sem agressão velada nem aborrecimento disfarçado. Ele veio lentamente; primeiro eu o senti brotar no meu peito, quando meu olhar encontrou as rugas imóveis no rosto do romano, depois deslizou até os cantos da minha boca.

— Se eu puder falar-te com toda franqueza, não é por Ele que estamos aqui... é pelo que Ele representa... e também por ti, assim como por todos com quem cruzamos. Tu falas de paz. Através Dele, nós também, tudo o que queremos é falar de paz.

266

O Caminho dos Essênios

Podes dizer-me, então, por que estamos presos a este rochedo?
Existiriam dois tipos de paz?

— Pára de brincar com as palavras. Sei mais sobre o teu
Mestre do que pensas, e a única coisa que vejo é que hoje basta
Seu nome para perturbar a ordem que eu represento e isto
não posso tolerar. Tende cuidado, colhei todas as plantas que
quiserdes, mas limitai-vos a isso. Basta evitar que o nome Dele
e todas as histórias com que O alimentais continuem a correr
pela região!

— Tua ordem fala apenas de trégua, meu irmão — interrompeu Míriam —, e nós queremos falar-te de paz...

O homem pigarreou como se ficasse perturbado de repente, depois recomeçou com voz fraca:

— Cala-te, por que me chamas de teu irmão? Sei que tu
diriges tudo aqui!

O segundo oficial se aproximara e apoiou a mão no ombro
do seu companheiro.

— Deixa, perdes teu tempo, amanhã os mandaremos para
Roma e tudo estará acabado...

Durante toda a conversa, nem um instante sequer ele
voltara a olhar para nós. Agora erguia os ombros, ajustava
seu manto e já voltava os tacões para o grosso do seu destacamento.

— Por que me chamas de teu irmão? — insistiu o outro.

Em seus olhos, que iam da paz de Míriam ao sorriso de
Simão, podia-se ver uma luz estranha, uma mistura perturba-
dora de interrogação, aflição e esperança. Que esperava de nós
aquele homem ainda jovem, mas com os cabelos quase grisalhos, aquele porta-voz seguro que sempre parecera saber tudo e
conseguira postar-se sempre no ponto em que a terra reclamava
nossos passos?

— Por que chamas de teu irmão também Aquele de quem
falas sem cessar, aquele Kristos, aquele Jeshua? Eu te ouvi há

267

Anne e Daniel Meurois - Givaudan

pouco tempo, perto do embarcadouro.

— Meu irmão — disse Míriam com um amor incrível na voz —, meu irmão, não compreendes que muitas coisas são semelhantes entre Ele e tu, e entre tu e eu? Não vês o que nos une? Por acaso teu Sol é diferente do meu? Tens mesmo certeza de que nossos olhos que o vêem são tão diferentes uns dos outros?

— Não sei aonde tua filosofia pretende chegar...

— Ela quer chegar ao fato de que Aquele que crês ser nosso Mestre é também uma parcela do teu Sol, uma parcela do teu olhar e do que em ti se interroga. Não o chames de Jeshua, nome que Ele recebeu em nossa língua, se isso te ofende. Ele não pede para ser designado por nomes, nem reverenciado. Só o deus das crianças exige ser obedecido e servido! Não me digas que é o teu!

— Eis o que eu queria entender! — gritou o romano. — Então afirmas que Teu Mestre é um deus...

— Ele é a parcela divina que existe em ti, como em nós — disse eu. — Ele é o princípio de vida que faz com que nos formules essas perguntas. Ele não é um deus, nem Deus. Ele é filho do Homem, penetrado por tudo o que a vida exprime de mais divino. Enfim, Ele é tudo em que todos iremos nos transformar. É isso que perturba tanto, devemos concordar, pois o anúncio de tal esperança abala todas as muralhas.

O romano baixou os olhos e ajeitou o manto sobre os ombros; depois, lentamente, aprumando-se, foi encostar-se à balaustrada de madeira que se projetava sobre a água.

— Se é disso que Roma nos acusa — acrescentou Míriam —, então sim, somos culpados e depois de nós haverá outros. E se pessoalmente é isso que temes, pergunta a ti mesmo por quê. Por que nos recusarmos a nos olhar numa água clara?

Enfim, se o que teu imperador quer preservar são terras, ele jamais nos verá no seu caminho. A história dos povos sabe

268

O Caminho dos Essênios

o que tem a fazer. Só o barro de que são feitos os homens nos preocupa, meu irmão...

Assim que Míriam pronunciou aquelas palavras com infinita doçura, o centurião, um punho crispado nos cabelos, voltou-se bruscamente, o rosto pálido, e dirigiu-se a um ponto qualquer do abrigo que não conseguíamos distinguir.

Minutos depois estava diante de nós, com um cutelo na mão.

— Vira-te — disse ele a Míriam resvalando rapidamente a lâmina entre seus pulsos e o rochedo.

Alguma coisa acabava de agitar a atmosfera daquele final de verão. Quando, por minha vez, senti o frio do metal cortar minhas amarras com um golpe seco, houve uma rajada de paz no céu da minha alma, a imagem de uma velha muralha a mais que rachava e caía, transformada em pó.

— Agora, ensinai-me — gaguejou o soldado. E seu pedido parecia uma ordem; tinha a força imperiosa dos que, não agüentando mais a sede, enfiam as unhas na terra para encontrar um pouco de água.

Sob o amontoado de entulhos da cavidade, sempre se achava um lugar onde se podia sentar. Lá nos acomodamos, atrás de uma parede de barro e palha que impedia que nos vissem.

O homem chamava-se Flávio, e quando nos disse seu nome, fê-lo com tal humildade que compreendemos que era um privilégio. A princípio ele não se atreveu a nos olhar. Fazia suas perguntas fixando o olhar num ponto diante dele e enrolando-se, nervoso, nas dobras do seu manto.

— Falai-me daquele que chamais de Kristos. É verdade o que contam sobre sua vida...? Mas quem sabe vocês não O conheceram...?

Flávio era uma inquietação viva. Por trás de sua máscara de oficial dos exércitos romanos, estava atormentado com dúvidas, pois não sabia mais onde sua vida o levava. Tinha percorrido

269

caminhos tão longos sobre terras tão diferentes, observara tantos rostos e tantas culturas estranhas... e eis que bruscamente, aonde quer que fosse, o mesmo nome soava nos seus ouvidos; então não conseguia mais simplesmente observar os outros, nem a imagem que fazia de si mesmo. Essa foi sua confissão.

— Por que nesta região perdida de Kal, de repente parece existir uma força que me obriga a observar-me por dentro?

Ficamos boa parte da noite conversando, depois que ele convenceu secamente os guardas e seu companheiro atordoado a não perturbá-lo.

Primeiro ele quis saber tudo, devorar tudo o que nossos corações achavam certo poder destilar nele. Mas o que o atormentava acima de tudo era a morte, aquele vazio gelado à beira do qual ele andara tantas vezes.

E a morte, tal como nos ensinara o Mestre, era como uma pedra em que se tropeça ou, ao contrário, a pedra angular de toda a alma que avança e constrói seu edifício. A compreensão do seu mistério é a chave que abre a gaveta das lembranças e o portal dos horizontes.

"Falar da morte", ensinara-nos Ele a transmitir, "é antes de tudo falar da vida. Assim que desatais seu nó, começais a distender as crispações da máscara com que todo homem se identifica; aprendeis a mergulhar no fundo de um lago e a voltar com a extraordinária sensação de lá ter encontrado vossas marcas."

Assim como tantas almas vagando por esta terra, Flávio, o centurião, tinha necessidade daquela certeza infinita da vida para começar a tomar seu lugar entre os que não mais assistem simplesmente à sua existência, mas decidem construí-la para ter um pouco mais de paz, um pouco mais de amor.

— E o Kristos — perguntava ele de mil maneiras pondo a cabeça entre as mãos —, que havia Ele feito da morte?

— O Kristos — respondia Míriam de mil outras maneiras

O Caminho dos Essênios

—, ignoramos quantas vezes Ele aceitou morrer, voltar, depois morrer de novo antes de ser o Kristos.

O Sol se construiu, meu irmão, ele não é sol unicamente pela decisão do Eterno. É isso que faz com que seja o Sol... ele se lembrou do seu nome aprendendo a amar. Se o Kristos que habita no coração do Mestre conseguiu falar e projetar seus raios até aqui, se tua alma está perturbada esta noite, é porque Suas palavras vêm do fundo dos tempos. Elas vêm de um tempo e de um caminho que Ele percorreu antes de nós.

Pouco importa em que lado do lago estamos, se nos ventos que varrem sua superfície ou em suas profundezas silenciosas; tudo é a mesma coisa. Basta apenas aceitar ser pássaro ou peixe segundo o chamado da vida em nossa alma.

Agora ouve bem, porque entre o ar e a água, nenhum leva vantagem. Aquele que não aceita morrer por vontade própria, pode assistir a uma infinidade de suas mortes e de seus nascimentos sem ter visto nada.

Hoje, meu irmão Flávio, é o dia em que aceitaste desprender tua couraça para olhar teu coração entre tuas mãos. Que possa haver para ti muitos dias semelhantes a fim de que tu O ouças...

O soldado levantou-se lentamente, contornou a parede de galhos e barro que nos abrigava e foi de novo apoiar-se na balaustrada de madeira que dominava o rio. Ficou assim sozinho, no escuro, por longo tempo, depois voltou para junto de nós trazendo a tocha que um guarda espetara no buraco de uma rocha.

— Olhai bem para mim — murmurou —, não sei para onde César conduzirá minha vida, mas decididamente não é mais ao Flávio que ele se dirigirá. Peço-vos que me perdoeis...

E o homem parou. Incapaz de pronunciar uma palavra a mais, rodou sobre os calcanhares, numa espécie de fuga.

— Espera — disse eu, precipitando-me em sua direção —,

271

espera, estejas certo de que nada temos a perdoar-te, nem a ti, nem aos teus exércitos.

Quero dizer-te, meu irmão, que cada um de nós deve reconciliar-se consigo mesmo. As legiões de Roma, de que pareces suportar o peso esta noite, na verdade estão no coração de todo homem.

Não vejas nesta comparação uma bela imagem da voz de leite tão cara ao nosso povo. As legiões de Roma são as escamas da minha pequenez, que combaterei como tu... sem errar o alvo.

Flavio esboçou um sinal com a cabeça e depois, com expressão constrangida, desapareceu na escuridão do caminho. Que dizer daquela noite, a não ser que ela não conseguiu entorpecer nossos corpos? O olhar perturbado de Flávio e o tom falsamente imperioso de sua voz faziam com que não parássemos de pensar em suas palavras.

Ao amanhecer, a bruma que subia do rio me envolveu, tiritando, em seu manto de algodão. No céu branco grandes pássaros invisíveis piavam acima de minha cabeça. Míriam, que se retirara no fundo do seu abrigo, surgiu por alguns instantes para aspirar o frescor do ar depois entrou novamente para rogar ao Sem Nome.

Meio sonolento, dei alguns passos na trilha ladeada por cabanas. Em algum ponto no alto do rochedo homens começavam a berrar ordens e o barulho de metais batendo lhes respondiam.

Não ousava acreditar, os romanos estavam indo embora.

No grande abrigo encontrei nossos companheiros amontoados, desnorteados por não avistarem mais um capacete ou uma lança. Elric e todos os que há meses, anos até, trabalhavam em silêncio, não encontravam palavras para traduzir o medo agora transformado em felicidade.

Assim os doentes poderiam voltar, cada um na região, uns

O Caminho dos Essênios

em seu barco, outros no fundo das florestas, poderiam ouvir calmamente os relatos e as palavras faladas por "aqueles dos rochedos".

As semanas se sucederam com o entusiasmo de um novo sopro e chegaram assim ao tempo dos últimos figos. Havia no flanco da colina um pomar selvagem onde íamos colhê-los para pô-los a secar para o inverno. O céu já estava carregado dos pesados odores do outono, perfume de urzes sendo queimadas e terra exalando umidade.

Míriam aparecia cada vez mais raramente. Ela só se mostrava nos campos e nos pomares para falar ao povo cada vez mais numeroso que afluía de toda a região. Quando todos estavam sentados no meio dos trigais ceifados e entre troncos carunchados, via-se sua silhueta levantar-se, envolta num grande véu azul-escuro.

Como o Mestre, outrora, ela evocava então as histórias simples de cada um, o roubo de uma ovelha, a morte dos pais, ou então a boa colheita de que todos se lembram e que mantém as esperanças. Ela fundia aí Sua presença e Suas palavras-chave, que se repetiam como ladainhas em que cada qual encontrava material para sua construção.

Quando sua silhueta esguia surge em minhas lembranças, tudo me diz que em cada gesto o Kristos a revestia com Sua luz. Ela sequer levantava a mão sem que isso não fosse a intenção exata do que vibrava em sua alma. Míriam tinha assim adquirido uma transparência que lembrava a mãe do Mestre quando nas últimas vezes nossos caminhos tinham-se cruzado. Mas à medida que o outono avermelhava o topo das colinas, rumores inquietantes começaram a circular entre os vales, propagados pelos ventos incompreensíveis do raciocínio humano.

Eles vieram arranhar-nos um dia, quando com Míriam e duas mulheres da comunidade íamos a uma povoação para prodigalizar alguns cuidados. Foi a atitude de um bando de

Anne e Daniel Meurois - Givaudan

crianças que primeiro nos surpreendeu. Vendo-nos aparecer na orla do bosque, não longe das primeiras habitações, de repente pegaram galhos no chão e puseram-se a batê-los uns contra os outros, fugindo depois. Para as almas simples daqueles vales, aquela era uma atitude que se tomava diante de alguém enlouquecido. Aquilo ajudava a conjurar a maldição que se julgava que o desequilibrado arrastava atrás de si. Mas eram crianças, e só podíamos achar graça na brincadeira...

Entretanto, as coisas mudaram de aspecto quando, após termos amarrado nosso asno à parede do primeiro casebre, vimos que todas as habitações estavam hermeticamente fechadas. A desordem que reinava diante delas, as galinhas ainda correndo e as chaminés fumegando bastavam para tornar a situação eloqüente. Devíamos render-nos à evidência, as portas acabavam de fechar-se na nossa cara. Como se quisesse ter certeza, Míriam bateu na primeira delas, tendo como única resposta o latido furioso de um cão. Estava claro que não adiantava insistir. Jamais quiséramos forçar as consciências e não tínhamos motivos para nos justificar. Voltamos então pelo mesmo caminho.

Tudo podia parar por aí, mas há coisas em que a alma humana se compraz com facilidade. E aquelas feriram nosso coração.

"A mulher branca de Migdel é louca, cuidado com ela!" Este foi o rumor que chegou ao nosso rochedo e começou a correr sorrateiramente de choupana em choupana. Havia quem desse de ombros e continuasse a abrir seu coração, mas o boato tomou tais proporções que começamos a desconfiar. Míriam vira tantos dardos envenenados atravessarem o espírito dos homens, desde que tomara os pés do Mestre entre as mãos, que aquele parecia ser apenas mais um que já não estivesse esperando.

E estupidamente aconteceu entre nós, por lamentarem o

O Caminho dos Essênios

prejuízo que tudo aquilo causava ao bethsaïd. Lamentações de todos os que, ao longo do tempo, sempre se deixam apanhar na armadilha do que doam, fazendo de quem recebe sua posse. Lamentações dos que, herdeiros da Grande Luz, a dissipam, encolhendo o mundo até fazê-lo entrar em sua própria concha.

Então, o inverno nos trouxe suas geadas e o sol cor de púrpura, seus pintarroxos que se reuniam na entrada de nossos abrigos logo ao amanhecer.

Míriam nada comentava sobre aquelas palavras que continuavam a subir dos vales com uma persistência dolorosa. Com o mesmo sorriso, envolta no seu manto azul-escuro, passava dias inteiros debruçada sobre o leito dos doentes.

Um dia, porém, ela se voltou para Elric e para mim enquanto dividíamos umas bolachas e um pouco de uma sopa espessa no fundo do seu abrigo:

— Logo devo partir, assim que os brotos eclodirem. Sei que este rochedo e seus habitantes viverão bem sem a minha presença. Eu incomodo demais nesta região... talvez minhas palavras batam com muita força na porta de algumas almas...

Míriam de Magdala nada mais acrescentou e então percebi nos seus olhos o clarão do sofrimento que ela conseguira calar durante tantos meses.

O coração que compreendeu, o ser cuja alma emudeceu para deixar falar o Espírito de todas as coisas será para sempre um espinho no calcanhar de uma multidão de homens. Ele incomoda pelo fogo da sua certeza e sua loucura é indubitável aos ouvidos daqueles que pensam "bem".

Míriam era desses seres para quem o mundo em que vivemos se constrói a cada segundo, fruto do amor ou das estreitezas conjugadas dos que nele vivem. Ele é uma proposição do Eterno colocada entre nossa vontade e nossa capacidade de amar. A partir de então, é preciso, semear raios de Sol para que

Anne e Daniel Meurois - Givaudan

este se enraíze e a seiva da terra, suba...

No decorrer das semanas seguintes, concordamos que a comunidade da "rocha-fonte" já era bem forte e podia ser confiada sem receio às mãos das várias pessoas dedicadas ao bethsaïd. Não há uma hora certa para deixar o ninho? Enfim decidimos, de comum acordo, que três mulheres, Elric e eu acompanharíamos Míriam até o lugar aonde ela se sentia chamada. Aquilo aconteceria calmamente, do mesmo modo como tínhamos chegado lá. Devemos simplesmente aprender a desaparecer para que a força da Vida continue sua obra. Míriam não deixava de lembrar a promessa de percorrer caminhos que havíamos feito ao pôr os pés na Terra de Kal. Suas praias ensolaradas e seus pântanos onde os caniços se curvavam ao vento tinham ficado para trás, longe de nós, mas o que nos empurrara até lá não pertencia ao mundo das lembranças Para os vinte e dois que um dia tinham-se prometido ser incansáveis, a segurança dos corpos por certo valia menos do que uma promessa.

— A viagem, Simão, lembra-te, é o cadinho no qual o Mestre nos fez tomar forma. Foi sobre as pedras dos caminhos e dos desertos que nossa alma rolou mais do que a planta dos nossos pés.

Cada pedaço de chão que percorremos ficou impregnado por nossos pensamentos, por nosso amor em gestação. E a cada homem com quem cruzamos, uma escama de nosso egoísmo caiu.

Hoje, nossa viagem é... bem sabes o que é. Não quero fazer uma pobre descrição dela, porque em nosso peito Ele talvez esteja ainda mais presente do que antes. Hoje, se quisermos nos calar, ficando apegados aos contornos de um campo ou à doçura de um teto, não poderíamos mais fazê-lo... não achas?

Claro, eu achava, minha irmã Míriam, e não apenas achava, via claramente que naquela parte de nós que olhamos tão pouco havia uma espécie de chama crescendo, crescendo...

276

Capítulo 6
Luzes sob a neve

O CHÃO DOS BOSQUES ERA UM TAPETE DE FLORES VIOLETAS QUANdo trocamos o bethsaïd da rocha-fonte por outros horizontes.

Míriam de Magdala ouvira um chamado na direção das terras do sul. Lá havia, contavam-nos, uma montanha mais alta e mais branca que todas as que conhecíamos; havia montes selvagens nos quais o povo do antigo país de Atl se refugiara.

Não contávamos os dias. Aliás, sob as grandes coníferas e no labirinto de troncos abatidos cobertos de musgo, o Sol às vezes mal aparecia. Éramos seis avançando num bom passo e nossas conversas, entrecortadas por orações silenciosas, ritmavam nosso tempo mais do que qualquer outra coisa. Parecia que as florestas jamais acabariam e que a Terra de Kal era bem mais extensa do que tínhamos imaginado.

E lá onde de repente a floresta terminava, estendiam-se longas faixas de ervas esquisitas que se enfiavam debaixo das árvores, sob abóbadas secretas. Havia, claro, um longo caminho pedregoso com trilhas incríveis que nos levava mais ou menos e às vezes sumia entre as colunas de troncos rugosos. De tempos em tempos, encontrávamos um cavaleiro trotando devagar que nos reconduzia à pista ou, ainda, bandos de homens de ar sombrio que, como nós, caminhavam com grandes sacos a tiracolo. Não compreendíamos a língua deles e evitávamos sua companhia o máximo possível, já que a presença de mulheres em nosso grupo os fazia rir de modo zombeteiro.

Preferíamos a visão das manadas de cavalos selvagens, de pelos abundantes e crina espessa, que atravessavam os vales em galopes desenfreados. Um dia as terras tornaram-se mais nuas e os troncos menos imponentes. A rocha trocou sua cor dourada por nuances mais pastéis e mil flores perfumadas, corolas abertas, cobriram encostas inteiras. As aldeias tornaram-se então menos raras. Não eram mais cabanas de pedra e galhos com barro que descobríamos, mas casebres de argila seca ao sol. Quanto mais avançávamos naquela nova região, mais numerosos eram os casebres, construídos corretamente, com tijolos regulares. Nos grandes burgos por onde nossa rota passava, o povo de Kal parecia concordar com as idéias de Roma. Em suas ruelas fervilhantes de matizes, tudo mergulhava numa alegria e numa riqueza evidentes. Homens de pele acobreada e falando uma língua estranha tinham-se estabelecido por quase toda parte. Podia-se vê-los gesticulando diante de minúsculas lojas atulhadas de tecidos e metais, com o olhar sempre à espreita. Sobre mesas postas aqui e ali, no canto das pracinhas, um vinho acre, de um vermelho cintilante, corria em abundância. Os homens se ocupavam ao redor das ânforas, enquanto as mulheres, em longas vestes de algodão drapeado, andavam em todas as direções com cestos de legumes sobre a cabeça.

Toda a população de um enorme vale engolfado numa bruma úmida revelava ser igual. Próximo a um majestoso curso d'água sobrevoado por miríades de pássaros, finalmente apareceram os contornos maciços de uma fortaleza romana. Metade em madeira, metade em pedra, ela parecia dormir à

O Caminho dos Essênios

saída de um enorme burgo semelhante a um mercado. Alguns soldados andavam ao redor, com ar despreocupado, conversando com algumas silhuetas de toga, em meio a uma confusão de pesadas carroças puxadas por bois.

A certa distância, uma impressionante ponte de madeira mal descascada se lançava através do rio. Apesar da aparência descuidada do lugar e de seus habitantes, o acesso era guardado por sentinelas armadas, rígidas como estátuas.

Foi diante de uma delas que tomamos consciência de que a cordialidade e a riqueza do lugar talvez escondessem alguma coisa mais profunda, que lá, como além, estava sendo incubada.

— Aonde ides? — perguntou secamente o soldado cujo capacete grande demais ocultava-lhe o olhar.

Sua lança nos barrou o caminho e atrás dele, encostados à balaustrada, alguns homens cabeludos, vestidos com túnicas de pele curtas ajustadas com tiras de couro, nos olhavam com ar curioso e trocista.

A pergunta brusca nos desconcertou um pouco. Não estávamos preparados para ouvi-la após tantas jornadas de paz entre vales e florestas. Aliás, aonde íamos? Não conseguiríamos dizer-lhe com exatidão. Sabíamos apenas que havia umas montanhas bem lá embaixo e que quando o céu estivesse limpo se poderia ver sua massa azulada emergindo da terra.

— Vamos lá para baixo direto — disse eu, estendendo o braço, numa língua que eu não sabia mais ao certo de que região era.

O soldado esboçou um sorriso no canto da boca e se mostrou particularmente interessado em nossos pés nus, que traziam todas as marcas de um longo caminho. Outro soldado, mais velho que o primeiro, o capacete sob o braço e as sobrancelhas franzidas, apareceu então. Os dois homens trocaram algumas palavras em seu dialeto; depois, o que acabara de chegar voltou-se para nós:

— Alguns homens iguais a ti já vieram a estas colinas há algumas luas — disse ele em tom rabugento, dirigindo-se a mim. — Digo isto para que continueis vosso caminho. Eles nada trouxeram de bom, a não ser motivos para discussões hostis a Roma. Não vos aconselho a juntar-vos a eles com suas idéias malucas. Cedo ou tarde acabaremos nos enfrentando!

Com estas palavras, o homem se virou de lado, levantando o queixo. Subimos então na ponte sem nada acrescentar, intrigados, mas com o coração quente, como se uma outra vida nos fosse prometida na outra margem do rio.

Por falar em vida, era antes o oposto dela que nos aguardava na margem oposta. Passando os caniços, havia um túmulo à beira do caminho. Então, grandes aves gritando nos fizeram voltar a cabeça para a esquerda, na direção de uns pinheiros.

Lá, a vários pés do chão, estavam amarrados a sólidas estacas de madeira os cadáveres nus de dois homens, os membros em cruz e cheios de equimoses. O horror nos fez virar o rosto. Desde os caminhos da Galiléia tínhamos quase esquecido aquele sinistro espetáculo com que às vezes o viajante se deparava na saída das cidades.

Com o coração aos pulos, dois de nós se afastaram por instantes do nosso grupo, enquanto Elric não conseguiu conter uma violenta imprecação contra os romanos.

— Achas mesmo que é Roma que comete essas atrocidades? — replicou Míriam imediatamente. — O que não podes suportar no poderio de Roma, meu irmão, é o canto escuro da consciência humana em sua globalidade. Esse canto escuro, que cheira a putrefação, sabe que talvez tu também ainda o tenhas em tua consciência. Roma é um nome, Elric, nada mais que um nome. Essa manifestação baixa do homem, que tanto fere nossos coração e nosso espírito, sem dúvida provocará outras. O gosto pela atrocidade e todas as expressões

O Caminho dos Essênios

nauseabundas da personalidade são uma gangrena que corrói a alma da humanidade. São formas que os pensamentos dos homens criam num mundo impalpável [1], são forças invisíveis que eles alimentam com suas sucessivas mesquinharias e com as quais se embriagam cada vez que o gosto do poder lhes sobe aos lábios.

Não penses que esta seja uma doença só dos reis; o desejo do poder está solidamente amarrado no coração dos homens e, reconhece-o, ele assume as aparências mais insignificantes ou as mais insidiosas.

O Mestre nos dizia com freqüência, cada vez que um ser é supliciado nesta terra, todos nós contribuímos para levá-lo à morte, todos somos cúmplices. Isto te choca? No entanto, é a soma de nossos espíritos mesquinhos ou empedernidos que gera a força que, por si só, sustentará o braço do carrasco.

Quando estiveres a sós contigo mesmo, de nada adiantará, porém, que batas no peito, Elric. Esta cidade de luz que queres construir com todos os teus irmãos, ninguém preparará seus planos à custa de lamentações. Faz florescer o que há de mais belo em ti, então teu olhar de amor absorverá teu olhar de morte.

Dois dias de jornada ainda nos separavam do sopé dos altos cumes. Foram duas jornadas de sol e nós nos distraíamos procurando enxergar os rochedos cobertos de neve acima dos pinheirais que tomavam toda a terra. Sentíamos uma profunda felicidade caminhando assim. Era um sentimento de plenitude que fazia com que nos disséssemos: que mais é preciso?

Também, nunca melhor do que naquelas horas a presença daquela que tinha sido minha esposa se manifestava ao meu lado. A alegria redescoberta, reencontrada, sempre reaproxima

---

1 — Hoje diríamos "formas-ferramentas", que vão alimentar uma espécie de reservatório de energias sutis do mesmo tipo criado no universo etéreo e que influenciam cotidianamente o mundo físico.

os mundos. Míriam era de novo o entusiasmo que me fazia falar e pareceu-me que se eu me encontrasse só em algum lugar isolado do universo, não poderia ser de outra forma.

O sentimento de solidão é um estado do coração. Aquele que acha seu centro é habitado imediatamente por um amor capaz de fazer desaparecer todos os lugares vazios entre os seres.

A única sombra que surgiu em nosso caminho foram os encontros nos casebres onde pousávamos nossos sacos no chão, a fim de partilhar uma sopa ou um pouco de água fresca tirada do poço. Eles nos traziam sempre os mesmos rumores de revolta, e a descrição dos que eram seus fomentadores infalivelmente fazia brotar em nosso espírito a energia dos Irmãos nazaritas.

No dizer de alguns, muito impressionados pelo arrebatamento que aqueles homens transpiravam, já haviam sido celebrados cultos àquele a quem chamavam Senhor Jeshua, em algumas aldeias costeiras.

Sondando o que os corações daqueles homens simples tinham retido, parecia que o culto deles pretendia ser exclusivo. Jeshua tornava-se a Divindade encarnada entre os homens, desde o começo dos tempos e que salvaria os humanos se estes a honrassem e seguissem seus preceitos. Diante daqueles relatos, pus-me a pensar no pequeno José da aldeia da minha infância, depois no Irmão de Luz, no Sol que eu vira, pregado num madeiro no alto de um monte pedregoso. Nem um nem outro poderiam se reconhecer lá, naquele país de Kal, onde um punhado de homens amesquinhava a força do Amor.

— Eles falam do Amor Dele como um amor a ser temido! — gritei, assim que retomamos o caminho. — Falam do Amor de Kristos como um amor humano, que reclama seu pagamento em honrarias e obediência! O deus que eles fabricam será o rei de mais uma religião, um mestre destinado a salvá-los

O Caminho dos Essênios

como crianças que continuarão a ser. Não sei o que os tempos permitirão, porque a liberdade é o regente deste mundo, mas minha vontade jamais se entorpecerá enquanto os horizontes de sua verdadeira luz não estiverem claros.

Não creio que sejamos os detentores da verdade, Míriam, não mais do que qualquer homem o é, mas os fragmentos de verdade que foram confiados ao nosso coração, à nossa memória, não quero que sejam sufocados, como muitos outros talvez já o tenham sido!

Na manhã do quinto dia, após termos passado pela fonte, as montanhas estavam por toda parte ao redor de nós, com suas encostas cobertas de abetos com reflexos de jade e seus tapetes de flores brancas. Para nossos companheiros, habitantes de florestas, e para nós, com nossas lembranças de desertos e olivais, também foi uma surpresa total.

Ao contrário do que tínhamos imaginado e temido, a região anunciava-se bastante povoada. Os homens eram pequenos e de pele escura. Entretanto, no meio deles apareciam também alguns de cabelos ruivos, verdadeiros colossos com as maçãs do rosto salientes, que davam a impressão de surgir de tempos longínquos. Era lá, no fundo de seus vales de difícil acesso, que Míriam de Magdala sentia o chamado de um trabalho intenso a cumprir.

Nosso modo de agir não era bater nas portas e chamar a todos: "ouvi, eis que temos uma extraordinária notícia para vos anunciar". Era observar os homens, ser apenas nós mesmos, simplesmente, convivendo com eles segundo seus próprios costumes. Enfim, pelas mil circunstâncias da vida, era a oportunidade de permitir à luz que nos enchia o coração romper as barreiras da nossa pele a fim de realizar sua obra serena.

Ninguém penetra numa consciência que não sente em si um vazio ou o som forte de um chamado.

No fundo de um vale coberto por enormes e majestosos

Anne e Daniel Meurois - Givaudan

abetos, descobrimos uma grande aldeia em torno da qual parecia concentrar-se o essencial da atividade daquelas montanhas [2].
De longe já se viam as imponentes casas de pedra, tijolos e madeira. Evidentemente, os romanos tinham lá, uma guarnição. A julgar pelas ocupações e pelos hábitos da multidão que se agitava nas ruas, eles também mantinham lá um comércio muito importante. Tudo era espantosamente limpo e as casas, algumas com vários pisos, alinhavam-se de modo regular ao redor de pequenas praças. Um rio muito caudaloso atravessava seu centro ruidosamente e, espalhados no caos dos grandes rochedos que o margeavam, grupos de mulheres e crianças com roupas multicores lavavam energicamente o linho. Perto, uma construção elegante, feliz combinação de tijolo e pedra, chamava a atenção. Parecia apropriar-se de uma parte da água que lá corria com abundância, avançando sobre o turbilhão com suas muretas e arcadas, depois com salas inteiras guarnecidas por colunatas cobertas.

Eram as Termas. Vimos que se chegava até lá por largas escadas permanentemente percorridas por homens e mulheres. A maioria, romanos ou não, usava toga ou outra roupa habilmente drapeada.

Rapidamente, tivemos a felicidade de encontrar com que suprir nossas necessidades ajudando nas semeaduras num vale vizinho. Uma grande cabana encostada a um aprisco nos serviu então de teto durante longas semanas e não pedíamos mais nada, a não ser proteger-nos das noites frias.

O trabalho da terra que queriam confiar-nos era rude e o cansaço ao cair da noite suscitava algumas reflexões sobre o significado de nossa atividade naquelas terras. O povo mostrava-se hospitaleiro, mas seu olhar continuava sombrio, como se a memória do corpo que seus ancestrais lhe haviam legado carregasse um segredo.

---

2 — Trata-se realmente da atual Renne-le-Bains, antiga Rhedae.

O Caminho dos Essênios

— A natureza do chão que eles pisam pesa nas costas destes homens — confiou-nos Míriam um dia. — Guardo este ensinamento de meu pai, José, que o recolheu da boca de nossos irmãos de Heliópolis. Aqui as veias da terra não se parecem com nenhuma outra. Nós quase caminhamos nos ares...

Nós tirávamos as pedras de um pequeno lote no flanco da colina, quando Míriam deixou aquela frase em suspenso. A mais jovem das mulheres que formavam nosso pequeno grupo, Lérina, foi a primeira a erguer as costas sob o impacto de uma afirmação tão estranha.

— A abóbada da nossa terra é quase tão rica quanto a do nosso céu — continuou Míriam. — Há debaixo destas montanhas uma rocha tão cavada e tão vasta, que milhares e milhares de nós encontrarão ar e água suficientes para viver lá por anos inteiros. Aliás, isso foi feito há muito tempo, quando o naufrágio do reino de Atl impôs sua noite a todas as regiões de nosso mundo. Quero dizer-vos que um povo inteiro refugiou-se lá, com sua memória e seu conhecimento das leis da sombra e da luz.

— É este povo que vemos aqui? — perguntou Lérina.

— Foi por ele que nos trouxeste até estas montanhas?

— Não podes desuni-los. Não podes separar uma memória do solo que a recebeu, pois é a Terra que, na verdade, chama os corpos e as almas na sua direção, e não o inverso. Só ela, com o Pai, sabe bem do que a raça humana precisa.

A cada novo dia da humanidade, ela atua de forma que alguns se lembrem dos antigos céus graças a alguns rochedos, enquanto outros se dispersam a fim de desbravar novos caminhos em seu espírito. A humanidade é uma árvore, meus irmãos; ela tem raízes invisíveis para nós e ramos que partem em todos os sentidos, mas o conjunto é unido por um tronco. Ele é a ponte, o eterno mediador, e a seiva é o Amor, a grande sabedoria que não opõe o Céu e a Terra, o passado e o futuro.

285

Anne e Daniel Meurois - Givaudan

É o grande conhecimento que mergulha sua força na rocha e se lança na direção das estrelas.

Nossas vidas e a vida do universo não se estabelecem dia após dia sobre um infinito caminho reto. Elas só conhecem a curva, e esta, por sua vez, gera outras rotas cujos sulcos somam oito, o número da eternidade. Assim, é nestas montanhas que estão homens e mulheres da Roda. Esta é o símbolo e uma das grandes leis de todos os povos que compreenderam o porquê da ressaca do mar sobre as praias. A ressaca das almas neste mundo é determinada pela força desse mesmo movimento. Toda a riqueza dos que compreenderam isto consiste em manter-se o mais próximo possível do eixo da roda, lá onde a ação encontra sua lógica. A alma centrada em si mesma vê com exatidão todos os raios da roda que levam os homens na direção do seu próprio eixo.

Assim, se o conhecimento dos meandros do que chamamos passado não conduz ao coração da Roda, ele às vezes facilita o acesso, abre algumas portas.

Mas que esse conhecimento, meus irmãos, seja do domínio do vosso ser, não do vosso ter. Quero dizer que ele deve ser estimulado mais por um contato direto com certos lugares deste mundo que pelo acúmulo de um saber exterior a vós.

A planta de vossos pés desde toda a eternidade sabe ler, escrever e entender, jamais percebestes isto? Deixem-na começar seu diálogo com a Terra que se exprime e canta suas velhas memórias. Achais que foi para dizer-vos que há homens da Roda nestas montanhas e que o solo sobre o qual pisamos é tão oco como uma concha vazia que eu vos trouxe até aqui?

Não, foi para que houvesse mais uma união entre a história de vossa carne e a destes rochedos, para renovar uma promessa já feita a estes homens com quem cruzais todo dia.

Olhai no fundo do seu coração, vereis que eles estão nos esperando. Não porque sois vós ou eu, cujos nomes pouco

O Caminho dos Essênios

importam; mas porque seu solo é fértil e eles se lembram de que alguém deve voltar a fincar aqui uma tocha.

Como Míriam dissera claramente, nossa instalação sobre as montanhas e planícies daquela região foi mais fácil do que tínhamos imaginado. Próximo à aldeia das Termas, havia uma colina rochosa que dominava um conjunto de vales onde a natureza conjugava as mais belas florestas e as encostas pedregosas mais secas. Era a sede de uma pequena fortaleza. Suas paliçadas de estacas pontiagudas e as minúsculas habitações de pedra que nela se apoiavam serviam de refúgio a algumas famílias de caçadores. Apesar de seus hábitos rudes, todos nos acolheram como se sempre tivéssemos sido da gente deles. Não eram homens e mulheres sensíveis à força do Verbo, eram antes sensíveis à força da ação. A noção do sagrado estava inscrita neles pelo estreito contato que mantinham com as energias mudas das florestas, das torrentes e dos cumes. Assim, entusiasmaram-se pela elaboração e emprego dos óleos que Míriam tinha recomeçado a ensinar. Uma vez mais, o que nossa língua não conseguia transmitir era veiculado com doçura por aquela matéria meio âmbar, meio ouro, que aplicávamos sobre os corpos.

No fim do primeiro verão após nos termos estabelecido lá, não era raro ver-se uma multidão de doentes ou de curiosos subindo pela trilha dos condutores de mulas de carga e chegando ao interior da paliçada, onde havíamos construído às pressas um abrigo com cheiro bom de palha fresca. O nome do Kristos viria depois, já havíamos aceito isso.

— Às vezes é bom calar uma palavra, um som, quando se pressente que dará medo ou simplesmente inquietará — repetíamos um ao outro. — É preciso mostrar antes de falar. É uma das bases da sabedoria.

E Míriam acrescentava:

— Que aquele com quem cruzais não venha a se voltar contra vós pensando "como o peso de que palavras ele me carregou?" mas sim "de que fardo sua estranha luz me aliviou?" Eis a espécie de amor que não deve abandonar-vos. Não é a vós mesmos que deveis agradar, esvaziando vosso coração de seu conteúdo. Se esse conteúdo transborda a ponto de nada em vós poder retê-lo, tende a humildade de reconhecer que é porque vosso vaso ainda não é suficientemente grande.

Kristos não pediu que nos transformássemos em torrente para abrir barrancos nos vales. Ele espera de nós uma simples água viva. Aceitemos essa simplicidade. Desde a aurora de nossos dias, ela sempre acabou encontrando a palavra certa na hora certa e o gesto puro que sabe ser uma carícia. Há construtores que destroem, são sempre aqueles que impõem sua verdade.

Também, meus amigos, aprendamos a só falar de Kristos quando os olhares reclamam o verdadeiro sol. Antes, tenhamos a sabedoria de irradiar em silêncio. Para muitos, isso basta para nutrir amplamente uma vida.

Vede, com freqüência eu rememoro uma conversa que tive com o Mestre quando estávamos sós, num barco no meio do lago. Foi pouco antes de sua partida para Jerusalém. Como eu sentia vir do fundo de nossos corações uma espécie de maremoto, perguntei-Lhe, sem dúvida febrilmente, qual era nossa missão.

"Mas nenhum de vós tem uma missão, Míriam!", respondeu-me Ele. "Deixa as missões para as almas que se agarram ao seu próprio jogo. Meu Pai só vos pede que volteis a ser vós mesmos e deixeis esse renascimento transparecer até nos poros de vossa pele. Nada mais, na verdade. Eu te afirmo, não há nenhum estandarte a ser desfraldado. Tudo o que se considera missão é semelhante a um fardo pesado sobre as crostas da alma.

O Caminho dos Essênios

Desvia teu olhar do que é exterior ao Ser. O exterior não é o inimigo, porque não oferece obstáculos suficientemente altos para merecer tal nome, mas é um simples reflexo quando o Essencial aguarda alguém."

Chegou o dia em que os primeiros flocos apareceram no cimo da nossa colina. Nossos amigos de trás da paliçada de madeira haviam passado longas horas calafetando suas habitações com feixes de ervas e folhas secas; depois estenderam por toda parte onde puderam pesadas peles de animais, muitas vezes mal curtidas. Nosso abrigo, que agora se compunha de duas peças de teto baixo, também foi arranjado assim por gentileza deles. Fora, na pequena praça que pouco a pouco se cobria com um tapete branco, o rebanho de cabras comum a todos fora reunido sob um telhado feito de cascas de árvores e pedras planas. A aldeia preparava-se, assim, para entrar no sono. Só uma espessa fumaça branca que subia direta para o céu coberto de chumbo testemunhava que lá havia vida. A montanha impunha sua paz.

Foi o dia que Míriam escolheu para levar-nos longe, por um caminho que se embrenhava profundamente entre os abetos.lembro-me de que passáramos muito tempo envolvendo nossos pés e pernas com espessas faixas de pele amarradas com tiras de couro. Era uma sensação tão rara aquela proporcionada pelo contato com a presença gelada e tranqüila da neve! Mergulhamos sob a abóbada escura das grandes coníferas batidas pelo vento. Uma poeira branca e cristalina fustigava nossos rostos meio escondidos em nossos mantos e avançávamos como num santuário. Só Míriam, e Lérina talvez, sabiam aonde íamos.

O ar falsamente secreto que Míriam afetava e o mundo novo que descobríamos ao lado dela despertavam em nós uma alegria singular. Entretanto, tivemos várias horas de marcha antes de chegar ao destino que ela projetava. Era uma clareira minúscula que parecia separada do resto do universo, principalmente daquele dos homens. Um dedo invisível a desenhara no coração dos abetos, altos como muralhas intransponíveis. A neve, em grandes flocos, tinha-se depositado como num escrínio. Nenhum de nós ousava pousar um pé lá, com medo de quebrar algum encantamento.

— É aqui — murmurou Míriam afinal, voltando-se para nós. — Foi aqui que, há pouco tempo, meu coração vibrou no ritmo de nossos irmãos da natureza. São irmãos que freqüentemente esquecemos, sabeis? É em parte porque eles me assistem em meu trabalho de cada momento que tive prazer em trazer-vos aqui. O Mestre conseguiu extrair das areias de minha alma a chave que me abre a confiança deles. Mas não fiqueis com esse ar de surpresa, pois sabeis do que se trata! Ele não deu a cada um de nós a palavra secreta para que a matéria, ou sua força sutil, se curve às nossas exigências. Ele apenas procurou fazer-nos compreender toda a luz da palavra Amor e foi só com Ele que dei alguns passos entre estes abetos pela primeira vez. Aqui encontrei o que jamais ousara esperar: toda a vida dos seres que penetram meus bálsamos e que, em verdade, são o próprio Óleo.

Então eu chamo estes seres de "meus irmãos", não conseguiria achar palavras mais certas, porque nossos mundos são tão próximos que não se pode afastar um do outro sem privá-los da sua seiva e finalmente, reduzi-los a pó.

Quando colhes uma flor, tu, Lérina, e vós todos também, ou quando enterrais um grão no solo, conseguis ter plena consciência do vosso gesto tão simples? Que é mais comum do que ceifar uma espiga de trigo ou podar uma videira? A vida que circula no seu centro, se bem que meus irmãos não pensam muito nisso. É "a vida", dizemos, o Pai a provê! Ao que poderia ser uma pergunta, respondemos com uma palavra que, ela também, é uma pergunta. E assim correm as coisas, desde

O Caminho dos Essênios

que os caminhos do homem os fazem voltar os olhos para o exterior.

Não vos equivoqueis quanto ao sentido do que tenho a dizer-vos. O Mestre não fez de mim um outro mestre, e eu não posso transmitir-vos, no seio desta clareira, algum douto conhecimento que não possuo. Tenho somente a esperança de fazer-vos partilhar um momento de Amor, fora de nosso tempo, além do pensamento de nossas conchas; um instante que nos aproxime da vida que bebemos, comemos ou aplicamos sobre as feridas.

Quando Míriam acabou de falar, um imenso sorriso iluminou seu longo rosto e ela fez com que todos nos juntássemos entre seus braços.

Meus olhos estavam ofuscados pela neve e eu não sentia mais meus pés que afundavam em seus flocos de algodão. Ninguém, acredito, conseguiria pronunciar uma única palavra. Nossas frontes apoiadas umas contra as outras formavam uma só. Tudo era branco, por fora e por dentro, como o brilho da Luz que canta além da nossa luz.

Fechei os olhos e a brancura continuava lá, ainda mais imaculada; incrivelmente palpitante e tão verdadeira! Senti uma onda de lágrimas quentes brotar suavemente do fundo do meu coração, sem razão, só pela felicidade indizível de estar lá, o pensamento suspenso, fundido num cristal de neve. Na tela da minha alma alguma coisa se pôs a turbilhonar lentamente, depois com uma força cada vez mais viva. Era semelhante a pétalas de flor, tinha o brilho das amendoeiras que víamos a cada primavera nas encostas do Monte Tabor. Era algo que se abria e queria condensar-se.

De repente, senti uma água fresca que corria ao longo das minhas costas e numa reviravolta ia direto ao ponto exato do meu coração. As pétalas tinham-se transformado em mil pequenos seres, mil olhares em rostos muito finos, em corpos tão nus e tão frágeis! Havia não sei quê no ar e na luz que tecia véus como raios de sol e desaparecia. E tudo aquilo, todas aquelas presenças ondulavam, dançavam e murmuravam palavras que ecoarão para sempre em meu espírito. Não eram mil vozes, nem mesmo uma voz, mas um sopro, um sopro-carícia, um sopro-cor...

— Irmãozinhos — dizia ele —, não foram passos sobre a neve que vos trouxeram até aqui, mas uma única vontade de amor. Amor, eis a palavra que deve existir para que vosso olhar encontre o nosso. Deixai escorrer um pouco de água de luz para fora de vossos corações e a porta de nossos mundos sempre se abrirá assim.

A luz que a raça dos homens põe na ponta dos dedos e na raiz dos seus pés às vezes cheira mal para que os procuremos...[3] Então tecemos véus cada vez mais espessos e trabalhamos em nosso silêncio. Assim nutrimos a Terra, irmãozinhos, os homens de um lado, nós do outro. Somos um pouco daquilo que faz a seiva subir, as folhas brilharem e os frutos intumescerem.

Deixai-nos dizer-vos, como podemos dizê-lo a tão poucos... que vosso Sol e o nosso são um só, e nossas almas se unirão às vossas se lhes outorgardes vida.

Aquele que come nossos corpos ignorando nossa alma retira de si sua própria vida. Dizei-o a vossos irmãos, humanos, não se absorve eternamente a vida sem compreender que ela é a Vida. O que nossos braços vos proporcionam, o que estão encarregados de oferecer-vos, não nos pertence. Nós somos os mensageiros de uma das faces do Pai, como vós o sois de outras. Não quebreis, pois, nossos braços sem que a fratura traga seus frutos necessários e sua realidade cheia de Amor. Em nós nada há a dominar nem a escravizar, só alguma coisa

---

3 — Da mesma forma que é um conjunto de cores e de sons, a aura de todo corpo também emite um cheiro.

O Caminho dos Essênios

a escutar e a compreender. Sabei, pois, nós somos mais do que nós, do que a flor amada pelo Sol e pelo vento, do que o tronco que vos oferece sua madeira, do que a raiz que mistura a terra e as águas, do que o alimento que vos garantirá vigor ou a matéria em que esculpireis algumas formas. Somos também, e talvez principalmente, o lado da vida a que vos restringis... porque vos sentis tão maiores e tão mais fortes do que tudo desde que o Pai vos deixou a Escolha como presente. A Escolha não é apenas a dos caminhos pelos quais avançamos, é também a dos riscos de esquecer, de esquecer-se. Nenhuma queimadura é um castigo perdido na grande memória dos espíritos que acordam, mas inúmeros são os castigos que poderíamos deixar de infligir à vida.

Virá um tempo em que a raça dos homens envenenará nossas raízes e todo espírito de regeneração quererá abandonar esta Terra. Talvez, então, estareis entre nós em outros corpos; sem dúvida nós também teremos mudado um pouco nossa aparência, pois o tempo nos mistura, igualmente, ao seu modo. Sabei, contudo, que nossa palavra será a mesma. Ela não pode flutuar, pois não é fruto de uma vontade passageira. Não é nossa vida que protegemos, nem mesmo é apenas o desenvolvimento harmonioso do nosso corpo; é bem mais do que isso, chama-se senso de Comunhão. Desprovida desse senso, irmãozinhos, a raça dos homens se desagrega, ela se isola na sua fortaleza de grande superioridade.

A Vida nos pôs aqui a vosso serviço; mas não esqueçais de que vós também estais a serviço da Vida. Ela é a luz do Pai e esta luz não esperou o homem para manifestar-se. Assim, um está a serviço do outro e tudo continua bem assim, mesmo que pouco tenhamos da grandeza da humildade. Não conhecemos a moral que é vossa e ignoramos quase tudo sobre o conceito de moral, pois nossa vida não está submetida ao que chamais de civilização. É um mundo que conserva a permanência do

Amor sem conhecer o remorso, a sanção, o julgamento. Nós bebemos em sua fonte e, a nosso modo, podemos indicar-vos o caminho até ela. Também, não enxergueis nestas palavras um dedo acusador apontado para vós. Entendei, antes, como um apelo à grandeza, pois ser realmente grande é compreender que não caminhamos sozinhos.

Tomai a força de nossos corpos e a de nossas almas, nós vos oferecemos, mas não penseis dominar tudo, pois seríeis vós os dominados.

Não vos preocupeis em saber detalhes sobre quem somos e com que pó de ouro trabalhamos. Isso vos tornaria melhores? Amaríeis mais vossa Terra? Alguns lhe queimaram existências e muito poucos lhe abriram seu coração...

Enfim, afastai de vós a insidiosa vontade de tudo prender nas armadilhas do orgulho, do poder, de simulacro de amor, do que chamais inteligência.

É o pistilo do vosso coração que pede a Vida. Por toda eternidade reconhecei-o, é a única coisa que vosso coração deseja saber dar.

Uma tempestade de neve desabou sobre a tela dos meus olhos e mil olhinhos em corpos frágeis e ondulantes pareceram unir-se numa única chama. Tudo se dissipou então num profundo silêncio. Depois, a mordida do frio me chamou de volta à clareira onde nossos corpos enrijecidos continuavam ao redor de Míriam

Durante horas, só nossos olhos conseguiram falar. Tínhamos recebido tanto!

Capítulo 7
A Lua em vez do Sol

O INVERNO FOI TRANQÜILO. MAS SE A VIDA DOS CORPOS TRANScorria sem pressa, as almas, estas, amadureciam a cada borrasca de neve e a cada chuva persistente que as faziam aproximar-se.

Assim, um certo alimento circulou de cabana em cabana, de cimos isolados a vales cheios de bosques sem se preocupar, aparentemente, com o resto do mundo que começava a agitar-se em seus alicerces. Nosso refúgio entre aquela gente escura e calorosa acabou rapidamente com os últimos aguaceiros. As nuvens se fundiam com as almas transidas na manhã em que o chefe da nossa aldeia, um sólido montanhês sempre ladeado por dois ou três caçadores de cabelos desgrenhados, fez ranger a porta do nosso abrigo.

Era um homem de uns cinqüenta anos, de pele bem morena e barba espessa. Juntava os longos cabelos num tufo no alto da cabeça e, não importava o tempo que fizesse, apresentava-se sempre coberto por uma mistura de couro e lã. Aquele ser forte como uma rocha e tão pouco preocupado com sua aparência física mostrara-se, ao fim de algumas luas, um dos pilares sobre os quais podíamos nos apoiar. Seu espírito sem subterfú-

Anne e Daniel Meurois - Givaudan

gios percebia as coisas com clareza.

O que nos agradava nele era seu modo bem pessoal de deixar seu coração falar, evitando o sortilégio das palavras e perguntas que só existem pela malícia de serem palavras e perguntas. Baldec se exprimia através da ação, por mais insignificante que fosse.

Quando, ao lado dele, evocávamos a presença e os ensinamentos do Mestre, ao contrário de muitos, mostrava-se pouco inclinado a saber quem era Ele ao certo e se Ele havia pronunciado tal palavra e não outra. Sua preocupação, antes de mais nada, era saber e compreender o que Ele fazia, o que tinha cumprido e continuava a cumprir. Gostávamos de Baldec por isso. Ele admirava a árvore mais por seus frutos do que por suas flores, continuando límpido em suas convicções.

Naquela manhã, no entanto, ele mostrava um rosto perturbado quando se apresentou diante de nós.

— Várias vezes tenho cruzado com homens e mulheres que fazem comércio entre o mar e estas montanhas — disse ele, acocorando-se perto de nós. — E sempre me repetem a mesma história de um homem que anda entre os rochedos, perto da costa. Ele faz prodígios, garantem, e clama a quem quiser ouvi-lo que os povos devem ver nele o enviado do Todo-Poderoso.

Aquela declaração, disparada em tom abrupto, quase nos deixou sem voz.

— Quem achas que é? Com quem se parece? — perguntei.

— Não o vi e nem sei quem é... mas se faz o que dizem, irei encontrá-lo e pedirei que me ensine a viver como ele.

— Não sabes, enfim, qual é o seu nome? — perguntou Míriam.

— Jamais me disseram... mas não será vosso Mestre? Não consegui fazer outra coisa a não ser pensar nele e meus companheiros que estavam presentes reagiram da mesma forma. Amanhã, descerei a caminho do mar.

296

O Caminho dos Essênios

Elric, com a testa franzida, imediatamente garantiu-lhe que o acompanharia.

— Se for o Mestre — acrescentou, nervoso — ninguém dirá que deixarei esta vida sem ter cruzado meu olhar com o Dele e ter ouvido o som da Sua voz!

Míriam de Magdala então levantou-se. Seu rosto continuava impassível, deixando transparecer, para quem conhecia suas rugas, apenas uma resolução repentina.

— Ah! — exclamou enfim, num tom realmente jovial.

— Pois bem, se o Sem Nome o permitir, faremos juntos o caminho!

Ainda estava escuro quando, no dia seguinte, deixamos atrás de nós, no alto do promontório, o recinto de madeira com suas cabanas adormecidas.

A chuva caía fininha e Lérina parecia agitada. Desde nossos primeiros passos ao longo da trilha lamacenta e pedregosa que descia a colina, ela manifestara sua inquietação, irritação até.

— Não compreendo, minha irmã — disse ela a Míriam.

— Tu viste o Mestre, sabes quem Ele é, vives com Ele sempre em teu coração... e sais por aí atrás do primeiro presunçoso de quem ouves falar!

— Quem te disse que é um presunçoso, Lérina? Algumas vagas palavras que ouviste? Talvez tenhas razão, pois pareceria estranho que o Mestre viesse para estas praias, mas nada te permite julgar o conteúdo de um peito diante do qual tu mesma não respiraste um pouco de ar!

Não há homem que não mereça que eu me desloque por ele. E esse que tem a coragem de se intitular filho do Todo-Poderoso, não posso descartá-lo antes de ter ouvido o timbre da sua voz!

Tu também és filha do Todo-Poderoso. Se o calas, é talvez porque não seja tua função dizê-lo, ou porque ainda não saibas o suficiente, nem haja em ti a luz necessária para falar em

297

teu lugar. Perdoa-me a franqueza, Kristos não nos pede que acreditemos ou rejeitemos, mas que primeiro aceitemos observar para querer compreender. Existe sempre alguma coisa a ser encontrada e ninguém pode falar do conhecimento e do fim último se não estiver presente. Digo-te, se Mestre Jeshua estivesse aqui, neste exato momento, Ele diria: "Vamos ver esse homem". E iria à nossa frente!

Durante a jornada, por trilhas e estradas pavimentadas, continuamos agasalhados em nossos grossos mantos de lã. A irritação de alguns e o cansaço da manhã, diante do entusiasmo de Míriam, deram lugar a uma sincera alegria.

Através dela aprendíamos melhor o eterno despertar ao qual uma alma devia dirigir-se. Era, segundo suas palavras, uma parcela da juventude que cada um deve procurar reconquistar e que impede de uma vez por todas que se ponha tudo em cofres e que se feche as portas para sempre.

— Há uma curiosidade sadia que atrai o homem para o seu sol interior — disse Míriam ainda, quando paramos abrigados num rochedo. — Não é a curiosidade provocada pelo apetite da borboleta que pousa de flor em flor, mas a daquele que se recusa a condenar antes de ter tentado compreender.

Essa curiosidade, meus amigos, é uma prova da saúde do ser! Sua irmã chama-se alegria e ambas engendram uma forma de juventude... que é sempre a marca das velhas almas.

O entardecer do segundo dia nos levou diante de uma longa linha cinzenta batida pelos ventos. Era o mar. Por entre espinheiros que se agarravam a nossas roupas, descemos até a primeira aldeia cujas fumaças que pareciam sair das encostas eram sinal de presença. O sol já empalidecia no horizonte, mas lá a vida chegava ao seu ponto máximo. Em todas as vielas, diante de braseiros acesos na frente das casas, homens com grandes aventais de couro martelavam metais. Aqui e ali, entre abrigos encaixados no rochedo, viam-se forjas.

O Caminho dos Essênios

Os homens gritavam para conversar no meio do barulho lancinante dos martelos. E mesmo quando este calava, suas vozes continuavam a rasgar as ruelas da aldeia com uma intensidade igual, quase agressiva.

Parecia que ninguém prestara atenção à nossa chegada. O burgo, sem dúvida, era rico e freqüentado por inúmeros compradores que vinham de toda a região. Na praça havia duas pequenas carroças semicobertas por um toldo de pano grosso e pesado. Estavam carregadas de caldeirões de todos os tamanhos e de muitas armas, espadas e facões amontoados confusamente. Depois de ter andado um bom tempo naquele ambiente de trabalho a fim de colher algumas informações, era preciso refletir. Enfim, Baldec pagou nosso ingresso na sala baixa de um albergue onde uma mesa comprida e alguns bancos pareciam estar à nossa espera. Havia outras mesas, ocupadas por pessoas barulhentas, todos homens, que partiam desajeitadamente um enorme peixe fervido, ainda fumegante.

Mal acabamos de instalar-nos e o dono do lugar, um pequeno personagem magro, com jeito decidido, de repente veio servir-nos o mesmo prato, embora um pouco menor.

— Quem procurais não está aqui — disse sem rodeios, para responder à pergunta que Baldec lhe havia feito. — Não o encontrareis entre nós, pensai bem... aqui não é lugar para ele! Homens como ele vivem isolados... não são do nosso mundo... devemos compreendê-los. Aliás, se quiserdes ver homens como ele, é preciso procurá-los! Nós não respeitamos os deuses suficientemente para que eles venham até aqui. Mas não sei, há quem diga que ele é louco... eu, em todo caso, nunca o vi.

— Onde ele vive, então? — perguntei.

— Numa espécie de gruta perto do mar, a meia jornada de marcha daqui. É um velho estábulo que não usavam mais. Mas as pessoas lá de baixo o conhecem, elas vos indicarão. Quase todos os dias há gente que quer ir vê-lo...

299

Anne e Daniel Meurois - Givaudan

— E os romanos não falam nada?

— Oh, os romanos, desde que os deixem fazer seu comércio, não nos incomodam... aliás, não os vemos muito. Salvo, talvez, nestes últimos tempos. Dizem que há lugares onde houve luta, mas a uma ou duas jornadas daqui, voltando pela costa rumo ao nascente.

Com estas palavras, o homenzinho seco ergueu as sobrancelhas e os braços como para sugerir impotência ou divertida indiferença, depois girou sobre os calcanhares. Voltou depois trazendo um cântaro de água e algumas bolachas de trigo duras.

Em nossa mesa o entardecer foi divertido. No átrio, no outro lado do aposento, crepitavam uns galhos úmidos que expeliam muita fumaça esbranquiçada que nos entrava na garganta em tal quantidade que fomos forçados a sair, dando risadas. Mas tudo estava bem...

No dia seguinte, quando retomamos o caminho pavimentado que levava direto ao mar, vimos que o vento fresco da noite afugentara todas as nuvens. O céu nos oferecia um azul frio, vivificante, que nos obrigava a andar rápido. Aquele mar que cintilava atrás das árvores era tão lindo, coberto aqui e ali de espuma branca! O mar por si só nos teria convencido a percorrer o caminho até sua areia e seus rochedos. O tempo todo parecia-me que ele estendia sobre as praias da Terra colares de pérolas de verdade, tão puras que poderiam fazer dele um ser de luz.

Muitas vezes, também, disse a mim mesmo que se soubéssemos escutar e ver melhor o que tece a trama do espaço e do tempo e que nos rodeia, talvez Kristos e todos que o precederam não tivessem precisado sofrer as feridas de um corpo pesado.

Mas hoje era tarde demais para lamentar. Infligir a si mesmo outros ferimentos só poderia prolongar os deles.

"A conquista da felicidade e da luz é um dever", dizia o

O Caminho dos Essênios

Zérah de minha infância muitas vezes. "Se tu o esqueces, é um insulto que fazes Àquele que vem."

E agora que Ele veio, disse a mim mesmo, decididamente tens a cabeça bem dura no dia em que te esqueces de sorrir! Quando o sol chegou ao seu zênite, após termos andado por estreitos caminhos arenosos, chegamos diante de uma pequena colina situada perto de uma enseada selvagem.

No seu flanco, numa confusão de pedras desmoronadas, desenharam-se então alguns muros de pedra onde estavam amarrados alguns asnos e cavalos. Quando nos aproximamos daquela construção, um homem calvo, com uma longa veste azul muito bem cuidada, aproximou-se de nós com ar afetado e surpreendentemente piedoso.

— O mestre vos espera? — murmurou ao ouvido de Elric, que se adiantara entusiasmado. Diante de nossa resposta negativa, o homem, cuja pele morena era extraordinariamente lisa, assumiu um ar de espanto e próximo da indignação.

Era como se acabasse de dizer: "Sois muito atrevidos, não sabeis com quem estais tratando".

Enquanto fazia uma careta em que embaraço e condescendência se misturavam, Míriam aproximou-se dele:

— Diz ao teu mestre que voltaremos amanhã à mesma hora, se ele fizer a gentileza de nos receber. Mas antes podes dizer-nos qual é o seu nome, pois estamos há pouco tempo nestas montanhas.

— Nós simplesmente o chamamos de mestre — replicou com arrogância o homem da veste azul —, pois ele é mestre de todas as coisas. Velhos escritos que não entendemos há muito tempo anunciaram sua chegada. Estou feliz porque viestes conhecê-lo. Perdoai-me a reserva, mas o mestre fez de mim o guardião de seu umbral. Esta é a maior honra com que um homem possa sonhar. Amanhã, assim que chegardes, fazei a gentileza de chamar por Arinel.

301

Não fizemos qualquer comentário, porque o próprio Kristos precisava isolar-se algum tempo, longe de toda a ansiedade das multidões. Sabíamos muito bem que todo ser, por mais nutrido de luz que seja, tem regularmente sede de solidão, para continuar cultivando o jardim de seu coração para maior paz da humanidade. Sabíamos que se devia compreender e respeitar aquilo como uma das leis imutáveis da natureza. O Sol derrama seus raios sobre tudo, mas não se reserva o direito de deitar todas as noites?

Ele nos impõe uma noite de espera enquanto age além, talvez com um brilho diferente, sob outros céus. Ninguém pode opinar sobre o ritmo ao qual se harmonizou e ele sabe melhor do que o homem o porquê da nuvem que retarda sua aparição.

A manhã seguinte nos viu chegar de novo ao umbral da construção no sopé da colina. Os animais tinham desaparecido e tudo respirava uma ordem tranqüila. O homem que se dera a conhecer pelo nome de Arinel veio calmamente em nossa direção, o torso curvado, meticulosamente envolto numa veste diferente daquela da véspera.

— Bem-vindos — disse num tom afável, mal mexendo os lábios —, meu mestre concorda em receber-vos, pois sua sabedoria viu que vossos corações são puros.

Atravessamos dois compartimentos atrás do homem, que parecia se esforçar para caminhar com passos lentos e curtos, como se seu andar pudesse gerar um respeito suplementar. Por toda parte havia almofadas e peles de animais, maravilhosamente arrumadas e combinadas com um mobiliário de madeira sóbrio, mas de grande perfeição. Vimos num canto, reunidas sob um raio de luz, algumas mulheres examinando rolos de pergaminhos, falando em voz baixa, com a cabeça inclinada.

Finalmente fomos introduzidos numa sala de dimensões médias, onde três ou quatro pessoas já estavam sentadas no

O Caminho dos Essênios

chão diante de uma silhueta robusta que reinava sobre uma cadeira de braços de madeira escura. Arinel nos indicou um ponto preciso da sala, depois pediu-nos que sentássemos sobre uma esteira estendida para nós.

Enfim, pudemos observar à vontade o homem sentado diante de nós. De corpulência imponente, não tinha mais que quarenta anos anos; vestia uma ampla veste branca franjada de azul sobre a qual descia a cabeleira mais longa e mais farta que já tínhamos visto.

Interrompendo o discurso que havia começado, mediu-nos um a um de cima a baixo, sem que o menor sorriso clareasse seu rosto. Aquela aparente frieza deixou-me pouco à vontade; entretanto, eu não podia, apesar de tudo, ignorar a evidente majestade do personagem.

— Quem vos traz aqui, estrangeiros? — perguntou ele afinal, com uma voz grave e quente.

— Aquele que igualmente te pôs aqui — respondeu Míriam imediatamente, com a maior naturalidade.

O homem nem piscou, mas Arinel sobressaltou-se ligeiramente lançando a Míriam um olhar ofendido.

— Tua fala está certa, mulher — continuou ele com a mesma voz —, quem vos envia é meu Pai.

— É o Pai de todos nós, que faz com que os caminhos se cruzem. Humildemente estamos aqui, diante de um irmão, para recolher um pouco de amor a fim de prosseguirmos nosso caminho. Viemos de muito longe, o coração cheio de palavras de paz e de liberdade. A fama de tua sabedoria foi ao nosso encontro através destas montanhas.

O mestre da veste branca esboçou um leve sorriso, depois se encostou ostensivamente no espaldar da cadeira antes de recomeçar a olhar-nos, um após o outro.

— Se quiserdes ficar aqui, precisareis empreender longas purificações — acabou declarando solenemente. — Só

Anne e Daniel Meurois - Givaudan

vos ensinarei o domínio das coisas quando tiverdes feito esta escolha. Devereis esquecer-vos um pouco de vós mesmos, e vos engajar em minha causa, se quiserdes ver a paz crescer em vós. Refleti, não existe outro caminho a não ser o esquecimento de si mesmo.

Não pude deixar de tomar a palavra:

— Meu irmão, nossa intenção não era ficar aqui. Vindo à tua procura, queríamos apenas criar um laço a mais com uma alma que cessou de operar por si mesma. Parece-nos que nosso tempo é o de um grande despertar. Todos os que congregam homens devem unir-se a fim de edificar um imenso e único templo. Nossa purificação é o caminho que palmilhamos e os olhares de nossos irmãos para nós são um espelho.

Os rostos de todos os que estavam sentados diante de nós voltaram-se para mim. Rugas de curiosidade inquieta sulcavam suas frontes.

— Podes duvidar que não exista só um caminho? — disse o mestre de longos cabelos, levantando-se. — Não posso ensinar-te se não houver mais humildade e clarividência em ti. Meu Pai me enviou até vós para despedaçar vosso orgulho, e os prodígios que ele executou através de minhas mãos são a manifestação de sua presença. Cala-te, pois, porque não é o homem que vês quem te fala...

Assim que acabou de falar, as lâmpadas do seu corpo [1] puseram-se a redemoinhar, lançando em nossa direção mil raios de luz semelhantes a mãos. Que era aquele sol tão consciente do seu fogo?

Fechei as pálpebras e invoquei o frescor dourado do Kristos. Que diria Ele, o que procurava dizer-nos diante daquela força? A resposta estava bem próxima... quase lá, sem dúvida. Eu gostaria de um pouco de quietude para vê-la, tocá-la dentro do meu peito. Mas o mestre, em sua ampla veste

---

1 — Chacras ou Centros de Força.

O Caminho dos Essênios

branca, continuava estendendo as mãos.

— Acreditas, então, que podes fazer a paz florir ao longo dos teus caminhos se não a tens dentro de ti? Quem quer que tenha sido teu mestre até agora, não soube ensinar-te isso... Fiquei ofendido e simplesmente me ouvi responder:

— Acuse antes o aluno, não o Mestre...

Lá fora o vento devia estar soprando, fazendo as árvores da encosta estalar. Míriam então tomou a palavra. Enquanto o mestre daquele lugar mantinha-se impassível, vi as mãos de Arinel torcendo sua própria veste.

— Sabes, meu irmão, que não passamos pelo teu umbral com o coração cheio de arrogância e dualidade. Certo, ninguém dá totalmente o que não conquistou na totalidade... mas eu te direi que cada um de nós tem pelo menos um ombro, no qual alguém pode se apoiar. Aquele que espera sua perfeição para servir, alimenta seu orgulho em vez de dissolvê-lo. A alma humana assemelha-se a um labirinto, no qual a astúcia não tem limites, não achas? Quantos de nós não se orgulham de seu desejo de humildade? Partimos o amor ao refletir demais sobre nossa própria perfeição. A dádiva sempre terá as mais belas palavras. É a razão do meu sopro, como também de meus irmãos aqui presentes.

Assim como tu, ouvi inúmeras vezes homens declarar-me: "Não sou de lugar algum e sou de todos ao mesmo tempo, sei também que nada sei..." Nestas palavras, que se pretendem transparentes, jamais descobri nada a não ser uma terrível arrogância, a mesma de quem começa a acreditar que descobriu algo e quer proclamá-lo habilmente. Há alguma humildade verdadeira em proclamar-se pó no meio do pó? Quanto a mim, ouso afirmar que o Sol está em mim como em todos nós. Não quero aviltá-lo fingindo que o ignoro, pois há falta de amor tanto em não reconhecê-lo como em permitir que seja chamado de mestre de todas as coisas. Um dia, há muito

305

tempo, encontrei um ser vestido de branco como tu. E aquele ser me disse:

"Quem achas que é superior, o Sol ou um de seus raios?"

"O Sol, evidentemente...", respondi.

"Pois bem, não te enganes, um não é mais importante do que o outro! Que seria do fogo do céu se seus raios não se prolongassem? Um amor que se volta contra si mesmo? Que seria do raio de sol se não tivesse em sua origem um coração palpitante? Nem sequer uma sombra. Assim, tudo está no centro de tudo e tudo desperta em tudo. Se, pois, vós me chamais de vosso Mestre, que este seja apenas um nome que sem cessar vos faça voltar para dentro de vós mesmos."

Arinel saltou como um louco do pequeno estrado sobre o qual se refugiara um instante, num canto da sala.

— Mulher, ignoras a tal ponto a quem acabas de dirigir-te assim? Em nome do mestre, peço-te que apresentes tuas desculpas. Sua sabedoria não poderá dignar-se a conversar por mais tempo contigo. Enfim, não compreendeste que ao entrar aqui se abandona tudo na porta?

— Deixa, Arinel — disse gravemente o mestre, sentando-se com extrema lentidão —, ela compreenderá...

— Quanto a ti, que estás meio escondido, aproxima-te.

Ele pronunciara aquelas palavras estendendo um braço, o dedo apontado para determinado ponto à direita de Míriam.

— Sim, tu! — gritou, acentuando as palavras.

Ele indicava Elric. Nosso companheiro acabou por levantar-se e, após um momento de hesitação, nós o vimos dirigir-se a ele, com as pernas vacilantes. Quando estava a dois passos, Elric caiu bruscamente. A partir daquele instante ele parecia apenas um embrulho informe aos pés da silhueta branca. Seu corpo foi sacudido por um soluço grave que saía das profundezas do seu ser e que ele procurava abafar em vão.

A massa impressionante do mestre observou-o por alguns

O Caminho dos Essênios

segundos, depois passou a mão no alto do seu crânio, resmungando duas ou três palavras inaudíveis. Aquilo foi demais para Lérina. Ela se levantou de um salto e saiu da sala com grandes passadas.

Parecia que tudo fora dito. Então, aproveitando o movimento, nós nos levantamos todos, para depositar numa pequena taça dourada colocada aos pés da cadeira um grão de trigo uns, um broto de árvore outros. Assim o exigia o costume do país de Kal. Elric não nos seguiu. Continuava prostrado, grudado ao trono de madeira.

Quando voltamos a nos reunir lá fora, Lérina estava chorando no outro lado da paliçada que cercava uma espécie de pátio. Assim que a encontramos, ela explodiu, agarrando-se a Míriam:

— Por que não disseste nada? Por que deixaste fazer aquilo? Não é verdade... ele está mentindo... eu sei! Tu também não o sentes?

— O que sinto, irmãzinha, é que cada qual tem seu caminho, que raramente é o do outro. Deixa Elric com seu irmão, ou seu mestre, se ele sentiu o chamado poderoso. Achas que somos melhores do que aquele homem? Há palavras que não são as nossas das quais talvez Elric tenha necessidade para forjar sua vontade. Ergue os olhos para o azul do céu e respira. Achas que um de nós pertence a alguém, até mesmo ao Kristos? Cada qual pertence a si mesmo. Se Elric continuar aqui, será um pouco da tua alma e um pouco da nossa também que aprenderão algo diferente. Nada mais.

— Mas já somos tão poucos! Se ele abandonar o Mestre... não podes deixá-lo fazer isso!

— Achas realmente que somos tão poucos? Muitos já entendem sem saber dar um nome ao que nos inspira. Quanto a Elric, ouve-me bem, como podes imaginar que ele abandona o Mestre? Se ele soluça aos pés daquele irmão, é porque continua a procurar e ele fala ao mais profundo do seu ser. Quem, aliás, achas que seja o verdadeiro Mestre, Lérina?

— Mas é Jeshua, Míriam, Jeshua!

— Ele tomou a face, o coração e as mãos de Jeshua, mas não esqueças que antes de tudo Ele se chama Kristos e é a chama que brilha em tudo. Aquele que toma a Lua pelo Sol, irmãzinha, sem dúvida segue um atalho. Talvez passeie nele por algum tempo, mas quem pode afirmar se um dia não conseguirá transformar em jóias as pedras que encontrar no caminho? Podes dizer o contrário?

Agora, olha para mim e marca este dia com um sinal branco em tua memória. Que ele não evoque uma derrota, mas a vitória da verdadeira vontade sobre uma pobre vontade. A luta, como ainda a compreendemos, é a obstinação dos que querem possuir. Nada nos pertence como propriedade nossa, nem mesmo a verdade que nos trouxe até aqui. Suaviza essas crispações, Lérina... conheço uma luz que está te pedindo isso.

Um rumor de passos sobre a poeira do chão me fez virar a cabeça. Elric se aproximava de nós, o andar hesitante, mas muito digno. Pôs-se então a gaguejar, sem saber a quem de nós olhar direito. As palavras não lhe saíam da boca; assim, tudo o que pude fazer foi pôr a mão no seu ombro.

Aquilo significava: "não tens explicações a dar. Respira livremente e segue teu caminho se achas que o encontraste".

— Mas... — exclamou ele, num último esforço — ele fez prodígios! Por que não iria acreditar no que falam sobre ele? Os prodígios são uma prova, não é?

— Não, Elric, um prodígio jamais é uma prova... — respondeu Míriam de Magdala. — Antigamente, observei os magos do deserto realizando-os às centenas aos olhos de todos. Eles brincavam com um dos jardins da natureza que nós não cultivamos.

Agora, se queres meu conselho, o que vives neste mundo é

O Caminho dos Essênios

incontestavelmente a tua prova de que sem dúvida encontraste aquilo de que tua alma estava sedenta nestes dias. Ouve tua sede, se ela não é uma simples emoção. Estanca-a no primeiro poço. Mas cuidado para não ir de poço em poço eternamente, sempre na esperança de descobrir águas com gostos diferentes.

— Mas, Míriam, dizem que há alguns dias ele fez aparecer um anel de ouro no fundo de um prato! Centenas de pessoas viram!

— Não ouves o que te digo, meu irmão. Falo-te da fonte e tu me vens com as pedras que seu fluxo às vezes faz rolar sobre ela. Esta noite, se tiveres coragem para encarar a verdade e observar sem complacência as pulsações do teu ventre, encontrarás a razão da tua necessidade de coisas prodigiosas. Não que elas não existam, elas nos seguem a cada passo; mas isto só é argumento para quem ainda não conseguiu ver o único e verdadeiro prodígio. Não sou uma irmã mais velha dando uma lição ao seu irmão, Elric. Não tenho lições a dar a ninguém. Peço-te somente que sejas fiel a ti mesmo. O resto não passa de palavras e jogos da alma!

Elric baixou a cabeça, acenando com um vago sinal de aprovação. Depois, sem ousar encontrar de novo nossos olhos, dirigiu-se a um banco de pedra perto do umbral do antigo estábulo. Ele deixara lá seu saco de pano, que empunhou timidamente, depois desapareceu na penumbra da habitação.

Um grande silêncio, como acontece após uma borrasca, caiu sobre o pátio onde estávamos reunidos. Lembro-me dos raios do Sol ainda fresco que nos chamava com força na direção do mar. Então jogamos nossos mantos nos ombros, Míriam abraçou Lérina e tomamos o caminho que levava aos rochedos banhados de espuma.

Capítulo 8
O Sol do Kristos

O SOL FRIO ACARICIAVA A PEQUENA PRAIA COM SUA CLARIDADE. Baldec, que conhecia um pouco os lugares, nos levou para perto de um conjunto de rochas fustigadas pela água. Parecia-nos que tínhamos necessidade da imensidão do mar para não esquecer a imensidão da consciência. Na verdade, ondinhas de um azul profundo nos lembravam uma consciência. Não podíamos dar-lhes um nome sem aprisioná-las e havia prisões demais sobre a Terra.

Perto dos rochedos, pescadores, sem dúvida, tinham estendido algumas velas sobre umas estacas frágeis fincadas no chão. Redes que não serviam mais estavam igualmente suspensas lá, as malhas enfeitadas com colares de algas secas.

— Sentemos aqui um pouco! — falou um de nós.

Todos acharam que era a melhor idéia do dia. Baldec ainda tinha numa bolsa de couro dois ou três punhados de frutas secas. Nós as dividiríamos e tudo estava bem. O que devia ser só uma parada antes de seguirmos o caminho de volta, prolongou-se até depois do meio-dia. Nossos corpos e nossas almas reclamavam aquele descanso em que as coisas mais belas podiam ser ditas com outras palavras. Confiar seu cora-

O Caminho dos Essênios

ção aos outros e ao Sol, falar de amor e de luz sem manejar as frases, é uma forma de servir à vida e lhe agradecer; é também um desafio que num determinado momento freqüentemente esquecemos de relevar.

Diante de nossos companheiros, Míriam e eu não conseguimos resistir à evocação de nossa terra, com suas montanhas em cores pastéis e o avermelhado dos desertos.

— Os desertos! Lembras, Simão, daquele caminho que se perdia nos rochedos até Jericó?

Nem sei quantas vezes nós o seguimos, mas era sempre a mesma história! Havia aquelas grutas todas a prumo sobre a trilha antes da chegada ao vale. Cada uma delas era ocupada por um eremita sem idade... e que fazia questão de não tê-la! Cada vez que passávamos por lá com o Mestre, sempre havia pelo menos um para implicar conosco. É preciso dizer que em todas aquelas montanhas e em torno d'Ele, nosso pequeno grupo era feliz. Falávamos livremente e nossas risadas ou gracejos, que ressoavam de rochedo em rochedo, muitas vezes pareciam não agradar àqueles velhos! Logo compreendi que não eram suas orações que eram perturbadas pela alegria que Kristos fazia brotar em volta d'Ele. Era o modo de verem o mundo, o molde no qual tinham encerrado o amor e a vida. Muitas vezes, do alto de seus abrigos, gritavam para o Mestre: "Não é dessa forma que se medita e se reza, é de outra maneira! Há palavras que não se pronunciam! Quanto ao riso, foi Shatan quem o inspirou aos homens; é uma dispersão do espírito que nos prova como esquecemos nossas faltas!" Ah, meus irmãos, aquilo às vezes provocava longos debates...

— Portanto, Míriam, não acreditas que existam palavras que não se deva pronunciar? — perguntou Baldec, estirado sobre uma vela estendida, levantando de repente.

— Se existe uma palavra, Baldec, é porque a idéia que a pôs no mundo ainda continua no coração do homem. De que te ser-

311

virá evitar uma palavra que temes, se não varres do teu espírito, e também do espírito da tua raça, a totalidade de seu conceito? Sei que os sons são uma força, meu irmão, e que é preciso evitar fazer ressoar os que destroem. Evita-os, então, sem que germine em ti a sensação de culpa. A culpa é para os fracos; o erro, para os que querem compreender e tornar-se melhores. Na verdade, acredita em mim, antes que a palavra saia da tua boca, a idéia já faiscou no teu espírito, como um raio. É na força do teu pensamento que está a dificuldade. Purifica então o pensamento e nenhuma palavra te dará medo, nem será portadora de destruição. Deves considerar tudo isso apenas como um reflexo da sombra que sai do teu ser, digo-te eu.

— Conheço homens como esses de quem falas, Míriam — interveio Lérina, enquanto tentava subir no pequeno rochedo que nos protegia do vento. — Eu também, vendo como viviam, pensava que os rostos inspirados pelo amor do Awen não podiam sorrir e deviam ser modelados por privações. Hoje, sei que podemos simplesmente estar numa praia, ou construir uma paliçada, depois rir e comer, sem por isto achar-nos ímpios ou fúteis. Também vi muitas máscaras. Tu me mostraste o verdadeiro modo de receber Kristos. Ainda me comovo, porque é um modo na verdade tão simples que não consigo captá-lo em toda sua evidência. No dia em que o amor não estiver em cada um dos meus atos, mas for a própria carne e o influxo de cada um deles, então, Míriam, eu sei, vejo com clareza, não haverá mais nada que seja estupidamente profano ou pomposamente sagrado. Tudo existirá!

Lérina, em sua longa veste rosada, desceu rapidamente do rochedo e correu para atirar-se nos braços de Míriam.

Baldec, porém, dera alguns passos na direção dos espinheiros que margeavam a praia. Eu o via passando energicamente a mão nos cabelos, com ar pensativo.

— Ficaria feliz se dormíssemos aqui hoje — disse ele

O Caminho dos Essênios

enfim, num tom resoluto que lhe conhecíamos bem. — Há com que nos abrigarmos e farei um fogo.

Sua proposta despertou entusiasmo. Quanto a ele, apressou-se a ir juntar gravetos e madeira para quando a noite chegasse. Mal nosso companheiro se afastara do acampamento improvisado e o vimos surgir de trás de um pequeno talude, agitando os braços:

— Vinde ver — gritou ele —, aproximai-vos!

Entre os rochedos, as ervas e as raízes secas havia um barco em perfeito estado. Com seu madeiramento cinzento polido pelas águas, parecia convidar-nos. Comprido e largo, podia carregar seis pessoas. Imediatamente a idéia geral foi que, afinal, ele podia certamente nos levar para o mar, ao longo da costa, a fim de prolongar um pouco mais a alegria de estarmos juntos.

No instante seguinte nós o fazíamos rolar até a praia sobre pequenos troncos de árvores abandonados e que já deveriam ter servido para tirá-lo da água.

Assim que entrou na água, as duas mulheres subiram enquanto Baldec e eu tivemos de empurrá-lo até que as ondas nos batessem na cintura. Algumas remadas e a praia se distanciou... Míriam, envolta no seu grande manto de lã azul-escuro, estava sentada no banco dianteiro da embarcação. Lérina, por sua vez, preferira encolher-se perto dos vestígios de um remo, enquanto nós procurávamos coordenar nossos esforços para continuar a boa distância da praia.

O ar vivo e o azul prateado daquele final de dia logo acalmaram nossa vontade de nos comunicarmos de outra forma que não fosse em silêncio. O marulho das ondas contra o casco e o ruído dos remos que mergulhávamos na água constituíam uma espécie de ritmo sagrado, que há muito me parecia ter esquecido. Aquilo evocava em mim toda a força sutil dos odores de outrora, quando os barcos aportavam à praia de Cafarnaum.

De repente, enquanto os pensamentos de cada um vogavam rumo a praias secretas, percebi que o vento tinha parado e que nossos remos, imperceptivelmente, tinham-se deitado por si sós sobre a água, ao longo do casco. A praia agora não passava de uma faixa branca, perto das curvas cor de âmbar das montanhas, e tudo se imobilizava.

— Como é bom estar entre vós, meus amigos...

Uma voz cálida e forte então infiltrou-se em mim, e me sobressaltou, uma voz por tanto tempo buscada, tão conhecida...

Vi Míriam sentada ereta à minha frente sobre o banco. Seu manto havia escorregado da cabeça e sua face pálida olhava fixamente para a popa do barco. Algo estava acontecendo... ela também tinha ouvido.

— Míriam... — falei quando senti que as forças fugiam dos meus braços. Mas não consegui continuar. Um frio intenso corria-me ao longo das costas, eu devia voltar-me. Devia.

Alguma coisa parou no tempo. Senti-me cair de joelhos no fundo do barco, voltando-me, de olhos bem abertos, para a mesma direção que Míriam olhava.

Sentado ao lado de Lérina, que parecia extremamente pálida, um homem alto e com uma longa veste branca sorria. Minha garganta fechou-se... era o Mestre...!

Estava lá, com a mesma expressão de outrora. Em torno de Sua cabeleira brilhante parecia-me ver pequenas fagulhas que dançavam e crepitavam. Ao meu lado, senti Baldec também prostrar-se; ele agora tremia.

— Como é bom estar entre vós, meus amigos...

A voz do Mestre acabava de repetir as mesmas palavras, com o mesmo calor, o mesmo amor. Vi que Seus lábios se moviam, Seu sorriso aumentava. Não era uma imagem nascida de nossos sonhos; Ele estava lá, um cotovelo apoiado na borda de nossa embarcação.

— Por que temeis? Será que tendes tão pouca confiança no

O Caminho dos Essênios

Amor de Meu Pai para duvidar da Minha presença entre vós? Na verdade, jamais duvidastes desta presença ao longo de cada um de vossos caminhos durante estes anos todos. Se Minha consciência vive após tanto tempo em vossos corações, meus amigos, Meu corpo hoje bem pode acompanhar-vos neste barco... Que vossa consciência, por sua vez, seja "uma" com a Minha e ela verá toda a paz que não tem "aqui" nem "lá". Compreendei que vossa consciência é vosso próprio corpo. O verdadeiro segredo não é permitir-lhe que alce vôo rumo a outros céus nem fazê-la construir outros mundos. O verdadeiro segredo é sabê-la presente em todos os céus, intimamente, em permanência até naqueles cuja forma ainda não se manifestou.

Onde houver apenas um seixo qualquer, está Minha consciência, meus irmãos, e um dia estará a vossa, a de todos os homens, e de todas as vidas que se reencontrarão.

Não me olheis com esse ar de espanto! Quem vos fala não é um morto, nem um reflexo, quero dirigir-Me a vossos corações como outrora.

Quero falar-vos da maneira mais simples à espera do dia em que tantas coisas poderão ser ditas, pois não existe nada que possa continuar oculto para os homens quando eles se revelam a si mesmos.

A vontade que o Pai e o Kristos puseram em Mim operará eternamente junto aos que, como vós, querem extirpar o espírito de conquista do coração da humanidade. Minha vontade é que aqueles que seguirem vossas pegadas não se esqueçam de dizer aos homens que eles são seu próprio alvo. Sei que, nos séculos que virão, poucos ainda terão nos olhos claridade suficiente para compreendê-lo. Mas, digo-o desde hoje, para que o repitais e para que seja semeado em todo lugar onde a terra é fértil. Não é rumo ao que chamais de deus que é preciso levar a raça dos homens. Não há duas realidades que se consideram.

315

Na verdade, não há uma criação que contempla seu Criador, nem um Pai que observa Seus filhos dando-lhes recompensas e castigos. Existe a Vida e vós sois, ao mesmo tempo, uma parte e a totalidade dela. Do mesmo modo, há uma chama em vós que é, ao mesmo tempo, o reflexo do Uno e o Uno em sua globalidade.

Cada um de vós, meus amigos, meus irmãos, é um pouco da carne do Eterno dos Dias; quando cada qual se eleva em amor, sabe então que é também um pouco da Sua alma. Depois vem o tempo em que compreende que é, enfim, uma parcela do Seu espírito. E quando vê que é tudo em conjunto, um pouco da Sua carne, da Sua alma e do Seu espírito, está n'Ele e é Ele em total consciência. Sabei que nada mais importa.

O que se deverá aceitar, até o dia em que essa lembrança se impuser, não é a lentidão do caminho, mas a dos que caminham.

Já vejo estandartes em Meu nome e sinais como patíbulos, exércitos em marcha e homens que se arvoram em autoridades. O homem desta Terra ainda faz o rascunho de si mesmo e só pode refletir o Sol quem tem a coragem de captá-lo. Quanto a vós, fazei com que todos os que pousarem seus passos sobre as verdadeiras pegadas do Kristos preservem a mesma simplicidade e a mesma alegria. Que eles saibam que não há sofrimento nem desejo de poder em Meu coração, que Eu sou dois braços abertos, que não precisam ser mais nada senão esta abertura, até o dia em que voltarei...

— Tu voltarás, Mestre?

Atrás de mim, a voz de Míriam varava o ar como o grito de um pássaro rasgando o céu.

— Então Tu voltarás?

— Voltarei quando os homens não puderem mais deixar de reconhecer o Kristos. Voltarei depois que os sacerdotes e os reis tiverem usado um pouco mais os pretextos do poder, quando

O Caminho dos Essênios

os povos que lhes deram força estiverem cansados do desprezo deles.

— Queres dizer que eles não vão seguir-nos, que o fogo de nosso peito vai se extinguir nos desertos? A pergunta de Míriam era pungente. Era a interrogação de todos nós, a mesma que, cem vezes, quando a chuva caía em algum lugar qualquer, tínhamos vontade de gritar aos céus: "Irão compreender, irão seguir-nos todos aqueles por quem nos esforçamos tanto para encontrar as palavras certas?"

— Eles não nos seguirão, minha irmã Míriam. É tua carne que questiona e se rebela assim. Entretanto, tu sabes que não será a ti, nem aos que te estenderem a mão quando teus dias estiverem contados que eles seguirão. A vida que toma corpo só segue a si mesma. É preciso que ela busque, com sua própria memória, o fio da sua meada. Ninguém deve esperar ser mais do que um chamado para quem entra num pântano, mais do que um sopro de vento para quem quer alçar seu vôo. "De quem a Luz é propriedade?", dizias a teu irmão hoje de manhã. Eu estou aqui, no meio de vós, para que vos lembreis disto: o que sereis no futuro já vos inquieta.

Senti-me murmurando algumas palavras, mas talvez tenha sido meu coração que se pôs a pensar com tanta força que o Mestre voltou Seus olhos para mim.

— Teus pergaminhos, Simão? É por causa deles que estás tão cheio de dúvidas? Eles também estão e têm tão pouca importância! Algumas folhas, entre elas, ajudarão este país e alguns reis a se assentar, pois há uma luz que aguarda uma proposta da Terra. Mas esses reis e esses territórios, até mesmo essa proposta será um artifício. Aceita isto, Simão, porque eles fazem o papel de um marco para que o viajante não se desvie demais da rota. O tempo, que também é nosso irmão, fará o resto. Não procures antecipar-te como o fizeste com tua companheira após te despedires de Zaqueu. Vê como as veias da terra

317

não o compreenderam e como metade da tua vida foi embora no alto de uma montanha escalvada. Agora que reencontraste o sulco do solo que na verdade te chamava, entregarás esses pergaminhos a quem está esperando por eles, Simão. Eles farão seu trabalho. Só é preciso cuidar para que tua vontade e tua pressa não tracem o caminho no lugar deles.

O que te digo é verdade também para muitos homens que, no cumprimento de sua missão, correm diante dela em vez de ir serenamente ao seu encontro através do mestre que sempre são os desvios dos caminhos da vida.

Houve então um longo silêncio no barco. Tínhamos a sensação de estar vogando no centro de um ovo de luz, numa paz tão profunda que o marulho da água se calara. Aos pés do Mestre, Lérina fechara os olhos e parecia adormecida. Onde estava o mar, onde estavam a praia e suas montanhas?

Nada em nós se lembrava deles. Havia só aquele rosto e aqueles olhos que não se afastavam de nós, aquela troca dourada de coração a coração, que enobrecia a madeira polida do barco, o ar, o tempo e tudo o que estranhamente dizemos "o resto"...

— Quando eu voltar — recomeçou o Mestre —, quando tiverdes compreendido, com o passar dos tempos, que estou de volta, já tereis mudado de face e de nome muitas vezes. Vereis então que Eu também mudei de nome e que só Meu coração irá ao encontro do vosso e dos que a ele se assemelharem. Será o único lugar de reconhecimento, o único ponto de reunião. Numerosos são os que esperarão milagres como prova última da Minha presença. Haverá efetivamente marcas indeléveis no Céu e na Terra; não serão da Minha mão, mas da mão do Universo, que Meu coração ama a ponto de adotar-lhe a respiração. Por Meu silêncio Me reconhecereis, pois é nele e no olhar que Kristos ancorou Minha força. Deixareis os feitos brilhantes para os que ainda não vieram à luz. É preciso que alguns usem

O Caminho dos Essênios

seu orgulho para este jogo, sem compreender que é um jogo.

E eu vos digo, quando tiverdes Me reconhecido, ainda que eclipsado diante do Kristos, não esquecereis que nenhum de nós ou de meus Irmãos dos outros céus veio vos salvar, mas simplesmente alargar uma porta. Ninguém põe sobre uma alma o selo do amor se essa alma não desenha ela mesma seus contornos e não os aquece com seu próprio fogo...

Eu vos disse, meus amigos, "quando Eu voltar", mas Meus pés e Meu sopro não deixarão esta Terra antes que uma página decisiva de seu livro tenha sido virada por seus habitantes. Assim, não serei Eu que decidirei Me doar novamente na realidade do que sou, é o apelo dos homens que gerará Minha presença aqui.

Fechei os olhos e pareceu-me que o fundo do barco se transformara numa pradaria coberta por milhões de pequenas flores brancas. Eu a sentia palpitar por enormes extensões, a perder de vista. Havia uma grande felicidade naquilo tudo, uma enorme certeza da simplicidade primordial do mundo. Sem preconceitos, nem regras, sem construtores de armadilhas nem caminhos nos quais os homens estabeleciam grandes impasses à força de repetir "eu"... enquanto ali, ao alcance da mão, havia algo tão belo se eles quisessem desarmar-se um pouco e deixá-lo falar!

A grande pradaria com seus milhões de flores brancas desapareceu então abaixo de mim, como se eu fosse uma águia que alça vôo, rápida, com força e em paz. Minhas mãos reencontraram a madeira polida do barco, o marulho da água contra seu casco e depois meus olhos se abriram.

O Mestre desaparecera. Na popa da embarcação só estava Lérina, a fronte pousada sobre os joelhos que ela apertara contra o corpo. Antes mesmo que eu tivesse tempo de levantar-me, senti o aperto de uma mão no meu ombro.

— Vem — ouvi —, precisamos descer.

319

Era Míriam de Magdala com seu grande manto azul no qual estava de novo envolta. Houve um breve balanço e eu me sobressaltei:

— Vem — repetiu ela, apontando para os rochedos. Então me levantei e vi que as correntes nos tinham levado de volta à praia e nosso barco já rolava sobre os seixos.

Capítulo 9
À sombra do lagar

POR TRÁS DAS PALIÇADAS DE NOSSA ALDEIA, LOGO DEIXAMOS a primavera executar suavemente sua obra de ressurreição. Os pequenos regatos que desciam das encostas como prata viva estavam cheios de vida e a Presença que vibrava ainda em nossos peitos nos tornava semelhantes a eles, nutridos por uma força perene. Cada um de nós voltou às pequenas tarefas; o oleiro pôs seu torno sob o sol e nós tirávamos o grão dos depósitos onde os ratos haviam roído uma boa parte. Lembro-me de um Simão que, como antigamente em sua infância, sentia necessidade de retardar-se longamente no alto da sua colina, apoiado contra o muro. Tudo lá embaixo, sobre a trilha tortuosa, mostrava o mesmo espetáculo de antes: caravanas de mercadores com suas mulas excessivamente carregadas, carroças que se arrastavam e caminhantes solitários. As termas da cidade atraíam todo mundo e eu ficava imaginando a multidão se amontoando às suas portas e fervilhando na praça.

Baldec tinha retomado o cultivo de suas terras e reorganizava a aldeia para lá estabelecer um grande lugar de acolhida.

Após o choque que lhe causara o encontro com o Mestre, ele só dirigia seus passos aos que sofriam, àqueles a quem a vida não sorriu... ou que não sorriram a ela. Ajudada por Lérina, Míriam de Magdala retomara a elaboração do Óleo. Ela designara a tarefa precisa a Baldec e a alguns homens e mulheres da aldeia: fazer de sua comunidade de almas um lugar estruturado, solidamente plantado entre o céu e a terra, onde cada viajante, cada ser que não sabia mais como segurar as rédeas de sua existência, podia encontrar um teto e alívio para seus ferimentos.

Quanto a mim, no correr dos dias que se alongavam, pus-me a pensar que precisava voltar meu olhar para além. Contemplando o vôo das aves migradoras que atravessavam o céu em imensos movimentos ordenados, lembrei-me mais uma vez da minha promessa de caminhar. Seu apelo era forte. Sentia-me como se tivesse um presente entre as mãos, que não podia guardar para mim.

Foi com um entusiasmo intraduzível que certa manhã me despedi dos meus companheiros. Há muito tempo eles tinham aprendido a ler em mim e mal se surpreenderam vendo-me aparecer com o saco de pano a tiracolo.

Tanto em mim, como neles, vi nascer um aperto no coração, junto com uma grande alegria. Estranha sensação a de deixar o outro, sabendo que o caminho que vai nos separar será mais uma forma de prolongar nossa força e nossa união. Estava claro que devia ser assim e após anos e anos, as palavras não se adaptavam nem um pouco ao que vivíamos.

Uma vez mais me encontrei sozinho entre os altos abetos. Devia retomar a direção do nascente, rumo às costas. Alguma coisa me impelia irremediavelmente para as regiões onde continuavam vivendo os filhos de Benjamim. Teria realmente chegado o momento? Eu não sabia. Mas o chão me chamava e eu não conseguia resistir-lhe. O que entrevia não parecia uma andança, bem ao contrário; tinha a força de uma imensa claridade de contornos bem precisos.

O Caminho dos Essênios

Quando as montanhas se abrandaram, descobri extensões de pequenos carvalhos e tamargueiras, entre os quais me embrenhei. Aqui e ali, uma costa rochosa deixava ver uma vinha brotando entre a lavanda selvagem. Este mundo era mais meu do que aquele dos altos cimos. De lá extraí vigor durante três ou quatro belas jornadas de marcha até uma aldeiazinha aninhada a alguns passos do mar.

Parecia-me, desde o primeiro dia da minha chegada, que a atmosfera exalada pelo coração dos homens era pesada e quente demais. Ao transpor suas portas, onde de um lado a outro estavam soldados romanos e guerreiros de Kal de pele morena e porte altivo, de repente tive a sensação de mergulhar no universo das emoções. Todo mundo se acotovelava nas ruas ordenadas em torno da fortaleza romana. Alguns mantinham discussões que me pareciam umas mais acaloradas do que as outras.

No labirinto de ruazinhas inundadas por uma luz branca ofuscante e sob os alpendres onde se vendia farinha escura e peixes, os homens só tinham exclamações e olhares penetrantes. Minha primeira reação foi imaginar que os Irmãos nazaritas eram o motivo de tamanha agitação. No entanto, não era nada. Percebi isso à mesa de um pequeno albergue, onde alguns gravetos ainda crepitavam num imenso átrio. Irmãos nazaritas? Todos ignoravam esse nome. Sim, recentemente ainda tinham acontecido revoltas em várias aldeias. Homens com vestes brancas e portando espadas foram os instigadores, em nome de uma fé sobre a qual as pessoas diziam não saber grande coisa; mas, ao que parecia, eram cada vez menos numerosos.

Enquanto me esforçava para compreender bem a língua cantante do homem que servia, surpreendi-me por um instante alegrando-me com aquelas notícias e me recriminei por isso.

Eu havia considerado os Irmãos nazaritas como inimigos

323

a tal ponto, sem me dar conta? Eles também, no entanto, eram um pouco de mim, um pouco de todos nós e da revolta que cada um ainda carrega no fundo de si. Alguns manejam uma espada, outros, a língua... existe tanta diferença assim no princípio que os anima? Certamente o princípio se revelava aí, o princípio de que devíamos desmontar as engrenagens, sem concessão.

— É este tumulto todo que te preocupa? — acabou me perguntando o dono do albergue, olhando-me zombeteiro pelo canto do olho.

Faz três dias, há um homem fazendo grandes discursos a uma milha daqui, fora dos muros. Ele é quem está tumultuando tudo. Vê-se uma construção com um grande lagar, perto da estrada. Se isto te interessa, ele ainda estará lá amanhã. De qualquer forma, cuidado, os soldados o vigiam de perto! Foi por ele que percorreste todo este caminho?

O homem já falara muito. Eu não conseguia mais ouvir o som da sua voz, onde curiosamente, a pedra e o sol se casavam.

— Não — respondi enfim, sem refletir. — Vim aqui pelo Mestre Jeshua, pelo Kristos...

— Eh! — fez o homem com um ar provocador e divertido, erguendo os ombros de forma exagerada. — É bem como eu dizia... foi por ele que vieste. Pelo que me contaram, ele só fala desse Mestre Kristos!

Terminei minha refeição às pressas, não sabendo o que escolher, se a alegria de encontrar um dos nossos ou o receio de descobrir alguma coisa inesperada. Mas pouco importava... amanhã bem cedo eu estaria fora da cidade, perto do lagar.

No cadinho da minha consciência, a noite foi interminável. Assim, logo que vi o céu clarear atirei meu pesado manto sobre os ombros e desci com entusiasmo a escada do reduto onde me alojara.

A estrada romana que saía da cidade estendia diante de

O Caminho dos Essênios

mim sua fita retilínea e vazia. Entre suas lajes frias, às vezes se aventuravam alguns magros tufos de capim, todos brilhantes de orvalho. O ar fresco do amanhecer me dava uma força singular e um entusiasmo que devia surpreender as sentinelas meio transidas às portas do burgo. Mas para que apressar o passo? Àquela hora eu ficaria só ao lado do grande lagar e nem tinha certeza de que o homem que mobilizava as multidões viria como nos dias anteriores. Talvez até ele resolvesse falar aos homens da aldeia vizinha.

Avistei o lagar, uma grande construção quadrada, de telhado plano, perto de três grandes árvores de casca clara; um homem estava deitado numa pedra. As pernas dobradas, tapava os olhos com as duas mãos, como se quisesse prolongar mais a noite.

Caminhei resolutamente até ele. Ouvindo meus passos que afundavam a poeira do chão, ele se levantou num impulso. Era bem jovem, de barba irregular. Vestindo uma túnica curta, transpassada sobre umas calças imundas. Eu não podia acreditar que se tratasse do homem de quem se falava na cidade.

— Não, ele vem... — respondeu meio perturbado diante da minha pergunta. — Faz três dias que estou aqui, minha aldeia fica muito longe, na montanha, prefiro esperar aqui...

O rapaz me pareceu cansado e tomado por intensa excitação. Ofereci-lhe um pouco de água do meu cantil e ele a bebeu avidamente.

— Mas o que diz esse homem para que o esperes assim? — achei enfim que podia perguntar-lhe.

— Ele fala daquele que chama de Kristos — gaguejou o rapaz, nervoso. — Diz que Ele é Deus na Terra, que O encontrou e por causa d'Ele percorreu tantos caminhos para vir até aqui. Deve ser verdade — acrescentou com voz forte —, há tanta força em seus olhos e em suas palavras! Jamais encontrei alguém como ele. Disse-me coisas tão bonitas... acho que o

325

seguirei por onde ele for.

Havia tanta emoção e sofrimento contidos por trás de cada uma de suas frases, que não consegui deixar de apertá-lo entre os braços, conforme o costume de nosso povo. Mas senti-o como um animal ferido, com a alma à flor da pele. Enquanto se descontraía e começava a falar do Mestre em termos que eram os seus, vimos algumas pessoas chegando numa charrete puxada por um cavalo peludo. Elas nos fizeram grandes sinais, depois se ocuparam como se fossem instalar um acampamento sob uma das árvores.

— Mas de onde vens? — perguntou meu companheiro.

— Talvez do mesmo lugar que ele... — respondi maliciosamente.

Enquanto me divertia com a surpresa que acabara de provocar, um rumor de cavalos aproximando-se a trote fez-me voltar a cabeça.

— É ele! — gritou o rapaz estendendo um braço na sua direção.

No momento seguinte, três cavaleiros pararam a poucos passos de nós e amarravam suas montarias na parede do lagar. O homem que parecia estar à frente deles passara dos cinqüenta. O rosto emoldurado por uma barba grisalha cerrada, com uma longa veste vermelho-escura, seguramente impunha um certo respeito.

Fez uma longa pausa perto dos cavalos, depois voltou-se para mim com ar de interrogação. Sem refletir, levado por uma alegria interior, dei alguns passos na sua direção para melhor distinguir seus traços. Quanto a ele, senti-o demorar o olhar sobre minha veste e depois sobre minha mão, que maquinalmente pousara sobre meu coração.

Quanto mais avançava, mais me parecia conhecer aquele rosto que tentava mergulhar em mim. Mais as imagens de outrora desfilavam em minha memória, as rugas da sua fronte

O Caminho dos Essênios

se esfumavam e seu rosto ficava emoldurado por anéis de cabelos sabiamente ajeitados. Seria possível que fosse ele? Fiquei lá parado, e ele esboçou um movimento na minha direção.

— Saulo? — disse eu, com uma voz que devia ser fraca.

— És tu, Saulo? [1]

— Como sabes? — respondeu ele, franzindo as sobrancelhas. — Quem és tu? Tua veste e teus cabelos já me dizem muito...

— Simão, filho de Joshé... mas não podes reconhecer-me... éramos tantos em torno do Mestre nos últimos tempos nas ruas de Jerusalém!

Seu rosto iluminou-se e o tom de sua voz abrandou:

— Bem-vindo — disse simplesmente, com um sorriso.

Senti que algo indefinível nos detinha e nos impedia estupidamente de nos aproximarmos num grande abraço. Por não encontrar as palavras certas, tive vontade de rir, e ele também... mas nosso riso era embaraçado. Medo, talvez, de precisar explicar-se ou recordar tantas coisas com olhos tão diferentes.

— Míriam... — falei, pensando em minha irmã de Magdala que eu acabava de deixar, mas me contive sem ir mais longe.

— Míriam era o nome de minha esposa. Viemos para cá com outros companheiros a pedido do Mestre e agora que seu corpo não existe mais, continuo a percorrer os caminhos, como tu.

— Ah, sim... — disse Saulo — os Irmãos de branco... bem me parecia que alguns chegaram a estas costas!

— Podes relegar este nome às lembranças, Saulo... tantos olhos interiores se abriram em nós desde aqueles tempos! Éramos tão poucos e hoje somos inúmeros a pousar os pés no mesmo caminho. É para ouvir falar do Kristos que todos vêm aqui, disseram-me, é com a mesma fé que percorro esta terra há

---

1 — Saulo de Tarso (ver página 238). Embora sua ida à Gália não pareça confirmada pelos historiadores, algumas tradições dão a entender que ele teria escapado de Roma, após ter sido preso, e fugido para um lugar ignorado.

tantos anos!

Enquanto isso, um pequeno grupo de homens e mulheres começava a reunir-se ao nosso redor. Saulo pareceu realmente indisposto e, pedindo um pouco de calma à multidão que se amontoava rapidamente a nossa volta, me levou para perto de uns troncos e tufos esparsos de giestas.

Quando ficamos a sós, não pude deixar de lhe falar sobre a surpresa de reencontrá-lo. A princípio, ele pareceu não querer responder à pergunta implícita que minha observação sugeria. Depois, alguma força se apossou dele de repente, mudando de novo a expressão do seu olhar.

— Nada tenho a lamentar — disse ele. — Não sei o que te disseram sobre mim, mas isso não importa. Eu pensava poder riscar de minha vida o passado; vejo, no entanto, que sempre haverá rostos como o teu para me fazer lembrá-lo.

— Não estou aqui para julgar, Saulo, acredita que tudo o que fiz foi caminhar ao encontro do homem que faz todo o povo agitar-se diante do nome de Kristos! E estou feliz porque és tu, que conheço, embora tão pouco; estou feliz por saber que as mesmas palavras nascem em nosso peito pela mesma luz.

— Estás certo de que são as mesmas palavras? — lançou rapidamente, num tom que me pareceu uma provocação.

— Se não são as mesmas palavras, é a mesma força...

— Ignoro em que se baseia tua reflexão; o que sei é que a força de Jeshua se implantará como um rochedo nesta terra e por toda parte aonde eu for. Construirei Sua igreja custe o que custar, a mim ou aos que não têm ouvidos para ouvir. Conheci quem põe seu coração e sua força num lugar enevoado entre o céu e a terra. Quanto a mim, escolhi deliberadamente o chão. A raça a que pertencemos já esperou demais...

Meio confuso, eu o interrompi:

— Mas que igreja queres construir? Queres estabelecer leis para todos estes homens?

O Caminho dos Essênios

— Se for preciso, eu lhes darei o que reclamam. Um ideal a que se submeter, muralhas para que não se extraviem. A simples idéia de submissão me fez estremecer. Ao mesmo tempo tive a certeza de que eu nada podia dizer que fosse totalmente compreendido. No entanto, arrisquei algumas palavras:

— Achas mesmo, meu irmão, que o medo do Eterno e as muralhas de que falas possam centrar todos estes homens em seu próprio coração? Tudo isso vai gerar um culto a mais!

— Gerará um culto e será pelo culto de Kristos que eles serão salvos. Que pretendes tu ensinar-lhes, então? Que Kristos habita neles? Não superestimes sua capacidade de compreensão. Eles precisam temer e respeitar antes de mais nada. Se hoje sou forte, é porque minha alma foi rebelde e aprendeu a temer uma força que a superou. Não, Simão, não creio que se possa falar aos homens com outras palavras. O amor que recebi do Kristos é como um raio que vem quebrantar as nucas demasiado rígidas.

Ouve-me, há pouco tempo ainda eu estava em Roma, onde me fizeram mofar num cárcere durante anos. Se saí de lá, foi por este amor e também por minha vontade. Desde então, jurei a mim mesmo que usaria o chicote se fosse preciso para tirar a humanidade do seu atoleiro.

Olhei para Saulo, imóvel, e a claridade que brotava dos seus olhos me fazia pensar no Batista impressionando a imaginação das multidões às margens do seu rio. Eles pareciam ser da mesma cepa, endurecidos pelo fio da mesma espada. O primeiro conseguira amolecer à vista do Sol; quanto a Saulo, naquela estranha manhã entre os tufos de giesta, eu não sabia ao certo por quem ele se expressava assim. Ele falava, e a cada uma de suas frases eu tinha a sensação de que me atirava no rosto a sua visão do Kristos, por bem ou por mal. Ele tinha encontrado, fora escolhido e os outros deviam segui-lo.

329

Anne e Daniel Meurois - Givaudan

— Saulo — disse-lhe afinal —, o Kristos que conheço é também o primeiro raio de sol que me abre os olhos todas as manhãs. Sei que esse raio não tem forçosamente o mesmo sabor ou o mesmo calor para todos. Não é uma descoberta minha, mas a descoberta de cada um; isto faz dela o que é, algo insubstituível. Por esta razão não posso conceber impor aos outros a sensação através da qual ela se manifesta em mim. Não quero pensar por alguém cuja tarefa é aprender a pensar. O Mestre que conheci não nos confiou as sementes de uma religião. A religião sempre foi um trabalho do homem, uma elaboração de sua vontade de densificação.

Quem sabe tenhas razão, talvez sejamos ainda muito pesados, nossas almas e nossos corpos ainda não estejam suficientemente enfraquecidos pelo contato com o poder e suas muralhas. Mas em minha experiência sempre vi que as muralhas, estas ou outras, escondem o horizonte.

As mandíbulas de Saulo se crisparam, depois os lábios mal se entreabriram para soltar algumas frases.

— Deixa-me cumprir minha missão, meu irmão. Já sofri muito por não ter compreendido no tempo em que poderia ter feito mais! Darei a estes homens uma imagem de Jeshua que não esquecerão e sobre a qual basearão toda esperança!

— Mas a esperança, é agora Saulo... não fabriques nada!

O homem de túnica vermelho-escura olhou-me com um sorriso enigmático, mas me apertou nervosamente um braço; depois se afastou com ar decidido rumo à multidão que o aguardava junto às árvores.

Fiquei petrificado, ao mesmo tempo subjugado pela forte vontade daquele homem e assustado por sua determinação feroz. Senti necessidade de dar alguns passos, sozinho, entre os troncos e os espinheiros. Depois, lentamente, quando a natureza tinha destilado de novo em meu coração seus eflúvios de serenidade, decidi reaproximar-me do povo sentado, mudo,

330

O Caminho dos Essênios

diante de Saulo.

Este, de pé sobre um grande bloco de pedra, arengava aos presentes como poucos eu já vira fazer igual. Parecia-me que cada uma de suas palavras tinha a energia de uma borrasca. Todas tinham conteúdo, eu não podia duvidar disso. Eram palavras de amor, de um amor em que, de maneira incrível, o divino e o humano se superavam alternadamente.

Saulo falava por Saulo, falava por Kristos ou Saulo estava construindo outro Kristos? Aproximando-me para melhor ouvi-lo, fui atravessado por essas interrogações às quais nada em mim podia dar uma resposta definitiva.

— E ressuscitareis! — clamava ele com um calor inusitado aos homens e mulheres em ricos drapeados ou em farrapos que não despregavam os olhos dele. — Começai por renascer em vossa alma, que até agora nada fez a não ser dormir!

Agora que sabeis a grande nova de Sua vinda, reconhecei-vos, como eu, herdeiros de Jeshua, o Kristos. Eu, que O vi como a mais resplandecente das luzes, vos digo, unicamente por Ele passa vosso caminho de eternidade.

Depois de mim, outros virão, depois mais outros, até o final dos tempos. Como eu, eles vos dirão "Acreditai", e felizes serão os que, agora, tiverem aberto as portas do seu coração sem ter visto, porque um lugar no Reino lhes está reservado!

Saulo falou assim por muito tempo, colocando antes de qualquer virtude uma crença inabalável, como um fogo que tudo devia consumir em sua purificação.

Ao redor dele havia volutas de luz branca e de chamas púrpuras que ele parecia tirar do ar e depois redistribuía à multidão em grandes gestos perfeitamente dominados. Só uma vez seus olhos se dirigiram aos meus. Uma única vez, muito breve, mas tão intensa! Pensei compreender que eles também me repetiam ao seu modo: "deixa-me cumprir minha tarefa, meu irmão!"

331

O sol estava quase a pino quando deixei o grande lagar ainda fervilhando de gente. Saulo descera do seu bloco de pedra e, chamando à parte alguns homens e mulheres, viera explicar-lhes pontos precisos, segundo seu arrebatamento, e "o que era bom para eles".

Assim nasceu o germe de um novo dogma, filho de um amor desvairado e de uma vontade ardente. Necessidade de desígnios impenetráveis ou desvio na história das almas, só os Irmãos do Destino um dia poderão nos dizer.

Capítulo 10
A transmissão

O ENCONTRO COM SAULO ME FEZ REDOBRAR A ENERGIA. POR meses e meses não parei de ir de uma aldeia a outra. Minhas únicas preocupações eram tratar os doentes em nome do Mestre e desencorajar as lutas sectárias lá onde eu as via crispar os homens.

Vinham procurar-me freqüentemente, com ar provocativo, para que eu me exprimisse cada vez mais claramente sobre interrogações que, para mim, não existiam. Quem era o mais poderoso, o mais forte de todos? Iesus, Lug, Cernunnos, o Kristos de Saulo ou Aquele de quem eu falava?

Sem cessar pediam-me provas e a cada dia, num casulo de silêncio, eu me via pedindo à Força Eterna um pouco mais de luz na palma das minhas mãos.

Em todas as cabanas que me acolhiam, em todos os lugares onde espontaneamente ajuntamentos se formavam, incansavelmente, eu devia dizer aos que se dispunham a ouvir que as provas sempre vêm quando o amor percorreu a metade do caminho

— Só ele faz as almas se agitarem e se abrirem — acrescentava sempre que possível. — As provas que reclamais não são recompensas de forma alguma. Kristos não distribuiu recompensas nem punições! Imaginar o contrário, é errar o caminho. As verdadeiras provas, vós mesmos vos dais, vós as atraís, a partir do momento em que vossa vontade de amar e toda a luz do coração tomarem conta do vosso ser! São conseqüências naturais de uma purificação da vossa consciência, que não consegue mais julgar, classificar tudo, isto é, opor em vez de unir.

Andando assim, sozinho entre os povos da região quente e úmida que a cada dia conhecia mais, compreendi que nada em mim lutava. Eu não impunha "meu Kristos" nem o de Míriam, de José ou ainda dos Irmãos de Heliópolis. Ele próprio falava na paz profunda que me havia inspirado. Os chefes das pequenas tribos, que às vezes me avaliavam do alto de suas montarias, bem podiam opor-lhe um Lug triunfante, na secreta esperança de provocar uma reação, mas nada em mim se interessava por tais provocações.

— Respeito vossos deuses e seus sacerdotes — não me cansava de repetir. — Jeshua, o Kristos de quem vim vos falar não nasceu para exterminá-los, mas para uni-los numa única Força, numa imensa Luz que Ele pode revelar em vossos corações agora, aqui, ou quando sentirdes necessidade urgente.

Achais que meus irmãos e eu esgotamos nossa vida em tantos caminhos para vos impor um deus a mais? Já tendes tantos, meus amigos, que muitas vezes há quem nem saiba mais enumerar suas múltiplas faces.

Não renego o senhor do raio, nem o das águas, mas peço-vos que lembreis um pouco mais da Grande Vontade de amar que lhes dá rosto e braços sobre esta terra. Peço-vos que a reconheçais para fazê-la vossa. Se meus irmãos e eu curamos as feridas e as contusões de vossas almas, não somos nós que agimos, mas ela. Não me digais agora: "onde está ela então, para que eu vá procurá-la?" Ela está em torno de vós e dentro

O Caminho dos Essênios

de vós. É, na verdade, tudo o que meu irmão, o Kristos, espera que compreendais.

Era preciso, realmente, que eu não estivesse só por caminhos varridos pelo vento e queimados pelo sol, porque ao correr das estações constituía-se, de novo, imperceptivelmente, uma verdadeira comunidade de almas formada pelos chefes das aldeias, mercadores ou simples camponeses, todos prontos a abrir as portas do seu coração e a depor as armas que a consciência humana forja para lutar contra seus medos.

Mas nossos grupos às vezes eram tão numerosos nos pequenos portos ou nas encostas dos outeiros, que o poderio romano, já irritado antes pelos Irmãos nazaritas, depois por Saulo, mostrava-se mais intransigente e dominador.

Num entardecer, quando estava hospedado na casa de um dos chefes guerreiros que faziam pesar sua autoridade sobre toda a província, descobri meu rosto num espelho de metal polido abandonado sobre um baú de madeira. Fazia tantos anos que eu não me via solitário frente a um objeto como aquele, que fiquei perturbado com o que ele me revelou bruscamente. Dei-me conta de que aquele rosto se tornara quase estranho para mim. Aquilo era mesmo Simão, agora? Aquele rosto marcado, aquela barba tingida por reflexos grisalhos? Pus-me então a tentar contar quantos tinham se passado desde que nossos barcos tinham aportado naquelas margens. Eu não sabia mais... doze... quinze? Cinco desde que Míriam alçara seu vôo para outras terras. Talvez mais até; aquilo não tinha a menor importância, mas no fundo de mim mesmo eu sabia que se aquele espelho havia sido posto lá negligentemente era para me dizer alguma coisa. Talvez para fazer-me compreender que um corpo às vezes se consome mais depressa do que uma alma, sem dúvida para que eu me apressasse a passar minha tocha.

Todos aqueles ensinamentos ocultos que eram confiados

aos pequenos monges do Krmel, as palavras veladas que o Mestre nos dispensara de transmitir às multidões, deveriam todos os que um dia haviam sido seus depositários partir com eles? Claro, aquilo não representava o Essencial. A verdadeira jóia brilhava tão além e ao ar livre, que muito poucos a viam! Entretanto, embora um livro seja feito para ser aberto e lido por muita gente, o que continua fechado e só alguns homens folheiam, cada um a seu turno, tem também sua razão de ser. Não que esse livro seja maior do que os outros nem aquele que o descobre seja melhor; mas pesa muito e é mais adequado a operários que trabalham com certas minas...

Eu pressentia que não era bom procurar um único homem em cujas mãos entregar tudo. Uma certeza inexplicável me impelia a imaginar de preferência um grupo de pessoas, portadoras dos mesmos conhecimentos e da mesma fé. No entanto, era inconcebível que eu procurasse um grupo assim. Se ele devesse existir, já existia, manifestado em alguma parte, ao menos por laços invisíveis. Bastava que eu simplesmente ficasse atento.

José outrora nos dissera que seu sonho era ver um palácio edificar-se ao mesmo tempo no coração de cada homem e também no coração das multidões de homens reunidos. Ele o descrevia como a morada suprema de todos os que, ainda revestidos de carne, tinham colocado o ideal da vida além de sua própria pessoa. Ele não o descrevia de forma alguma como o refúgio de alguns, sacrificados a uma causa comum; ao contrário, como um castelo sem muralhas, pois não temia nada nem ninguém, habitado por seres para quem o serviço se transformara em alegria, não em tormento. Longe de ser uma cidadela de sonhadores, poderia, quando preciso, assemelhar-se a uma enorme forja. Seu acesso, contudo, era guardado por um vale com cem desvios, que José chamava de vale da alienação mental.

O Caminho dos Essênios

Cada um dos habitantes do palácio, todos os que haviam encontrado o caminho do seu próprio coração, ou seja, o eixo da vida, se perdera por algum tempo nos meandros daquele vale. Tinha-se enlameado nos pântanos de sua personalidade tacanha, escalando árvores, orgulhosos, na esperança de encontrar a saída... para finalmente perceber sua presunção. "Que imaginais que seja esse palácio?", concluíra José. "É o domínio inalterável do Amor Consciente. Cada um de nós o tem dentro de si e alguns grupos de seres devem criá-lo entre eles, para que o reino de Kristos se encarne progressivamente entre nós. Muitas vezes ainda percorremos as trilhas da insensatez. Não amaldiçoemos nossos desvios e nossa fadiga, pois é através deles que a grandeza se cumprirá. Digo-vos se cumprirá e vede como as palavras nos aprontam ciladas, pois não vos peço que olheis para o passado, nem vos incito a projetar vossas esperanças no futuro.

O futuro é uma fuga, um prazo que nos outorgamos. É no presente imediato, guardai bem isto, que se ultrapassa definitivamente o obstáculo."

Relembrando essas palavras, pus-me a desenrolar sobre o pano de linho os pergaminhos que por tantos anos repousavam no fundo do meu saco de viagem. Olhei longamente para eles e achei-os belos. Se um dia deviam cumprir seu papel, agora eu tinha certeza, um grupo de homens viria procurá-los e diria as palavras de que preciso para fazer-me compreender.

Entretanto, se era a hora de transmitir, eu não podia pensar em agir com total lucidez numa região onde o sangue ainda jorrava.

Na verdade, naquela época, os chefes das tribos de Kal que me hospedavam freqüentemente passavam pela soleira da minha porta com relatos de novos motins nos lábios. Os homens começavam a pensar de forma diferente e Roma se inquietava.

— Não saias mais daqui — disse-me um deles um dia, alcançando-me a cavalo quando eu ia transpor a cerca de madeira da sua aldeia. — São homens como tu que os romanos buscam neste momento. Sei que receberam ordens do seu imperador. Dizem que aquele a quem chamas de Saulo teria sido preso pelos soldados há pouco mais de uma lua. Ontem eu andava pelas ruelas da vila para trocar algumas peles e vi como o simples nome Jeshua arrepia os romanos. As palavras que os de tua raça pronunciam desestabilizam nosso mundo... ou o mundo que construímos ao redor de nós. Isso me agrada; há um vento de liberdade que nem os outros nem eu queremos deixar passar. Quero amar como nos ensinais. Então, fica por aqui hoje, pois tua vida nos é cara.

Durante quase uma semana fiquei assim, meio cativo atrás das paliçadas maciças e agudas de uma pequena aldeia perdida entre rochedos cinzentos e vinhas.

Meus anfitriões faziam preces que mais pareciam ordens, e quando às vezes eu os via voltando com o machado na mão, dificilmente conseguia conter minha revolta.

— Isso é tudo o que compreendestes de nossa vinda aqui entre vós? — acabei por gritar, subindo numa carroça. — Onde vedes Kristos com essas lâminas cortantes nas mãos? Nosso mundo tem sede de amor e de ação e vós o fartais com bestialidade. Não passais da máscara deformada do que esperei quando vim para cá!

Minha explosão de cólera deixou-os mudos. Não encontrava um para objetar o que fosse, nem para suportar um olhar que eu sentia, na verdade, não ser mais o meu quando me pus a encará-los um após o outro.

— Olhai-vos, com vossas peles de animais — acabei acrescentando com mais calma. — Não receais que elas acabem se grudando à vossa carne? Há pouco tempo ainda, alguns dentre vós me diziam: "queremos amar como tu nos ensinas". Se

O Caminho dos Essênios

jamais vos falei de espada ou machado, foi para partir vossa personalidade ao meio; não há outro combate a travar a não ser este, se pretendeis realmente combater!

No dia seguinte, ao amanhecer, fui tirado do sono por relinchos de cavalos e vozes meio abafadas. Pressentindo mais uma vez algum acontecimento terrível, precipitei-me para fora. No horizonte, a linha escura do mar ainda parecia dormir. Mal se podia ver as ruelas da aldeia. Tropeçando nas trilhas por onde os patos já andavam, cheguei finalmente à pracinha de onde vinham os ruídos.

Lá havia três cavalos e três homens que falavam cada vez mais alto e gesticulando. Apressei o passo.

— O exército romano veio interrogar o chefe de uma aldeia de pescadores, lá embaixo — declarou um dos homens percebendo meu vulto. — Tudo acabou em combate e os soldados já ocupam a vila. Eu te dizia, não podemos mais deter isso, não é mais hora de ficarmos parados, sem energia!

— Jamais respondi a violência com violência, jamais! Há chamas demais saindo de vossos corpos, que irão abrasar o coração daqueles que continuais a ver como adversários. Levai-me até lá!

— Mas se te prenderem, que faremos, que será de nós? Não teremos mais ninguém para nos recordar as palavras de Jeshua!

— Que pensais estar acontecendo agora? — Ao pronunciar estas palavras, aproximei-me de um dos cavalos a fim de montá-lo. Não vi de imediato, na penumbra, que o homem que segurava as rédeas me encarava estranhamente. Parecia-me, porém, um pouco diferente dos outros. Sobre sua longa túnica branca, que recobria em grande parte os calções largos amarrados à barriga da perna por tiras de couro, não pendia nenhuma arma. Ia pegar o animal pela crina quando observei

339

Anne e Daniel Meurois - Givaudan

de repente que o homem acabava de pousar a mão direita sobre o coração.

— Simão? — ouvi.

Interrompi meu gesto, tentando melhor penetrar no olhar e nos traços daquele que continuava segurando as rédeas do cavalo.

— Simão? — ouvi pela segunda vez, enquanto ele dava um passo à frente. — Simão, sou eu!

O homem tinha longos cabelos louros e a barba espessa. Numa fração de segundo, centenas de rostos, talvez milhares, desfilaram diante de meus olhos. Então, quase instintivamente, um nome brotou do meu peito como uma interrogação:

— Belsat?

Como única resposta, o homem se atirou nos meus braços e me apertou longamente.

— Sou eu... — gaguejou ele enfim, afrouxando o abraço. — Vês, Ele permitiu que voltássemos a nos encontrar. Hildrec ainda está na aldeia... lá onde tudo aconteceu ontem à noite. É preciso que venhas.

Lembro-me da intensa emoção que me invadiu. Acho que só consegui responder com um sorriso que não queria acabar, pois nenhum som saía da minha boca.

Belsat e Hildrec... entre as miríades de nomes que se gravaram em mim ao longo de todos aqueles anos, por que aqueles dois tinham permanecido intactos, tão fortes como no primeiro dia? Mistério das almas que se cruzam e recruzam, maravilhoso segredo dos dedos de luz que teceram a Grande Trama sobre esta Terra...

De um lado e de outro, qualquer pergunta era inútil. Agora não havia ninguém que me forçasse a ficar na aldeia

Naquela manhã, quatro cavalos, em trote miúdo, se embrenharam nas florestas de pinheiros para alcançar as areias da costa. Eu estava tomado por uma única idéia: acalmar qualquer arrebatamento. O olhar de Belsat, que eu sentia plantado em minha nuca enquanto cavalgávamos, era um sinal para mim.

Queria dizer que tudo continuava; mesmo que eu e todos os que como eu tinham-se espalhado por aquele chão não soubéssemos, os homens se mostravam dispostos a ouvir o chamado das veias da Terra para estarem lá, onde era necessário.

Quando a floresta bruscamente se transformou em espinheiros de folhas cinzentas, percebemos grandes rolos de fumaça branca que subiam alto no céu e o vento trazia até nós.

— É lá embaixo — gritou Belsat —, eles queimaram metade da vila!

Não encontrei nada para responder, mas imaginava a mesma cena do passado. Fosse pelos caminhos da Galiléia ou de qualquer região da Terra de Kal, a incompreensão acabava assumindo sempre a mesma face, a da violência.

No entanto, em lugar algum havia fortalezas ou idéias a defender. Aquele que cerca seu pedaço de céu ou de terra dá um nó em sua vida e vira as costas à vida completa. Era isso que eu resolvera dizer, tanto aos homens que queriam ouvir Kristos como aos próprios romanos.

Logo, as grandes nuvens de fumaça que víramos vieram prender-nos em seu manto espesso. Deixamos então nossos cavalos ao pé de grandes árvores e avançamos até o que restava da vila. Do seu muro só restavam alguns tabiques de barro seco e madeira calcinados. O exército romano parecia já ter deixado aquele lugar agora sem vida. Espantei-me por não ver nenhum sinal de luta, nenhum corpo.

Entretanto, Belsat partiu à nossa frente, correndo para um ponto que ele conhecia. Os telhados de galhos que continuavam queimando aqui e ali lançavam um cheiro acre, que tornava difícil nosso avanço. Naquela atmosfera quase irrespirável, acabou aparecendo um muro de pedra em grande parte intacto que deveria constituir uma espécie de segundo limite da vila. Para lá Belsat se dirigiu. A porta dupla que lhe permitia o acesso estava simplesmente de pé e entreaberta. Nossso companheiro logo apareceu no vão, com uma expressão atormentada.

— Vinde — disse.

Avançamos com grandes passadas e logo atrás dele, no meio da fumaça, uma silhueta se destacou. Era uma forma feminina, tossindo até perder o fôlego, com um pedaço de pano protegendo o nariz. Parecia cansada e quando a vi encolher-se contra Belsat compreendi que se tratava de Hildrec. Mal pude reconhecê-la, os cabelos estavam desgrenhados e o rosto, sujo de carvão, tinha um ar aparvalhado.

— Entra... — disse-me com emoção, pegando-me pelo pulso.

O espetáculo que nos aguardava do outro lado do muro era pavoroso. Só corpos estendidos no chão, ensangüentados, a maioria inerte. Talvez uma centena de seres estendidos no solo arenoso, amontoados, e mais de uma dezena debruçados sobre eles, alternadamente, para amarrar alguma bandagem ou estender um cântaro.

— Foram os romanos... — praguejou, se lamentando, um velho que perdia sangue em abundância e sobre o qual me precipitei:

"Foram os romanos..." quantas vezes já não ouvi teu queixume, velho homem? Com teu ferimento na cabeça e tua força se esvaindo, era bem mais do que a ti que me parecia estar me dirigindo, era certamente ao velho cujas fibras ainda se agitam no fundo de cada um de nós.

— Não, velho — surpreendi-me dizendo —, não são os romanos... é nosso orgulho, o orgulho de todos nós. Por causa dessa raiz, que nem sei de que é, que deseja que sempre tenhamos razão e nos faz crer que devamos impor essa razão. Acreditas que Aquele por Quem achaste certo desafiar os sol-

O Caminho dos Essênios

dados te apoiou por um segundo sequer? Ele apóia aquele que fala Amor, que planta Amor na Terra e não quer trespassar o coração do seu vizinho.

Jeshua, o Kristos, é um semeador de liberdade, mas a verdadeira liberdade não a conseguimos como a multidão sempre quis fazer. Dize-me então, velho, é livre aquele que só se liberta dominando ou matando? Não me digas que tens razão. Talvez, na verdade, a razão e o direito sejam bons para ti... mas o que viemos te dizer nesta Terra é muito maior, muito mais verdadeiro do que o direito que cada qual modela para si mesmo. Não, meus irmãos e eu não queremos que tu, nem os teus, reproduzas os esquemas dos velhos reinos humanos. Esses fazem a raça chapinhar até enlamear-se! Agora é hora de romper a cadeia. Mesmo que leve séculos, e mais até, mesmo que os pântanos do não-amor se estendam bem longe em torno de nós, existe desde já no coração de cada um uma terra onde se pensa a liberdade de outra forma, velho! Eu só ouço essa palavra desde que cheguei a estas paragens. No entanto, o que é a liberdade?

O Mestre que começou a devolver-me ao meu próprio coração dizia que liberdade é simples e totalmente o poder de amar. "Viver livre", acrescentava Ele, "não é viver sem as restrições que o universo, no seu curso, infalivelmente nos sugere. Viver livre é reencontrar a possibilidade de estender a mão sem esforço ao adversário que achamos que nos barra o caminho. A liberdade... é o espaço infinito em nossa consciência!"

Estas palavras, que surgiam das profundezas do meu coração e da minha vontade, não sei quantas vezes as pronunciei ao longo de todo aquele dia, debruçado sobre os ferimentos dos corpos e sobre as almas machucadas.

Hildrec, Belsat e todos os que continuavam válidos não paravam de me lançar olhares que valiam por mil palavras.

343

Anne e Daniel Meurois - Givaudan

Diante de tantos sofrimentos para atenuar, acabamos fundindo nossos olhos, descobrindo nisso uma força de paz insuspeitada.

Quem sabe aquela tormenta só tivesse acontecido para isso?

Dois mil anos depois, não posso pensar de outra forma, pois daquela jornada, cuja aurora fora tão terrível, nasceu uma comunidade de almas prontas a levar uma tocha pelo tempo que fosse possível.

Lembro-me da revoada de machados e facões que por um instante subiu no azul, antes de perder-se nos pântanos à beira-mar. Era a promessa de alguns chefes, outrora guerreiros do país de Kal, que descobriam enfim a voz do Kristos. Quando aquilo acabou, não houve grandes frases, nem juramentos. Juramentos são como as regras de nossas sociedades humanas; inventam-nos por falta de confiança e por medo do outro. São feitos para aqueles cuja palavra não tem valor e cuja vontade é fraca.

Finalmente, na profundeza de uma daquelas noites onde às vezes a gente se encontra diante de si mesmo no alto de uma montanha, minhas últimas hesitações se desfizeram.

A partir de então, vi que o caminho que eu tinha procurado estava livre. Devia confiar a Belsat, ajudado por alguns outros, a organização de uma comunidade de almas dedicadas ao fermento de paz.

No seio da pequena aldeia de Kur, Belsat e Hildrec jamais haviam esquecido aqueles pergaminhos que lhes foram revelados sob a neve. Se a vida agora os levara para lá, perto da grande extensão azulada que ondulava quase até nós, sem dúvida era para que eles por sua vez os recebessem. Tudo se cumpriu em pleno meio-dia, sob um sol ardente, sem cerimônias. As palavras que trocamos ficarão para sempre veladas pelo canto das cigarras. O que Belsat e Hildrec fizeram então, ninguém o sabe, mas a Memória do Tempo fala de homens que surgiram

344

O Caminho dos Essênios

pouco a pouco naquelas regiões inundadas de luz branca e se aliaram ao povo de Benjamim. Fala também de Marcos [1], que quis realizar as uniões a fim de que a Lua e o Sol brilhem com um clarão comum. Fala, finalmente, de uma raiz, como um fuso, que se enterrou profundamente na rocha de Kal, paciente e certa da hora em que os homens a resgatarão.

---

1 — Ver capítulo 3, livro II, "História de Míriam". A cristianização do sul da Gália por Marcos, mais tarde conhecido como São Trófimo, terminou numa união com os chefes de tribos reunidos por Belsat e alguns outros. A descendência de Marcos uniu-se finalmente à de Benjamim, dando, assim, origem à dinastia merovíngia.

Capítulo 11
Haverá outras gotas

A PARTIR DE ENTÃO OS DIAS E OS MESES DESAPARECIAM ATRÁS de mim como cavalos a galope. Parecia-me que eu não era mais o mesmo; agora estava possuído por uma força diferente de todas as que os caminhos me haviam ensinado. Ia além da minha vontade e fazia surgir nos meus lábios palavras que não eram minhas e que eu jamais saberia pronunciar. Além do mais, parecia-me também que eu era "uma coisa" que morava num corpo. Aquilo, sem dúvida, desde meus primeiros passos hesitantes sobre as lajes do Krmel, eu o sabia; a consciência jamais me abandonara, mas agora era bem diferente. Definitivamente, eu não habitava mais em minha carne; suas articulações, sua forma me pareciam de repente muito estreitas. A vida, no entanto, não se afastava daquele esqueleto aniquilado por tantas caminhadas. Às vezes eu a via do exterior, nutrida por uma bela energia que ainda queria servir.

No entanto, eu não era mais senhor dela, ignorava ao amanhecer onde me deitaria à noite, não fazia distinção entre o beijo da chuva e a carícia do sol. Minha consciência simplesmente se divorciava dela, levada por ondas de amor em que eu via o corpo do Mestre presente ao meu lado.

O Caminho dos Essênios

Ele sem dúvida estava lá, em todos os lugares, em todos os embarcadouros onde muitas vezes eu tinha a oportunidade de falar... onde Ele me fazia falar. O medo do olhar estranho e do ouvido que só ouve seu próprio som desaparecera há muito tempo. Os braços que se abriam ou os ombros que se erguiam ironicamente, tudo era felicidade para mim, porque tudo testemunhava a Força.

A única coisa que o mundo deve temer, eu me repetia às vezes em meu caminho solitário entre duas aldeias, é a indiferença. Com ela a vida não se manifesta, e o Kristos é escarnecido. Ela é o tipo de imobilidade que faz o coração secar. Alguns ouvem sem escutar, outros recusam-se a ouvir... no entanto, cada alma acumula luz ao seu modo. Então, compreende Simão, não persegues mais um alvo. Deixaste de correr porque o alvo está aqui, na verdade nunca deixou de estar aqui. Se não o vias, é porque sempre pensaste que estava além, mesmo que afirmasses o contrário. O além é melhor, parece mais forte, mas simplesmente porque não nos põe frente a frente e podemos ainda esquivar-nos do encontro conosco mesmos. Mas agora, como teu coração não tem mais nada guardado, porque não receias ver como irmãos todos os que cruzam teu caminho, porque a verdade não é mais a "tua verdade", teus laços finalmente se partem. Então podes não mais agir, mas ser a ação, ser ao mesmo tempo o trovão e a paz que as palavras evocam tão mal.

Quando os rostos, as praias e as montanhas daqueles tempos vinham ainda encher minha memória, parece-me que eu me transportava para eles como se fosse um oceano sobre o qual o tempo era sempre bom.

Que todos os que hoje sentem a mesma Força erguê-los não se enganem. Nas horas de grande claridade, nem Simão nem qualquer de seus irmãos da velha Essânia e de além se transformaram em sonhadores. Eles não hesitaram mais do que antes em cortar lenha, amontoar as pedras e consertar as redes, para que a reconciliação com a Terra perdure.

Procuraram palavras cada vez mais simples, com cheiro bom de argila e com o calor cotidiano do sol, pois ninguém descobrirá o grande templo do homem à força de filosofia.

Se todos os irmãos do Kristos espalhados sobre a Terra de Kal há muito tempo tinham esquecido os textos sagrados de sua infância, a chama que eles viam no fundo de todos os corações fazia-os reencontrar aqueles textos em sua essência total e aquilo era sua vida. É também a onda das profundezas das eras do homem, a onda íntima que deve ser ressuscitada!

Um dia de sol ardente, quando uma multidão confusa reclamava a palavra do Kristos na praça de um pequeno porto, vi mais uma vez aparecerem os capacetes rutilantes de um destacamento romano. Os soldados marcharam rápidos, olhar firme e espadas ao lado. Os gritos da multidão continuam em mim, assim como o atrito das lanças que arremessaram sobre as dobras da minha veste.

Num instante a praça se transformara num espetáculo de bancas de peixes derrubadas, cestos em desordem e frutas pisoteadas. Depois veio o silêncio, um silêncio curiosamente aéreo. Finalmente, alguém gritou uma ordem e me amarraram os pulsos atrás das costas. Sei que não vi nascer em mim a menor surpresa, nem a mais leve inquietação. Parecia mesmo que, no tempo de um relâmpago, eu podia ler a minha vida como um livro aberto e que aquele lugar, aqueles soldados, aquelas palavras com que me golpeavam os ouvidos e eu não conseguia entender nele estavam bem descritos.

Então, nada tendo a oferecer a não ser meu silêncio, vi dois homens, um dos quais usava um manto púrpura, começarem a discutir vivamente a poucos passos dos soldados. Um estava agitado, o outro polia seu capacete com uma ponta da túnica.

— Sim, sou eu de novo — pus-me a dizer-lhes na língua

O Caminho dos Essênios

silenciosa do meu coração, enquanto contemplava as chamas que dançavam saindo de seus corpos. — Sou eu de novo, mesmo que amanhã ou daqui a mil anos eu tenha outro rosto. Este Simão que prendestes, pouca importância tem. Ele é uma gota no oceano, mas, a vida que corre através de vós encontrará gotas iguais em seu percurso. Podeis fazer com que se evaporem; há um dedo de luz que sempre as fará dar de beber ao solo que tem sede, mesmo que se recuse a confessá-lo. Agradeço a vós por me mostrardes tão claramente que hoje, e para sempre, minha força não é minha força e minha vida não é minha vida.

Ladeado por dois legionários, lança em punho, fizeram-me serpentear, atrás de um cavalo, pelas ruelas brancas e ensolaradas que levavam para fora da vila. Todas estavam desertas e mudas, mas por trás das portas fechadas e nos terraços, eu sabia que havia rostos escondidos, olhos, ouvidos que um dia se agitariam sobre si mesmos.

Os homens que me escoltavam deviam ignorar tudo a meu respeito. Fizeram-me algumas perguntas com ar ingênuo e frio na sua língua que eu compreendia tão mal. Uma vez mais, não soube o que responder, nem como responder... mas me importava tão pouco justificar-me de novo e sempre! Então eles me empurraram para que eu andasse um pouco mais depressa a fim de sairmos do labirinto de casas de tijolos e de barro.

Quando as portas com grandes batentes de madeira foram atravessadas, o campo aquecido pelo sol e suas árvores nodosas margeando a estrada reta e calçada se estenderam diante de mim. Para onde íamos? Certamente eu o sabia, parecia-me que eu sempre soubera daquele momento, que já sentira aqueles pés nus que eram obrigados a andar rápido sobre a poeira das pedras e ouvira o zumbido lancinante dos insetos que jamais vemos, mas ficam martelando em nossa cabeça.

Andamos assim durante um bom tempo. Os soldados, de

349

quando em quando, trocavam três ou quatro palavras que os faziam rir, depois se calavam de novo.

Logo a estrada deu lugar a um caminho estreito e pedregoso, de onde às vezes se avistava o mar entre os grandes tufos de espinheiros. Contemplando seus reflexos prateados, pus-me a pensar em Míriam, Sara e em todos os outros cujos nomes o tempo dissipou e que continuavam a espalhar-se sobre aquelas praias. Gostaria de beber, parar um pouco para encher meu espírito das imagens daquele laço que nos uniria para sempre...

Quando chegamos diante de um bosque maior que os outros, com a parte plana da lança um dos soldados me fez compreender que devíamos seguir na sua direção. O capim era raso e seco e guardo na memória os milhares de pequenos gafanhotos que a planta dos meus pés espantava ao caminhar. Feliz por encontrar um pouco de sombra, avancei alguns passos à frente dos meus guardas, só um pouco, para sentir mais uma vez a presença das árvores, seu perfume.

A viagem acabara. Compreendi, num lampejo de paz, quando em torno de nós os ruídos da natureza de repente se calaram. Houve uma onda de silêncio que petrificou tudo, fez o pássaro emudecer no meio de seu canto.

Então, bruscamente, voltei-me para os soldados, bem a tempo de entrever o brilho de uma lança que se cravou no fundo do meu peito. O choque foi violento, a dor surda, exatamente no lugar aonde tantas vezes eu levara a mão. Mais nada... nem o barulho de um corpo caindo na erva.

No entanto, o corpo estava lá, eu o via abaixo de mim, o rosto pálido e ainda porejado de suor. Junto ao corpo, dois homens, quase tão pálidos quanto ele, enxugavam a ponta de uma lança com algumas folhas. Não os ouvi pronunciar uma única palavra, mas vi-os retomar o caminho num passo precipitado, depois de atirarem rapidamente uns galhos sobre o corpo.

O Caminho dos Essênios

Então aquilo era a morte! Aquela montanha de silêncio em torno de um invólucro vazio, aqueles arco-íris que subiam das árvores e começavam a girar eu via ao redor de mim. "Eu"! Como era estranha aquela palavra que começava a ressoar de modo diferente na minha consciência... Num indizível arrabatamento de beatitude, dei-me conta então de que aquele "eu" não estava mais lá, fundido naquela silhueta estendida em baixo de uma árvore, mas por todo lado ao mesmo tempo, na mínima luz que brotava daquela natureza tão linda. Pela primeira vez eu estava na sua inspiração e na sua expiração, na sua seiva, tomado pela torrente do seu amor, elevado por uma serena espiral branca.

Então aquilo era a morte, que chega quando, na maior calma, acabamos de inscrever-nos numa página da Vida. A alma fora... no umbral de tão vastos horizontes!

Daqueles segundos de eternidade ainda brotava um pouco da incrível Presença daquele Amor sem Nome, infatigável dissipador de todas as crispações, que nos faz recomeçar o caminho e retomar hoje a pena.

Dois mil anos não são nada...

Que estas linhas não alimentem a nostalgia de um tempo que delineava o nosso. Que a partir de agora compreendamos bem que a promessa mantida pelos doze, pelos vinte e dois ou pelos cento e oito não é mais uma promessa, é realidade imediata. Os mapas cor de fogo surgem de novo, mais flamejantes ainda, certos das milhões de almas a eles unidas hoje.

Hoje! Pois a jóia que um dia teve o nome pouco conhecido de Amor, esta flor ideal de paz que todos os seres guardam adormecida no coração, deve revelar-se agora diante do mundo.

Anne e Daniel Meurois - Givaudan

O CAMINHO DOS ESSÊNIOS - VOL. 2
foi confeccionado em impressão digital, em novembro de 2024
Conhecimento Editorial Ltda
(19) 3451-5440 — conhecimento@edconhecimento.com.br
Impresso em Luxcream 70g – StoraEnso